英国議会「自由な解散」神話

小堀 眞裕 著
Masahiro Kobori

解釈主義政治学からの一元型議院内閣制論批判

晃洋書房

目　　次

序　章　本書の問題意識と構成について ……………………………… 1
　　第一節　本書の要旨　　（2）
　　第二節　本書の構成　　（5）

第Ⅰ部
本書の問題意識と解釈主義アプローチ

第一章　解釈主義とは，何か．………………………………………… 11
　　第一節　解釈主義は，方法論か，哲学か．　　（11）
　　第二節　解釈主義アプローチと，
　　　　　　それを構成する諸概念と思想的系譜　　（21）

第二章　解釈主義と他の理論との違い ……………………………… 38
　　第一節　新旧制度論との関係　　（38）
　　第二節　歴史主義と政治史の方法　　（51）
　　第三節　ポスト構造主義的言説理論との相違点　　（63）
　　第四節　法学における「解釈主義アプローチ」との関連　　（66）

第三章　解釈主義アプローチの意義と課題 ………………………… 73
　　第一節　解釈主義をめぐる論争　　（73）
　　第二節　諸批判に対する検討と見解　　（83）
　　第三節　補論　井上達夫の回答に対する筆者の返答　　（88）

第 II 部
イギリスにおける内閣の「自由な解散」論と一元型議院内閣制の再検討

第四章　問題意識と射程 ……………………………………………… 101

第五章　「自由な解散」論と一元型議院内閣制の概括 …………… 111
第一節　自由な解散論の始まり──宮沢俊義の議論　（111）
第二節　一元型議院内閣制の提起──樋口陽一の議論　（118）
第三節　「自由な解散」論の定式化──芦部信喜の議論　（121）
第四節　均衡型の一元型議院内閣制──高橋和之の議論　（123）
第五節　その後の展開　（125）

第六章　イギリス憲法学の理解から見た「自由な解散」論と一元型議院内閣制の再検討 ……………………………… 132
第一節　責任政府──イギリス独特の議院内閣制理解　（132）
第二節　イギリスに「内閣の自由な解散」論はあったのか．　（144）
第三節　日本における一元型議院内閣制論とイギリスにおける君主の「個人的大権」論　（159）

第七章　日仏英における議院内閣制アプローチの違い …………… 173

第八章　結　　　　論 ………………………………………………… 182

第 III 部
「正解」という名の「解釈」

第九章　締めくくりといくつかの関連論点 ……………………… 191

第一節　家族的類似性としての議院内閣制　　（191）

第二節　憲法文化としての議院内閣制の「本質主義」的把握　　（197）

第三節　論理主義とイギリス憲法　　（201）

あ と が き　　（205）

引用参照文献　　（211）

索　　引　　（229）

序　章
本書の問題意識と構成について

　本書は，樋口陽一を初めとする憲法学者によって論じられてきた一元型議院内閣制とイギリスの内閣による「自由な解散」論を再検討し，彼らが見落としてきた議院内閣制に関する日仏と英での研究内容・方法の違いを明らかにするものである．つまり，イギリスの内閣による「自由な解散」論と一元型議院内閣制論は，イギリスにおける考え方のなかには，存在していなかった．ただ，日本の有力な憲法学者たちの思想の中にだけあった．また，それを明らかにする方法として，近年政治学で注目を集めている「解釈主義アプローチ」を使う．樋口陽一や高橋和之ら憲法大家が，一種の「西洋近代」に共通するもの，すなわち近代化の本質の一つであると考えてきた議院内閣制は，実は，フランスの学者（主としてカレ・ド・マルベール，ルネ・カピタン）の解釈を用いた偶発的なものであり，イギリス自体にあった parliamentary government と大きく異なるものであった．イギリスの憲法学では，むしろ，parliamentary government とは，主として自国や英連邦などにある固有のシステムであり，それを世界に共通する議院内閣制として議論しようという姿勢は乏しかったし，いわんや，その「本質」などに関して議論しようとする問題意識さえなかった．イギリスでは，そのシステムの何が本質であるかという掘り下げをあえてしなかったし，特に，そのことは君主の役割に関して一貫して言うことができる．

　そういう意味では，日本においてイギリスから学び取ったものとして言われてきた一元型議院内閣制も，その下での「自由な解散」も，実はフランス流の思考法を学んだ日本の有力な憲法学者たちによって作られた「神話」であった．

第一節　本書の要旨

　戦後日本の憲法学では，1951年の『比較法雑誌』における宮沢俊義論文・清宮四郎編『憲法』(青林書院，1954年)における芦部信喜担当論文以来，イギリスでは内閣による「自由な解散」が行われてきたと説明されてきた．また，1973年の樋口陽一『議会制の構造と動態』(木鐸社)以来，イギリスの議院内閣制を一元型議院内閣制と論じ，その見方は，高橋和之『国民内閣制の理念と運用』(有斐閣，1994)においても踏襲され，日本においては通説として確固たる地位を築いた．しかし，これらの文献の中で，「自由な解散」や「一元型議院内閣制」という理解が，フランス発祥(基本的にはカレ・ド・マルベールとルネ・カピタン)の枠組みで探求されてきた一方，実際のイギリスでの理解との異同は，必ずしも十分に探求されてこなかった．

　本書は，英仏両国の憲法学の歴史的文献を分析し，その異同を明らかにした．その結果，イギリスにおいては，「自由な解散」や「一元型議院内閣制」という用語が使われてこなかっただけでなく，それに類する考え方も，ダイシー (Dicey 1982 [1885])，アンスン (Anson 1907)，ジェニングス (Jennings 1936; 1959)，ウェイド＆フィリップス (Wade and Phillips 1948; 1955)，ブラッドリー (Bradley 1977)，マーシャル (Marshall 1971; 1984)，ブレイジャー (de Smith and Brazier 1998; Brazier 1999)，ブラックバーン (Blackburn 2004; 2006)，ユーイング (Bradley and Ewing 2011; Bradley, Ewing and Knight 2018)，ターピン＆トムキンス (Turpin and Tomkins 2007; 2012) などの有力な憲法学者の間では，存在してこなかった[1]．

　むしろ，イギリスの憲法学の議院内閣制 parliamentary government 理解においては，通常の状況においてはともかく，過半数を持つ政党がない場合や，与党が連続解散に打って出ようとしているときなどの例外的状況においては，君主が首相の解散要請を拒絶したり，首相の望まない解散を強制したりするなどの「憲法的役割」の説明が必ず保持されてきた．また，これらの憲法的役割は，実際に，1950年のジョージ6世の秘書名の手紙や1974年の政府高官の判断などを通して，イギリスでも事例があり，イギリス憲法学では，それ以外に英連邦諸国での総督の解散拒否例などに言及することが多かった．

序 章 本書の問題意識と構成について　3

　こうしたイギリスの君主の権限に関する認識は，日本とフランスの憲法学文献では，ほとんど参照されることはなかったが，上記のようにイギリスの憲法基本書では必ず説明される事項であった．こうした英仏両国憲法学の違いを日本の著名な憲法学者は，ほぼ見落としてきたが，それ自体が先行研究の中で指摘されておらず，それを明らかにすることは研究上，多大な意義がある．

　また，こうしたイギリスとフランス・日本の理解の違いには，両者の方法論的違いがある．議院内閣制という一つの「制度」に関するものであるが，その理解，すなわち解釈には独自の問題がある．この点を，近年政治学のなかで注目されつつある「解釈主義アプローチ」によって読み解いていくことが，本書のもう一つの目的である．

　日本政治学において1990年代以降有力となっている新制度論のアプローチでは，制度とはある程度客観的なものであり，自然科学の論文と同じく，仮説とその検証を基本として新たな知見を付け加えていくという作業が中心となってきた．それに対して，解釈主義アプローチにおいては，人間が構成する社会を対象とする社会科学においては，自然科学と同じく客体の現象を客体の材料をもとにその因果関係を明らかにするだけでは十分ではなく，政治においてはそれに携わる行為者の主観を文献やインタビュー，フィールドワークなどによって明らかにしていくことが必要であり，行為者の偶発的な様々な考えや思想，心情を描き出す「厚い叙述」（ギアーツ）によって明らかにされなければならないと考えられてきた．[2]

　本書においては，日本やフランスの学者たちの中で，議院内閣制という「制度」として論じられてきた対象に対して，日仏英では，方法論的に大きな違いがあり，日仏の憲法学者においては，解釈主義が「自然主義」と表現するアプローチが支配したといえる．つまり，自然主義アプローチは，社会科学ではポジティヴィスト（実証主義者）のアプローチと，しばしば言われる．ポジティヴィストのように数量的アプローチをとっていない場合でも，普遍的・一般的妥当性あるいは法則性があるという前提が多かれ少なかれ共有されている場合も，それに含まれる．日仏の憲法学者たちは，議院内閣制の「本質」を強く想定し，共有している点で，事実上，ポジティヴィストのアプローチに近くなっている．

　それに対して，イギリスの憲法学者においては，その同じ現象を見ても決し

て，そうした決定論に立たず，君主と首相の間でどちらが決定的であるかはあえて論じないという態度（解釈）が一貫して取られた．こうした方法は，歴史的にも（原理を重視せず，過去の経験から判断する）経験主義であるとして捉えられてきたし，近年のイギリスの学術誌でもそうした指摘がある．ルネ・カピタンや樋口陽一が述べるような，議会によって選出された内閣が責任を持つ点が議院内閣制の本質であるという考え方を取っていない．一元型・二元型議院内閣制という二分法も，イギリス憲法学ではとられていない．むしろ，19世紀の有名な憲法学者である A. V. ダイシーの言葉を借りれば，あらゆるものは（国王も入る）議会の意思で「変化可能」であり，この変化が（イギリスの学者は余りこの言葉を多用しないなか，敢えて言うなら）「本質」と見てこられたといってよいだろう．21世紀の憲法学者であるターピン＆トムキンスの言葉を借りて言えば，その変化がどういう結果となるかは，事が起こらなければ，また事が起こるまでは，予測することが不可能であり，「それが慣習の本質である」．あらかじめ国王には権限はないとは決めないということが，イギリス憲法学の「本質」の一つといえた．

　さらに，この論点は，立憲主義に対する見方とも繋がる．イギリスの憲法学者 A. W. ブラッドリーらは「議院内閣制と立憲主義は互いにライバル関係にある」と指摘している（Bradley et al. 2007: 2）．議院内閣制を樋口陽一らのように，民主主義の優位モデルとしてのみ認識することは，司法権による行政・立法権に対する歯止めを求めたり，選挙以外の民主主義によって行政府の統制を求めたりする立憲主義と矛盾するという可能性が出てくる．実際，カレ・ド・マルベール，ルネ・カピタン，（立憲主義を強く支持する）樋口陽一らが共通して指摘したことは，議院内閣制を権力分立の対極に位置づけるべきという議論であった．それでは，権力分立に対してペシミスティックな展望しか出てこない．しかし，そもそも，民主主義は万全であるであろうか．今日，多大なるスキャンダルを抱えながらも安倍政権が「民意」を得て突き進んでいくという現象を見る限り，議会制民主主義の枠組み自体に全幅の信頼が置けるか否かの問題が提起されているといえる．そもそも，民主主義のなかにも，危険性を求める議論は，米国のマディソンや古くはギリシャのアリストテレス以来，歴史的に存在してきた．また，実際，イギリスの憲法学においては，君主や貴族院を民主主

義的けん制として議論してきた近年の傾向もある．議院内閣制を徹底して権力分立の対極における民主主義の優位としてのみ描くことによっては，民主主義が自国ファーストのような形で暴走した時の対抗論理が機能しない．それらの点も示唆することも意識したい．

第二節　本書の構成

本書は，3部構成となっている．第Ⅰ部は，本書がなぜ解釈主義アプローチ interpretive approach を用いるのか，また，解釈主義アプローチとは何であるのかに関して説明を行う．第一章では，これまで，解釈主義は，おおむね社会科学方法論として議論されてきた傾向があったが，ビーヴァー＆ローズの議論を引きながら，より根本的には，その解釈アプローチは，哲学の問題にかかわることを示していきたい．そのうえで，解釈主義における伝統やジレンマ，ナラティヴや偶発性などの諸概念について明らかにするとともに，解釈主義の発展の経緯を簡単にたどってみたい．

第二章では，解釈主義と，境を接する新制度論，政治史研究，ポスト構造主義言説理論，法学における解釈アプローチなどとの関係について明らかにしたい．第三章では，解釈主義をめぐる政治学における論争を整理し，解釈主義アプローチの意義と課題を，筆者の視点でまとめたい．

第Ⅱ部においては，一元型議院内閣制論とイギリスにおける内閣の自由な解散論という日本における二つの理解が，実際にイギリス憲法学において存在していたのかどうかに関して検討を行いたい．第四章では，まず，その筆者の問題意識と射程について明らかにし，第五章では，そこにおいては，第一に，これまで日本で積み上げられてきたイギリスの内閣による自由な解散論と一元型議院内閣制に関して整理するとともに，第二に，今日までの歴史的議論の経緯を確認する．第六章では，第一に，イギリスにおける特別なバージョンであった「責任政府」responsible government が日本ではどのように捉えられてきたのかに関して，見ていきたい．第二に，イギリス憲法学の議論において，「自由な解散」論があったのかどうかに関して検討を行い，第三に，イギリス憲法学の議論において一元型議院内閣制という理解が存在したのかどうかについて

検討したい.

そして, 第七章においては, 最終的に, イギリス憲法学において, 上記の二つの論が存在してこなかっただけではなく, 日本の有力な憲法学者たちは, 英仏の学者たちの間での議院内閣制把握に関する方法論的違いを見落としてきたことを, 解釈主義の見地から, 明らかにする. そしてそれが為に, 同じものを見ながらも, かなり異なった見解に到達したことを確認したい. つまり, 日仏 (特にレイモンド・カレ・ド・マルベールとルネ・カピタン) の憲法学者は議院内閣制を本質主義的に把握しようとしたのに対して, イギリス憲法学の学者たちはほぼ軌を一にして, そうした本質主義的把握を行ってこなかったことを示したい. 第八章は, 第Ⅱ部の結論を述べる.

なお, 宮沢俊義は, 後の第五章に見るように, 議院内閣制を, 英語の parliamentary government, フランス語の régime parlementaire, ドイツ語の parlamentarische Regierung と同じものとして述べた. 筆者は, 実際のところ, 国々や論者によって, その用法は異なり, 日英仏独のそれぞれの概念は, 偶発的であるものと考えるが, 他方, こうした4つを一つの種類と捉え, その一般性や本質を論ずる手法によって, その「議院内閣制」という日本のビリーフが作り出されたと考える. 筆者は, そうした「議院内閣制」は, 科学的認識による「科学学説」(樋口 1994：23；宮沢 1968a：90) ではなく, あくまでも学者の偶発的な問題意識によって作られた人工的な産物であると理解する. しかし, その人工的な概念とそれに関わる諸議論に向き合い, 整理するために, 筆者も「議院内閣制」という用語をあえて使う. 筆者が議院内閣制という言葉を使うとき, そうした日本の用法にあえて乗っている. 逆に, 各国や特定論者の使い方に注目するときは, 原語の表現をあえて使いたい. それゆえ, 英語やフランス語の言語表記がたびたび登場する.

第Ⅲ部では, 第Ⅰ・第Ⅱ部で得られた知見を元に, 議院内閣制の本質主義的把握ではなく, 家族的類似性としての把握を示したい.

注
1) 「自由な解散」や「一元的議院内閣制」という二つのテーゼがイギリス憲法学の中には存在しない, ということを証明するうえでの文献は, もちろん, これ以上に存在し

ている．もう50年余りも基本書のシリーズの編者を務めているブラッドリーを初めとして，多くの憲法学者は，多くの版の編者となっている．ここに書き切れないほどの著書を確認したが，「自由な解散」や「一元的議院内閣制」という二つのテーゼの源泉を発見することはできない．

2）　本書では，可能な限り，「客観的」という表現を，「客体」に関する表現へと変換して記述するようにしている．なぜならば，日本語の「客観的」という表現は極めて矛盾に満ちた表現だからである．周知のように，社会を構成しているのは，その一人ひとりが主観を持つ人間たちである．社会現象に関しては，厳密に言えば「客観」はない．例えば，戦争を例にとって見よう．戦争が行われている当地においては，互いに戦闘をする戦闘員には当然「客観」はない．戦争が行われている当地に住む非戦闘員は命と生活を日夜危険にさらしており，そこに「客観」はない．当地を遠く離れた外国に住む人にとって見れば，報道に頼ることしかできないが，その報道の情報は必ずしも「客観的」に得られているものではない．戦闘するどちらかの目でもない「客観」は，レア・ケースとして存在する可能性はあるものの，あるとしても相当に少ない．本書で議論している解釈主義は，「客観性」の実態を暴露する性質を持つ議論である．その議論をしながら，「客観的」という日本語の慣用表現に無批判的であることは妥当ではないだろう．したがって，極力，「客観的」という言葉を避けるよう努力したつもりである．ただ，既に日本語の慣用表現となっており，意味的に見ても妥当だと（筆者が主観的に）思う箇所では，「客観的」という表現も使うことにする．

第 I 部

本書の問題意識と解釈主義アプローチ

第一章

解釈主義とは，何か．

第一節　解釈主義は，方法論か，哲学か．

（一）　解釈主義は，方法論か哲学か

解釈主義とは，研究者であれ，政治家であれ，官僚であれ，およそ人間が社会を観察し，それに関与する際には，それぞれの人間による解釈があり，そこにおいては純粋な事実の把握は不可能であり，把握されたものは全て社会的に構成されたものであると言う，一つの哲学である．解釈がいかに不可避であるかについては，解釈主義の祖の一人であるクリフォード・ギアーツの言葉を借りよう．「研究全体のうちで岩石のように堅い，確固とした事実——そういうものがあるかぎり——の面においても，われわれはすでに解釈をしているのであり，さらに，解釈について解釈をしているのである」（ギアーツ著，吉田他訳1987：15）．

マーク・ビーヴァー＆ジェイソン・ブレイクリーによれば，「解釈主義は，人間のビリーフと行動を把握することは，意味を解き明かすことであり，主として，テクニカルで科学的な諸法則を明らかにするものではない」（Bevir and Blakely 2018: 180）[1]．そこには，主観性と客観性の問題，ビリーフや伝統，偶発性などの諸論点があるが，それらに関しては，後に述べたい．

ここでは，近年における解釈主義に関する議論の整理を，振り返ることで，議論の導入としていきたい．近年の議論においては，大きく分けて，それを方法論としてみるのか，ビーヴァー＆ローズ，あるいはブレイクリーたちのように，一つの哲学としてみるのかの二つの見方があった．

解釈主義に関する文献は，日本語では多くはないが，英語においては，既に

さまざまな文献があり，海外における大学院教育の際には代表的な質的な研究方法として紹介されてきた．しかし，それらにおいては，解釈主義は，テキスト批判や，フィールドワークを多用する民俗学の方法として紹介されており，それらは，しばしば相関分析や回帰分析などの統計学的分析を多用するポジティヴィズム的方法に対置され，互いに相容れないものとして説明されてきた（Marsh et al. 2018: 11-12；野村 2017：36）．

　しかしながら，マーク・ビーヴァー＆ジェイソン・ブレイクリーは，2018年に出版された『解釈主義社会科学』*Interpretive Social Science* において，解釈主義は，「方法ではなく，むしろ哲学的世界観あるいはアプローチである」（Bevir and Blakely 2018: 11）と述べている．むしろ，相関分析や回帰分析などの実証的研究を含み，もちろん，テキスト批判やフィールドワークも含んだ様々な研究方法全般とも両立しうる，哲学であり，特定の方法論ではないと述べたのである．彼らは，相関分析や回帰分析などを通して得られた貴重な見地は，（人間社会における超歴史的で国や文化を超えた一般的法則の解明ではなく）人間による解釈を明らかにすることに貢献すると考えている．

　むしろ，彼らにとって，共通に相容れないものは，自然主義という哲学であって（これも方法論ではない），それは，「人間の行動に関する研究は，自然科学と類似するものであると言う一般的哲学」（Bevir and Blakely 2018: 2）であった．

　以下では，第一に，これまで社会科学方法論のなかでの解釈主義の位置づけを整理したうえで，第二に，ビーヴァー＆ブレイクリーの議論を中心に，哲学としての解釈主義に関して整理を提示したい．

（二）　社会科学における解釈主義アプローチの位置づけ

　ここでは，本書が依拠する，マーク・ビーヴァー ＆ R. A. W. ローズらの解釈主義アプローチに関して詳しく述べる前に，近年の日本の政治学における方法論議論の高まりに関して，若干の整理を行っておきたい．

　近年の日本政治学における方法論議論の高まりを語る上で，明確に一つの契機となったのは，G. キング，R. O. コヘイン，S. ヴァーバらによる『社会科学のリサーチ・デザイン──定性的研究における科学的推論──』（2004年）であろう．原著は，1994年に出版されており，著者たちのイニシャルを取って

KKV とも呼ばれた．これらの著者はいずれも大家であったが，彼らによる質的研究に対する評価が，質的研究を進める人々から批判を呼び起こし，論争を生み出した．それらに関わる諸文献は，日本でも多く翻訳された．また，日本の政治学者も，問題提起をしてきた．久米郁男（2013）や加藤淳子他（2014）も政治学の方法に関して問題提起を行ってきた．長い間，社会科学における質的研究も意識した社会科学方法論テキストは，日本ではほぼないといってよい状況であったが，2017年に野村康『社会科学の考え方：認識論，リサーチ・デザイン，手法』（名古屋大学出版会）が出版された．

さらに，『書斎の窓』では，伊藤武，砂原庸介，稗田健志，多湖淳（2016）による座談会において，上記のような数量的方法論を十分に意識した政治学研究の導入の必要性が説かれ，その一方で，政治史と政治思想史を中心とする「昔」の政治学においては，「ばりばりの政治学のポリティカル・サイエンスとして研究するのも全然構わないのに」，「埃にまみれた史料館にいて，抽象的な分析概念を使わない記述スタイルを選ぶ」職人的仕事が未だ多く，これといった方法論がなく，「ラベルがない分野」であると指摘された．

筆者は，こうした議論や問題提起が活発に行われることを歓迎したい．一方，研究方法論における多様性が保たれるためには，研究者自身が様々な方法論に関して感心を持ち，発信していくことが重要であると考えている．

なお，こうした一部の政治学者における方法論に関する意識の弱さは，決して日本だけのことではなくて，イギリスの議会研究などでも見られるという．ゲデスとローズは，イギリスの議会研究は，古い制度論の枠組みにとどまる傾向があり，「理論なしに制度の内的動態を描くことに焦点を当てている」（Geddes & Rhodes 2018: 88）と書いている．

しかし，存在・実体論 ontology と認識方法論 epistemology の問題は，政治学方法論を専門の一つとするデイヴィッド・マーシュによれば，研究者にとって「セーターではなく，肌」の問題である．つまり，研究者ならば誰でも，実際に研究論文などを書くときには，自覚・無自覚に関わらず，何らかの方法論を使い分けているはずで，その意味で，これらの問題は，着るか着ないかを選択できるセーターではなく，いやおうなしに全ての研究者が関わる「肌」の問題に等しく，避けては通れない，と指摘している（Marsh et al. 2018）．

14　第Ⅰ部　本書の問題意識と解釈主義アプローチ

　実際，今日の政治史研究文献において議論が少なかったことについては筆者も同意するが，政治史学のなかにおいて，かつて方法論に関する議論があったことも忘れてはならないだろう．

　例えば，篠原一は1962年の著作『現代の政治力学』で，19世紀ドイツ政治史学の到達点と，当時批判されつつあった史的唯物論，さらに当時注目されつつあった政治過程論という3つの視点から政治史の方法について考えた．それらが織り成した像は，複雑である．史料批判に没頭したランケ，「主観的アプリオリ」の存在を強く主張したドロイセン，そして土台・上部構想によって説明しようとする史的唯物論，これらの間の振り子運動を脱却すべく，篠原は，政治過程論によって「歴史的関節」に集中砲火を浴びせることによって，「政治の歴史構造」の把握と「ミクロ的限界」の克服が可能となると論じた（篠原1962：28-61）．いいかえれば，政治史学において，歴史における個人の内的映像を描くことと，構造的把握とは決して両立しないものではないことを，篠原は示したと言ってよいであろう．その見地は，24年後に「歴史政治学」を提唱するときにも受け継がれた．篠原が「概念や理論仮説は人工的なものであるから，当然歴史的状況の制約をうけるし，またそこにはその人の価値観が投入されざるを得ない」という時，本質主義的理解に対する彼の歴史家としての警戒感を見て取れる（篠原 1986：3）．

　また，山口定は，1979年の『ファシズム』のなかで，「思想・運動のレベルでの概念と体制概念との相違という問題は，実はファシズムに限らないことかもしれない」（山口 1979：26）と述べた．このように，山口は，思想・運動・体制という三つの概念区別をしばしば他の対象に対する研究方法としても使えると述べたが，それは，思想（解釈主義），運動（過程論），体制（制度論）という複合的視点を持つ研究方法であると言える．近年，思想（アイディア）と制度の複合的方法がしばしば提唱されるが，既に日本の前世紀の政治史研究においても，そうした方法は蓄積されていたといっても良いだろう．

　また，ここ20年で，政治史の方法論的問題意識に関しては，野田昌吾（1999），網谷龍介（2013）が議論している．野田は，スコッチポルの『国家と社会革命』における変数志向と経路独立的な因果説明とムーアやウェーバーの理念型的方法を対比して，当時の政治史研究の課題を暗示した．網谷は，新制度論の隆盛

を受けて，政治史研究において，分析の変数志向と静学化が見られ，研究における強調点が，政治史における実体的問いよりも方法論の正当性の主張に置かれるようになっている傾向を明らかにし，政治史研究自体にはペシミスティックな展望を示唆している．さらに，後に見るように，E. H. カーやエルトンらを初めとして，英語圏でも政治史に関わる方法論議論は存在し，日本でも紹介されてきた．

　ただ，日本と世界において，政治史研究の方法が様々に議論された歴史と経緯がありながらも，実際に，その方法論的蓄積を使って政治史研究あるいはそれ以外の経験的研究の業績が上げられてきたかといえば，それは少なく，また，近年において，そうした政治史に関する方法論的議論自体が，さらに少なくなってきていたことも，事実だろう．上述の『書斎の窓』対談のような批判は，そうした現状に対する警鐘として理解されるべきであろう．

　政治学における方法論議論に関して，新制度論が大きく貢献してきたことには，おそらく異論がないであろう．その制度論の発展に関しては，多くの先行研究があり，ここで逐一触れる必要はないと考えるが，まさしく制度に焦点を当てた歴史的制度論や，合理的選択的制度論という方法論が追求される一方，制度論に思想（アイディア）からのアプローチと言う視点を取り入れようとする研究方法も多く提唱されている[2]．

　歴史的制度論においては，当初，思想に対する制度の持つ重要性が強調されたが，その一方で，制度が大きく変化することに関しては制度だけで説明することは難しく，思想（アイディア）の役割が制度論においても重要視されるようになった．シェリ・バーマンは，ドイツの社会民主党が史的唯物論と階級闘争から脱皮できずにナチに敗北したのに対して，スウェーデンでは人道主義と小農たちとの連帯が成功し，後の社会民主主義路線の基礎を築いたという対照的な結果を指摘したが，彼女は，両国の社会民主主義指導者たちの思想に独立変数としての役割を与え，両国の結果の相違を説明した（Berman 1998）．また，マーク・ブライスは，思想に関する５つの仮説を設定し，思想が独立変数になりえるかに関して検証し，なりえると結論付けた（Blyth 2002）．ヴィヴィアン・シュミットのように，思想や言説を含めた複数の方法を用いて研究する例も多くなっている（Schmidt 2002: 7）．特に，その際に，思想（アイディア）の果たす役

16   第Ⅰ部　本書の問題意識と解釈主義アプローチ

割に関して，言説的制度論という方法を用いる場合がある．なお，解釈主義アプローチと制度論や他のアプローチとの対照に関しては，後に詳しく扱う．

　制度論を中心とした，こうした政治学方法論の対極において位置づけられるのが，同じく思想を重視する解釈主義アプローチである．ここでは，その解釈主義アプローチの社会科学方法論における位置を見ておきたい．

　今日における政治学を含む社会科学では，研究およびその叙述方法に関して，英語圏の大学院の場合，初めに整理して教えられることが多い．大きな整理で言えば，数量的アプローチ quantitative approach と質的アプローチ qualitative approach である．本書は後者を取る．

　こうした研究方法に関して，社会科学研究方法に関する代表的なテキストにおける記述を参照していきたい．以下は，そうしたものの一つであるアラン・ブライマンの説明にそっている．

　数量的な方法をとる場合と，質的方法をとる場合では，存在・実体論 ontology と認識方法論 epistemology に関する方向性の違いがある，といわれる．

　ここで言われる存在・実体論 ontology とは，一般的に，存在 being に対する問いであり，「それは，何か」が中心的な問いであるといわれる．これを，事実レベルの確認と見ることもできる場合があるが，この存在・実体論が存在を問うのは，社会科学においては必ずしも「目に見える」存在とは限らない．例えば，西洋哲学では繰り返し問われてきた神の存在も，当然存在・実体論の対象となる．また，本書で議論する議院内閣制は，一つのまとまりとしては可

表 1-1　数量的・質的方法の違い

	数量的研究	質的研究
研究における理論の役割に関する方向性	演繹的：すなわち理論の検証（仮説検証）	帰納的：理論の形成
認識方法論の方向性	自然科学モデル，特にポジティヴィズム	解釈主義
存在・実体論の方向性	客観主義	構成主義

出所：Bryman 2004: 20.

視できないものであるが，それに関しても，「それが何であるか」，「それは存在するのか」，「その本質は何か」という問いかけをするのであれば，それは存在・実体論的な議論をしていることになる．ところで，本書では，この ontology に関して，日本語の定訳の一つとなっている「存在論」という表現を使わないことにしたい．なぜならば，この存在論という表現は，それを存在の有無に関わる議論に限定されたものだという誤解を招く可能性があるからである．また，実際のところ，日本語の社会科学の文献などにおいても，「存在論」という表現を使うとき，実際，「神は存在するか」，「世界は存在するのか」などの有無の問題に収斂しがちである．しかし，本書で取り上げる様々な政治学・哲学の文献において，ontology の問題として議論されるのは，圧倒的に「それが何であるのか」の問の場合が多く，それは「有無」の問題に還元できないはずである．したがって，英語における ontology は，たしかに存在の有無の問題も扱うが，それ以上に（いや，少なくとも筆者の読んできた文献においてはさらに中心的に）「それは何であるか」という問に対する答えとして ontology は議論されてきた（Hay 2002: 61; Marsh et al. 2018: 178）．したがって，この ontology を存在論とのみ表現するのは，誤解を招きやすく，社会科学議論におけるその語彙を必ずしも正確に伝えることにはならないので，本書においては，ontology を「存在・実体論」と表現する．これにより，この ontology の問には，存在の有無だけではなく，存在の実体に関する議論が含まれていることを，明示したい．

　表1-1に示したように，数量的研究では，対象の存在は，明確に研究者の意識の「外」にある，すなわち，しばしば英語の表現では out there という表現が使われる．それに対して，質的研究の解釈主義などの場合，対象は，必ずしも研究者を含む人間の意識の外にあるのではなく，何らかの形で人々の主観によって「社会的に構成される」socially constructed といわれる．つまり，現実や研究対象は，少なくとも，それぞれの社会的，政治的，あるいは文化的な立場が異なる人々がそれぞれに構成して自覚している事柄であり，つまり，そうした立場の違う人々が，存在・実体論において一致することが必ずできると見ていないし，また，それらの人々はその人々が解釈する現実という範囲から外に出ることができない，と見る[3]．

　それに対して，認識方法論 epistemology とは，知識に関する議論であり，

18 第Ⅰ部 本書の問題意識と解釈主義アプローチ

つまり，対象をどのように知ることができるのか，ということを問いにしている．数量的研究の場合，その認識方法論の方向性は，ポジティヴィズム（実証主義）あるいは，自然科学モデルとなる．自分の意識の外に現実があり，それを研究するという点で，物理学や化学，工学などの自然科学のモデルと同じように，主として数量的に現実を知ろうとする認識方法論となる．ところで，ここでいうポジティヴィズムの日本語訳は「実証主義」であるので，歴史学における史料批判を通じた実証も，実証主義に入るのかという疑問は必ず出てくる．実際，社会科学の様々な文献で史料批判を「実証主義」と表現してきた過去の文献も，日本にはある．

しかし，ポジティヴィズムという元々の言葉で言えば，社会科学において，それは数量的研究を指すので，歴史学における史料批判による実証は，そこに入らないことになる．[4] 他方，法実証主義を初めとして，必ずしも数量的な方法を使うわけではない実証主義もあるし，史料批判を通じた歴史研究も，たしかに，それが人間社会の一般的法則を見出す傾向を著しく強めた場合には，数量を使っていなくても，数量的方法と同じく一般化を目指した研究という点で類似性を持つ場合もある．ビーヴァー＆ローズは，このように，必ずしも数量的方法を用いないが，やはり自然科学と同じく法則性や超歴史的な一般原則を見出そうとする研究の方向性を「近代主義―経験主義」modernist-empiricism と呼んでいる．

ところで，本書では，実証主義という表現はなるべく使わず，ポジティヴィズムという表現に統一したい．日本では，上記のように史料批判などを通じての実証に関しても，実証主義という表現が使われてきた歴史もあり，やはり混同するリスクを回避するためである．時としてポジティヴィズムという表現は，悪意を内在化させた表現と捉えられる場合もあるが，本書においてポジティヴィズムという表現を使う場合，そのつもりはない．むしろ，筆者は，様々なアプローチによって，それぞれの意味のある独特な知見が獲得できると考えており，アプローチの複数性を否定したり，一つのアプローチの優位性のみを主張したりして，他を廃する姿勢に批判的である．

話を元に戻したい．数量的な研究の認識方法論はポジティヴィズムであるのに対して，質的な研究における認識方法論は，解釈主義であるといわれてきた．

本書において試みる解釈主義アプローチも，その一つといえるだろう．既に見たとおり，質的研究の存在・実体論は，現実はそれを見る人々によって異なって映るとされていることから，解釈主義は，研究対象や現実を知るためには，その現実を様々に解釈する人々の言説や思想を研究者が再び解釈するという「二重の解釈」が必要となると見る．そして，その解釈の方法としては，歴史的文献や史料の解読，インタビュー調査，フィールドワークなどにより，人々の言説や思想の意味を解読・理解することが，その認識方法論の具体的方法となる．なお，上記で述べてきたepistemologyは，日本語では認識論と訳されることが多いが，これも，誤解を招きやすい訳語であると考える．例えば，「それは何であるか」What is it？という，英語で言えばontology存在・実体論に分類される議論でも，日本語では「それは何であるのか」ということを認識するとなり，日本語の字義通りに考えれば認識論と理解されることが自然だからである．しかし，英語のepistemologyという言葉で尋ねられていることは，howどのように存在と実体を知ることができるのかであって，whatの問は無い（Marsh et al. 2018: 178）．Whatの問は，ontologyになる．つまり，英語のepistemologyと日本語の認識論は，その意味が対応しない．したがって，ここでも，筆者は，通常使われてきたepistemology認識論という訳語ではなく，epistemology認識方法論という表現で統一したい[5]．

　こうした二つの研究方法と理論との関わりも対照的である．数量的研究は，自然科学と同じく，理論の検証に重点が置かれる．したがって，研究論文などにおいても，因果関係における仮説を設定して，その検証が中心的となる．自然科学の分野では，多くの因果関係が複雑に交差する環境において，少数の変数の間で仮説を設定し，他の変数の影響を制御して，その仮説の有意性を検証する．質的研究においては，歴史的文献，政治家・官僚たちの言説を分析することで，その意味を理解することが中心になり，通常，数量的なデータなどは参考としてしか用いない傾向があった．

（三）　哲学としての解釈主義
　しかしながら，マーク・ビーヴァー＆ジェイソン・ブレイクリーは，こうした量的研究・質的研究という二分論では，解釈主義の意義は捉えられないと述

20　第Ⅰ部　本書の問題意識と解釈主義アプローチ

べる．先にも引用したように，彼らの理解において解釈主義は，必ずしも方法論ではなく，そうした見方は誤りであり，解釈主義はむしろ哲学的世界観であると述べる（Bevir and Blakely 2018: 88-89）．ただ，実際のところ，解釈主義を自任する論者でさえ，解釈主義を政治民俗学と結びついた一つの方法であると述べる場合があることを指摘している（Kubik 2009; Wedeen 2009: 1586; Schwartz-Shea and Yanow 2012: 24-43）[6]．

　解釈主義とは，先述したように，およそ人間が社会を観察し，それに関与する時には，それぞれの人間による解釈があり，そこにおいて把握されたものは全て社会的に構成されたものであると言う，一つの哲学である．

　ビーヴァー＆ローズによれば，マス・サーヴェイ，無作為抽出サンプリング調査，統計的推論，ケース・スタディ，基礎付け理論，そして合理的選択モデルに関しても，解釈主義と相容れないわけではないと述べる．

　　私たちは，データ収集，データ分析，そしてヒューリスティックスと和解できることを見てきた．このことが意味するのは，観察者参加，ディープなインタビュー，マス・サーヴェイ，無作為抽出サンプリング調査，統計的推論，ケース・スタディ，量的調査，基礎付け理論，そして合理的選択モデルを，使いもすることができるが，他方，濫用となる場合もある．反自然主義は，この2世紀の間社会科学者たちが発展させてきたデータ収集，データ分析，ヒューリスティクスとの幅広い合成物を作り出すために，ユニークに位置づけられる（Bevir and Blakely 2018: 110）．

　彼らは，解釈主義の第一の研究方法として民俗学（研究者自身の参加によるフィールドワーク研究）が用いられることが多いことを認めつつも，そうした方法とマス・サーヴェイなどが組み合わされることによる利益が多いことを指摘し（95），そうしたマス・サーヴェイやデータ分析によって，諸個人や諸集団のビリーフが明らかにされることも多いと述べた．合理的選択に関しても，それが「人間行動の普遍的で至高の理論」（107）を提供すると言う前提であれば，それは反自然主義哲学とは相容れないが，そうでなければ，民俗学などと両立可能であると述べる．彼らによれば，「反自然主義は，合理的選択論者たちとその相手との過度の対立論を拒否し，その代わりに，合理的選択を吸収し，社会科学に

関する方法論の一つの大きな配置のなかに統合することができる」と述べた（109）.

　なお，こうした解釈主義は，英米，オーストラリア，そしてアジアの政治学会，ガヴァナンス学会などで広範に話題にされており，多くのシンポジウムが行われてきた．後に見るように，彼らの「伝統」というコンセプトや，そこにおける「構造」コンセプトの（事実上の）拒否などをめぐって多くの論争が闘わされてきており，彼らの「解釈主義」が大いに受け入れられたとは言い難い．ただ，多くの論争の的になったこと自体は否定できないと言えよう．なお，そこにおける対決点に関しては，後に述べたい.

第二節　解釈主義アプローチと，それを構成する諸概念と思想的系譜

（一）　解釈主義の諸概念

　ここでは，マーク・ビーヴァー & R. A. W. ローズによって近年展開されてきた解釈主義アプローチに関して詳述したい．ビーヴァー＆ローズは，2003年の『イギリスのガヴァナンスを解釈する』*Interpreting British Governance* を皮切りとして，いくつかの重要な論文や著作を発表し，2016年には *Routledge Handbook of Interpretive Political Science* が刊行された.

　なぜ，ビーヴァー＆ローズの解釈主義がこれほどの注目を集めたのかについては，2003年のイギリス政治学会主催でのシンポジウムにおけるアラン・フィンレイソンの説明に，その理由が現れている.

　　　　ビーヴァー＆ローズが著した『イギリスのガヴァナンスを解釈する』は，
　　　文脈，行為者，伝統という哲学に由来する諸テーマと政治学とをまとめよ
　　　うとする一つの試みである（Finlayson et al 2004: 129）.

　解釈主義の発想自体は必ずしも新しいというわけではない．ドイツのディルタイやイギリスのコリングウッドの思想も，そうした系譜に位置づけられる．ただ，ビーヴァーは，後に見るように，意思や思考に対する構造の物象化による決定論を排し，解釈主義の立場をより徹底するとともに，そうした立場を強めていくと必ず突き当たる相対主義という批判に対しては，客体の存在や真理

探究の可能性を認めることで相対主義を排しようとした．ビーヴァー＆ローズの業績は，まず，こうしたビーヴァーの深く徹底した哲学的展開を基礎としたと言えるだろう．ビーヴァーは，エクセター大学で学び，大学院でオックスフォードに進み，哲学を専攻した．

　そこに，1990年代までイギリス政治に対する経験的研究で業績を上げ，多くのキャリアを積んだR. A. W. ローズの力が加わった．1990年代前半までは，ローズは，パトリック・ダンリーヴィーらと組み，合理的選択論にも近かった．また，新制度論の動向にも関心を示していた（Rhodes 1995a: 117-126）．このローズの解釈主義への転回は，「同僚たちを困惑させた」（Rhodes 2017: 183）と，ローズ自らが述懐している．

　二人が次々と大作を仕上げていく契機となったのは，当時，マーク・ビーヴァーが職を得ていたニュー・カッスル大学においてであった．ローズは既にたくさんの著書を書き，行政の仕事にも飽き，ニュー・カッスルに，いわば避難してきた．そこで，ローズは若いビーヴァーと会い，彼が，解釈主義について大きな構想を描いていたことに気づいて，ローズはビーヴァーと共同で研究を取り組むことになる．そのころ，ローズ自身も，ポスト・モダンに関心を持ち始めていた（Rhodes 1997: 180-200; Rhodes 2017: 236）．二人による初めての共著の書籍が上記の『イギリスのガヴァナンスを解釈する』であった．

　ビーヴァー＆ローズが2003年の著作で問題の一つとして挙げたのが，「ウェストミンスター・モデル」であった．彼らは，この言葉を，研究者や政治家たちのビリーフを表現する場合を除いては，使わない．なぜならば，「ウェストミンスター・モデル」という表現は，彼らの理解によれば，「制度」を前提としており，そこには政府の機構を客体として把握できるというポジティヴィスト的な哲学的前提があると考えていたからであった（Bevir and Rhodes 2003: 27）．つまり，表1－1でみた「客観主義」という存在・実体論的前提を，彼らは取っていないことが分かる．

　2009年の『ウェストミンスター政治の比較研究』*Comparing Westminster*（法律文化社，2015年）では，歴史的制度論や合理的選択制度論を念頭において，それに対する批判的な対置として，ローズたちは，ウェストミンスターを描き出す際に，以下のように述べた．やや長いが典型的であるので，引用したい．

私たちの出発点は，政治学に対する解釈的アプローチである．全ての政治学者は，著書により，客観的で，法則のような，「彼らの」解釈を私たちに提供しようとしている．しかし，解釈的アプローチは，諸解釈に関する諸解釈を提供しようとする点において異なる．それらは，意味と信念に専心しており，法やルール，社会カテゴリーの相関関係，あるいは演繹的なモデルには専心していない．だから，1つの解釈アプローチは，物事の意味を問い，この本においては，「物事」とは，ウェストミンスター・モデルにおけるエリートたちの諸信念と諸実践のことを指す．私たちは，諸実践を呼び起こす「信念」として意味を考えることを選択する．諸信念の網を探求し，説明するために，私たちは，伝統と物語という理解を使う．それを通じて，私たちは，政治エリートたちが彼らの世界をどのように理解しているかを明らかにし，彼らの諸実践を導くために彼らはどんな航法を内部的に使っているのかを発見したいと考えている（ローズ他著 小堀・加藤訳 2015：31：Rhodes et al 2009: 25-26）．

　つまり，解釈主義アプローチとは，政治家や官僚たちが彼らの世界をどのように理解しているかを，また，彼らの諸実践を導き出すために，どのような内在的な思いを抱いているのかを明らかにしようとする方法である．それは，ポジティヴィストのように一つの正しい理解に客観的にたどり着けるということを共有していないし，また，法則のように「正しい」真理や原理や本質から歴史や出来事を演繹的に証明しようという方法ではない．

　また，ビーヴァー＆ローズによれば，「解釈主義アプローチは，行動や制度を形作る意味に焦点を当てる」（Bevir and Rhodes 2003: 18）と述べる．彼らは，繰り返し，意味 meaning について触れる．この意味とは，様々な出来事を説明するために，解釈することを指すが，その解釈とは因果関係を独立変数や従属変数を設定して明らかにすることとは異なる．むしろ，全体の文脈，つまり広い諸ビリーフの網 a wider web of beliefs のなかに，出来事や制度などを置くことによって理解するという方法を取る．彼らは，このことを，意味全体論 meaning holism と述べる．彼らによれば，「意味全体論は，私たちの諸ビリーフや諸概念が一つの網 web を形作ることを示唆する」（Bevir and Rhodes 2010:

45）．すなわち，ビーヴァー＆ローズの解釈主義においては，意味（行為者の解釈や意図とそれを位置づける網）を明らかにすることに専心し，それを明らかにすることが説明である．

また，したがって，解釈主義アプローチは，行為者の解釈や意図を抜きにして，数値や物象に関して因果関係を明らかにすること，そして，それによって，政治や社会における普遍的法則や本質的な原理を明らかにできるとは考えていない．むしろ，そうした普遍的な法則や本質的な原理という中心的なものを探るアプローチに対して，非中心的なアプローチ decentred approach を対置する．ビーヴァー＆ローズによれば，「非中心的アプローチとは国家のいかなる本質主義的な定義をも拒絶し，文化的実践としての政治の思想をおし進める」（Bevir and Rhodes 2010: vii）．この非中心的なアプローチの認識方法論は，反基礎付け主義である（Bevir and Rhodes 2010: 73）．反基礎付け主義とは，政治や社会の出来事を認識する際に，そこに何らかの抽象的な本質，基礎，土台を持って理解しようとはしない考え方である．しかし，ビーヴァー＆ローズは，同時に，こうした反基礎付け主義を取る（すなわち何らかの本質や基礎付け論を持たない）からこそ，手法としては，歴史史料，インタビューなどの質的材料だけではなく，統計やデータなどの数的材料をも，研究において使うことができると強調する．以下の３つの引用は，典型的である．

　　私たちはさらに言う．もし，その人が反基礎付け主義者であったなら，認識方法論的原理は政治学の特定のアプローチに至ると仮定するのは間違いである．反基礎付け主義は，合理的選択から民俗学までの幅広い政治学，そして同様に保守主義から社会主義までの幅広いイデオロギーと両立可能でありうる（Bevir and Rhodes 2010: 42）．

　　原理的に，反基礎付け主義は，あらゆる種類の政治学のアプローチと組み合わせ可能でありうる（46）．

　　私たちの見解では，解釈主義アプローチは，データを作り出す特定の方法を定めないが，むしろ，どんなタイプのデータであれ特定の取り扱い方法を定める．一つの解釈主義アプローチは，政治学者はデータを，諸行動

に埋め込まれた意味やビリーフの証拠として扱うべきである（67）．

　マーシュら（March et al. 2018: 178-79）によれば，基礎付け主義は，「真の世界」が意識の「外にある」ことを肯定するが，反基礎付け主義の存在・実体論は，「真の世界」が意識の「外にある」ことを否定すると説明している．つまり，ビーヴァー＆ローズは，意識の外に外界世界があることを認めていないと，マーシュらは述べているわけである．しかし，これに対しては，ビーヴァー＆ローズからの反論があった．ビーヴァー＆ローズによれば，「外界世界はあるが，私たちの反基礎付け主義的認識方法論においては，私たちの世界は，諸ビリーフと民俗理論から独立してはいない」，と論じられた（Bevir and Rhodes 2008b: 729）．つまり，ビーヴァー＆ローズは，外界世界はあるが，その全ては人間の主観によって認識されることで初めて存在を知ることができると論じている．「諸ビリーフと民俗理論から独立してはいない」という表現は少し分かりにくいが，要するに，外的世界は人間の意図により理論化されることなしに，その存在は確かめられない，と述べているわけである．少なくとも，（後にこの立場の変化に関しても言及したいが）ここの時点では，ビーヴァー＆ローズは，存在・実体論の次元自体を肯定していなかったといえるだろう．

　こうした彼らの解釈主義アプローチにおいては，いくつかのキー的概念がある．以下，それらについて述べたい．

位置づけられた行為者

　彼らのキー概念の一つとして，「位置づけられた行為者」というものがある．原語は，situated agency である．agency はすでに日本語においても，使われ，「エージェンシー」という言葉は，代理店，代理人の意味で用いられることも多い．英英辞典などの agency の説明においては，代理店や組織などの言葉を意味する場合と，社会における行為者としての意味が分けられていることが多い．したがって，ここでは，agency を行為者として訳すことにする．

　この agency という言葉は，元々がイギリスの哲学者であったデイヴィッド・ヒュームが使ったものを，ビーヴァーがその着想を得て，「位置づけられた行為者」として使っている．[7] ヒュームの哲学は難解であるが，この agency の部

分に関しては，ヒューム哲学の研究者トニー・ピットソンが簡潔にまとめている．彼によれば，「ヒュームの自由と必要性の議論は，しばしば，自由と決定主義という観念間の，両立主義や和解主義という古典的な表現で引用される」（Pitson 2016: 10241）．つまり，ピットソンによれば，人間諸個人は自律的に自分の行動を決定できるが，同時に決定主義から拘束を受け，その意味で決定主義の「代理人（エージェント）」にもなっていると，ヒュームは理解していた．

　したがって，彼らが使う agency という言葉の意味は，他者からの代理人である側面を持つ人間を意味している．実は，ビーヴァー＆ローズによれば，ポスト構造主義的言説論は，諸個人が周りの言説に完全に拘束されて，行為者として反抗できないと理解しているが，この「位置づけられた行為者」というビーヴァー＆ローズの理解においては，「行為者は，新しい方法で理由付けしたり，行動したりすることができ，彼らに影響を与える文脈という背景に反して，そうすることもできる」（Bevir and Rhodes 2006a: 4）．

　ビーヴァー＆ローズは，制度や構造などが諸個人を事実上操作し，行為者としての反抗を完全に奪ってしまうとは考えない．制度や伝統が諸個人に様々な影響を与えること自体は，彼らも認めているが，諸行為者たちは，それに反して行動することもできる．つまり，そうした全体性の網に位置づけられつつも，それに反する行動も行う諸個人の作用，これが「位置づけられた行為者」である．

　なお，ビーヴァー＆ローズは，行為者が伝統に対して反抗することができるとは述べるが，それを自律性 autonomy とは決して述べない．なぜならば，ビーヴァーによれば，自律性という理解は，伝統などの社会的背景の影響を否定するものとして理解されているからである．ビーヴァーによれば，「人々のビリーフ，行動，アイデンティティ」は，「当該の社会的文脈に必然的に影響され」ており，「自律性の否定の意味するところは，社会の影響は不可避で，それが特定の主観性の生産源であるとみなした方がよい」（Bevir 2017: 52）ということであった．

ビリーフと実践

　ビーヴァー＆ローズの解釈主義アプローチにおけるビリーフ（信念）とは，

政治家や官僚たち個々人が信じている内容を意味する．このビリーフとは，書物やインタビューによって確認できるが，主観的なものであり，ポジティヴィストが使う変数でもなければ，「客観的な」社会行動を演繹的に説明する際に使われる抽象的なモデルや構造でもないと言う．合理的選択からすれば，官僚は自らの影響力を最大限に発揮するために仕事をしていると解釈するかもしれないが，実際には，官僚の主観においては職業的実践においてベストを尽くすという信念で仕事をしているかもしれない．先に書いたように，解釈主義アプローチは，意味を理解することを目的にしているが，その「意味は，常に，特定の諸個人たちのビリーフである」（Bevir and Rhodes 2006a: 7）と述べる．

　ところで，筆者は，2015年にこの belief を「信念」と翻訳した（R. A. W. ローズ他著，小堀・加藤訳 2015）．日本語の表現としては，信念と翻訳することは確かに belief という英語に最も近い意味を伝えることになるが，依然として belief と信念は若干の違いを含んでいる．日本語における「信念」という言葉は，『大辞林』（三省堂）によると，「固く信じて疑わない心」とあり，比較的強い確信を意味する言葉となっている．それに対して，英語の belief は，信じる believe の名詞形であり，直訳すると「信じること」であり，強く信じることも弱く信じることも含んでいる．実際，ビーヴァーは1999年の著作から，強い意志主義と弱い意志主義の両方を belief としており（Bevir 1999: 27），その点で「信念」という訳語は実際の彼の意図する belief よりも狭く限定的である．したがって，本書では，これ以降，belief は「信念」とは訳さず，ビリーフというカタカナ表記で統一することにしたい．

　また，彼らは，これらビリーフを，言説とは言わない．彼らによると，言説理論は，ビリーフの特定のパターンを説明しようとするもので，もし，解釈主義アプローチが言説という用語を使うとすれば，そうしたパターンによるビリーフに対する決定主義を認めることになるという．しかし，ビーヴァー＆ローズは，「位置づけられた行為者」という考え方のなかで，諸個人自体がそうした影響に抗しうると考えている．したがって，彼らは，言説という用語を使わない（Bevir and Rhodes 2006a: 5 - 7）．

　なお，こうしたビリーフは，政治家，官僚，そして社会の諸個人が持つものであるので，「ビリーフは，正確である必要はない」（Bevir and Rhodes 2010: 75）．

28　第Ⅰ部　本書の問題意識と解釈主義アプローチ

根拠を持たない理解や誤った理解をもったとしても，それが権威を持つように
なり，神話となっていくことも，十分に想定している．

　先述したように，ビーヴァー＆ローズは，「客観主義」という存在・実体論
的前提を取っていない．しかし，「現実の世界が存在していない」という立場
は取らず，特にビーヴァーは，人間の認識の範囲から独立した事実の存在を前
提としている．ただ，ビーヴァーは，人間が事実を認識するときには，必ずそ
の事実をカテゴリー分け（つまり他の例との比較）することにより観察しているし，
それは，一種の理論化であると述べている．1999年の著作においてビーヴァー
は，次のような例えを用いている．私たちが「石が落ちる」という場面を見た
場合，それが石版ではなく，単なる石であり，横に飛んでいくのではなく，落
ちるということをカテゴリー化（比較化）して，「石が落ちる」ということが分
かると述べている（Bevir 1999: 98）．

　ただし，ビーヴァーによれば，こうした事実に対するカテゴリー化は，経験
によって真理が得られると言うこととは別問題であると以下のように論じる．

　　　事実は，観察を必然的に伴い，観察は世界に固着するので，事実自らが
　　世界に触れる．したがって，私たちは理想主義を払いのけ，単に，独立の
　　現実の存在を強調するだけである．真理は，そうした現実との関係で構成
　　される．事実と真実を直接的に同一視できるかどうかは，別問題である
　　（99）．

　すなわち，ビーヴァーは，ここで事実の存在を認めるが，同時に，真理とい
う認識に至ることは別であると述べる．ただし，その一方で，ビーヴァーは，
完全に真理には触れられないと考えるが，他方，構造主義やポスト構造主義の
ような非合理的な相対主義の考え方も取らない．彼の事実，真理，理論の関係
は以下のように述べられている．

　　　私は，世界における私たちの存在の本質から演繹されるものとしての，
　　真理と通約可能性を守ってきた．反基礎付け主義は，所与の真理への訴求
　　を回避することを求めるが，知識を正当化する他の方法も存在している．
　　真理は，調整的な理想として動くことができ，そこにおいては，私たちと

環境との相互作用によって，私たちが真理に継続的に近接するような比較
の基準を使う理論を私たちが選ぶことができる（126）.

　つまり，ここでビーヴァーは，所与の，予め与えられた真理に到達できるこ
とは，他の方法も存在しているので支持していないが，他の方法との比較を通
じて，それに近接することはできると認めている．後に見るように，彼は，こ
の点を構造主義・ポスト構造主義と彼の考えとの違いとして示しているし，そ
の点で，相対主義ではないと述べる.
　ビリーフは，テキストやインタビューなどから理解することができるが，同
時に，人々の実践から理解することもできる．ビーヴァー＆ローズは，次のよ
うに言う.

　　　実践は，一連の行動であり，しばしば，一連の行動はパターンをもち，
　　ある程度の時間において比較的安定的である場合もある．実践は，しばし
　　ば私たちにビリーフを仮定する根拠を与える．（Bevir and Rhodes 2010: 75）.

　また，ビーヴァー＆ローズによれば，新制度論における「制度」理解は，彼
らの実践の理解に近いと述べる.

　　　政治学者たちは，「国家」や「諸制度」に訴求する時，彼らは時として，
　　一つの実践と同じ何かを思い浮かべるが，私たちの分析が認める以上に，
　　彼らはそこに規制的な権力を見ている（Bevir and Rhodes 2010: 75）.

　ここで，ビーヴァー＆ローズが述べる practice を日本語として訳す際には，
実践が最も適当であると考えるが，「制度」との上記の比類からも分かるように，
そこには，パターン化された実践という意味が入っていることに注意したい.
単なる諸行動の集まりではなく，そうしたものによって作られた一種のパター
ンを，ビーヴァー＆ローズは実践と呼んでいる.

伝統とジレンマ
　上記のようなビリーフが集まって，一つの伝統が形成される．ビーヴァー＆
ローズによれば，「伝統は，なぜ個人が元々の諸ビリーフの網を採用するかを

30　第Ⅰ部　本書の問題意識と解釈主義アプローチ

説明するが，その伝統は，他のアクターたちの諸ビリーフからのみ構成される」(Bevir and Rhodes 2010: 78)．つまり，この伝統は，「出発点であり，最初の影響である」．なお，こうした伝統という概念は，ドイツの哲学者ハンス・ゲオルグ・ガダマーの影響を受けている(Bevir and Blakely 2018: 167)．ガダマーは,何度も「伝統」という概念について語っているが，同時に，それが具体的には，「偏見」prejudice として現れ出てくるとしている．その偏見に関して，ガダマーは，「個人の判断以上に，個人の偏見が，個人の存在という歴史的現実を構成する」(Gadamer 2002 [1960]：276-77) と述べた．ガダマーの伝統理解においては，個々人が生まれ，自己を認識する以前に，自己は伝統に埋め込まれているとするのに対し，ビーヴァー＆ローズは，そうした伝統理解を高く評価しながらも，行為者は伝統に抗することができるとしている．

　ビーヴァー＆ローズは，こうした伝統の例として，「ウェストミンスター・モデル」を挙げる．彼ら自身は，上記のように，「客観的な」社会行動を演繹的に説明する意味で，抽象的なモデルを使わない．しかし，彼らは，「ウェストミンスター・モデル」を，イギリスだけではなく，カナダ，オーストラリア，ニュージーランド，南アフリカ共和国などの国々で，様々な政治家や官僚たちがビリーフとして持ち，それがいくつかの異なった「ウェストミンスター・モデル」という伝統を構成していることを述べる．つまり，「ウェストミンスター・モデル」の正しい認識や，演繹可能な抽象的原理を探求するのではなく，様々な人々が持つ各々の「ウェストミンスター・モデル」像（すなわちいくつかの異なった伝統）を見出しているのである．例えば，『ウェストミンスター政治の比較研究』Comparing Westminster のなかでは，君主大権，責任政府，立憲的官僚制，代表政府の４つをウェストミンスターの伝統として挙げている (Rhodes et al 2009: 75：ローズ他著，小堀・加藤訳 2015：88)[8]．

　しかし，こうした伝統は，政治家や官僚を含む様々な人々が変えうるものであり，ジレンマに直面するなかで変化していくと述べる．そうした変化の事例として，2006年の著作では，ビーヴァー＆ローズは，責任政府（念のために説明しておくと，日本でいう議院内閣制のことである）という伝統が，オーストラリアでは連邦制というジレンマに直面して変容したことを挙げている．オーストラリアでは，イギリスと同じく，全国の代表としてほぼ均等な選挙区から選ばれた

議員で構成される下院から首相を選ぶ責任政府の伝統があったが，他方，イギリスとは異なり，州の代表として州ごと同数の議員を直接選挙する形の上院を憲法で規定している．つまり，責任政府という伝統が連邦制というジレンマによって部分的に変容されたということである．また，このような変化は，オーストラリアのような旧植民地国に留まらず，イギリス自身も欧州やスコットランド・ウェールズへの権限委譲や最高裁の設置を通じて変化してきたことを見て，ビーヴァー＆ローズは，実際のところ，英豪「両国も，そのモデルから大きく離れてきた」と述べる（Bevir and Rhodes 2006a: 72）．そして，こう結論付ける．「ウェストミンスターは，本質的なコアを持たない，構成された一つの観念である」（72）．

ナラティヴ

　解釈主義の諸アプローチにおいては，「説明」explanation という表現は因果連関を連想させ，好まれないと書かれることがしばしばある（Parsons 2018: 78；野村 2017：22）．しかし，ローズは，「私は説明の形に関して『ナラティヴ』という用語を使い，それによって，諸ビリーフや諸行動を解きほぐし，人間の行動を説明する」（Rhodes 2011: 6，傍点は筆者によるものである）と述べる（ナラティヴ narrative とは物語を意味する言葉である）．また，彼によれば，「アクターたちのビリーフや欲望によって諸行動を説明し，伝統やジレンマによってビリーフを説明する」（Rhodes 2011: 6）．ローズらの「説明」は，必ず行為者の意図から「説明」するのであって，ポジティヴィズムのように変数間の因果関係を説明しようとはしない．

　その一連の形が，ナラティヴである．このナラティヴは，その時々の条件に関わるものであり，必然的なものでも，恣意的なものでもない．ローズによれば，こうしたナラティヴは，小説などのフィクションで使われるものと同じであるが，政治学が対象にしているのは，現実と過去の政治であって，この場合，フィクションである必要はないと述べる．ローズは，政治学者は「事実」facts を無視することはできないが，政治学者は「いずれにせよ合意された事実などないということを受け入れなければならない」（Rhodes 2011: 7）と述べる．

　なお，解釈主義の研究文献の中では，ナラティヴ以外にも物語を意味する

story や storytelling という言葉が登場する．しかし，ローズによれば，これらは，同義語であり，単に各々の場面での使い方の違いでしかないと述べる．ナラティヴやテール（話）とストーリーのささいな違いにこだわって話を陳腐化するよりも，全ては人間の社会的行動であり，一種のゲームであるという点に注意していると，ローズは述べている（Rhodes 2011: 17）．

偶発性

最後に，ビーヴァー＆ローズの「偶発性」contingency について説明したい．「偶発性」は，その名前のとおり，必然性の正反対に位置される理解である．必然的であるということは，法則的であるということで，逆に，偶発的であるということは，法則的な理解ではなく，それぞれの個々の特別性，歴史性，文脈性の理解に基づいている．ビーヴァー＆ブレイクリーは，2018年の著書で，以下のように，因果的な法則性との対置において，それを説明している．

> 私たちが見てきたように，この必然的な因果リンクは，人間のビリーフの歴史的に偶発的な本質と衝突する．人間のビリーフは，非歴史的な因果リンクの結果ではなく，むしろ，意味に関する特定の網を反映した偶発的で，文脈的に特定な起源を持つ．ビリーフと行動は偶発的で特定文脈であるので，私たちは，超歴史的な因果メカニズムと称するものの下で，それらを十分に包摂することは出来ない．ビリーフの形成を知らせる歴史的な偶発性は，自然主義的な非歴史的な原因観念とは両立し得ない（Bevir and Blakely 2018: 35-36）．

このように見てくると，偶発性はいかなる因果性も受け入れないと考えられるかもしれないし，実際，かつて，ビーヴァー＆ローズは，そう受け取られる説明をしてきた（例えば，Bevir and Rhodes 2010: 77-78）．しかし，2018年のビーヴァー＆ブレイクリーの著作においては，「偶発的な因果性」contingent causality（Bevir and Blakely 2018: 36, 38）という表現も使われるようになってきている．これは，ビーヴァー＆ブレイクリーが，伝統，ジレンマなどの彼らの構造理解（後に見るように，彼らは因果把握としての構造理解に消極的であった）から，一歩因果理解的な方向に踏み出しているとも理解できる．ただし，その因果理

解は，あくまでも偶発的なものであり，超歴史的なものではない．構造のように固定的な効果を持つものを想定した場合でも，その偶発性を想定しており，永遠に続くようなものを想定していない．

（二）　解釈主義アプローチの思想的系譜

　上記が解釈主義アプローチの主要な部分であるが，こうした解釈主義アプローチがどのような流れを汲んでいるのか，どのように発展してきたのかを，ビーヴァー＆ローズの『文化的実践としての国家』 *The State as Cultural Practice* における議論に沿って説明したい．

　彼らが解釈主義アプローチの思想的な原点として述べるのが，19世紀ドイツの哲学者であり，「生の哲学」の議論を推し進めたヴィルヘルム・ディルタイである．ディルタイは，自然科学に対する精神科学の領域の独自性を記述的分析的心理学の方法によって基礎づけたといわれている．ビーヴァー＆ローズによれば，ディルタイは当初，社会科学を人間の内面を外部の表現（言葉やジェスチャー）を通して理解するものであり，他の自然科学との違いを強調していたと述べられた．しかし，ディルタイは，後に個人の心理的プロセスの重要性を軽視するようになり，歴史的理解の中心に「客観的精神」を置くようになる．客観的精神とは，その時代の社会を構成する客観性の総体であり，歴史理解は，「普遍的に妥当な」客観性を得るものであると述べるようになったと言う．ビーヴァー＆ローズによれば，結局ディルタイの歴史理解に関しては，他の自然科学との違いを強調する一方，歴史理解に客観性や普遍性を求める点で，不徹底であったものの，重要な論点を提起したと述べられている（Bevir and Rhodes 2010: 12）．

　また，ビーヴァー＆ローズは，20世紀中ごろまで活躍したイギリスの哲学者ロビン・ジョージ・コリングウッドに注目した．コリングウッドは，いかなる言葉も行動も，問いに対する回答であり，それは歴史的に特殊な諸ビリーフの網によって作られる特定の文脈に位置付けられると述べた．同時に，コリングウッドは，歴史はそうした特定の文脈に位置付けられつつも，歴史家によって再生可能であり，その歴史的認識は時代を超えるとも述べた（Bevir and Rhodes 2010: 13-14）．

34　第Ⅰ部　本書の問題意識と解釈主義アプローチ

　さらに，ビーヴァー＆ローズは，オーストリア出身で，ケンブリッジで哲学を学んだルードヴィヒ・ウィトゲンシュタインからも影響を受けている．「用語の特定の使い方がその用語に意味を与えている……実践におけるその用語の使い方が，その意味である」（Wittgenstein 1965: 69，傍点は原著のものである）というウィトゲンシュタインの表現を引きながら，ビーヴァー＆ローズは，そこに意味全体論の系譜を見ている（Bevir and Rhodes 2010: 66-67）．

　1950年代・60年代は，アメリカを中心にポジティヴィズム的なスタイルの政治学が台頭してきた時期であった．ビーヴァー＆ローズは，こうしたポジティヴィズムの中で，セオドア・エイベルのように，歴史の意味を，仮説を検証するための「変数」に限定してしまった点を，特に批判的に指摘している（15）．

　しかし，ビーヴァー＆ローズは，こうしたポジティヴィズムの対応に対して，主として，社会科学の研究者というよりも，哲学の研究者の部分から反論があったことを述べている．それらは，ウィリアム・ドレイ，ピーター・ウィンチ，チャールズ・テイラーたちからの批判であった．ドレイは，歴史的意味理解として，アクターの内面の理解を重視していたが，同時に，因果説明と歴史理解との間の統合を考え，因果連関，合理的説明から外れた場合の逸脱をどのように因果連関で説明するかに腐心していた点で，解釈主義に徹していたわけではなかった．しかし，ピーター・ウィンチは社会科学に関しては，自然科学的方法を取りえない，すなわちポジティヴィズムを取りえないという点で明確であり，因果説明に関してもそれを拒絶した．

　多文化主義などに影響を与えてきた有名な哲学者であるチャールズ・テイラーも解釈主義の立場を取り，「私たちは，人が自己解釈する動物であると思わなければならない」と述べた（Taylor 1971: 61）．また，テイラーは，行動主義が政治研究から価値判断を剥ぎ取り，それを薬剤や技術の研究と同種類の「政策研究」へと還元してしまったと批判し，ただ，その一方で，実際には彼らの理論という価値がその研究に固着していることを見落としていると論じた（Taylor 1967: 548; Bevir and Rhodes 2010: 17）．ビーヴァー＆ローズは，自らの解釈主義アプローチを，こうした理論的系譜の中に位置づけた．

　2018年にビーヴァー＆ブレイクリーが出版した著作では，反自然主義哲学によって明らかにされる解釈主義的転回は，ミッシェル・フーコー，ジョン・サー

ル，チャールズ・テイラー，フリードリヒ・ニーチェ，E. P. トンプソン，マーティン・ハイデッガー，ルードヴィヒ・ウィトゲンシュタイン，そしてヘーゲルなど，互いに論争点も含む思想家たちの流れのなかに位置づけられると述べた．自然主義哲学の「事実」「価値」分離という枠組みを批判し，意味から構成される行為者と社会に関する見方を守るという点で，彼らとは一致しているということが，ビーヴァー＆ブレイクリーが強調したことであった（Bevir and Blakely 2018: 201）．

注
1）　ジェイソン・ブレイクリーは，ペパーダイン大学の准教授であり，ビーヴァーの指導の下，UC Berkeley で PhD を得ている．
2）　英単語の idea は，日本の政治学では，アイディアと訳されることが多い．日本政治学の文献の多くがアイディアという訳語を当てた経緯に関しては，筆者の研究において突き詰めたわけではない．英単語の idea は，思想という意味で幅広く様々な潮流の思想家・理論家に使われてきた．そこに，アイディアという訳語を当てると，当然，思想とは異なる特殊な意味となる．おそらく，最初にアイディアと訳した論者たちは，そのように，思想ではないと言うメッセージを伝えたかったのかもしれない．しかし，それでは，訳語としては正しくないし，日本の新制度論的な政治学の意味あいを引き継ぐことになるかもしれない．筆者は，むしろ，様々な潮流の論者が使う意味で idea を考えているので，あえて幅広く使われている思想という表現を，本書では使っている．もっとも，新制度論的ワードに親しんだ研究者からすると，それ自体が奇異に映るかもしれない．
3）　マーク・ビーヴァー ＆ ジェイソン・ブレイクリー（Bevir and Blakely 2017: 428）によれば，解釈主義アプローチのような反自然主義的研究方法は，「存在論・実体的基礎に据えられる必要はない」とも述べる．要するに，存在・実体論というレベルは，必ずしも解釈主義アプローチには必要ないということができる．
4）　もっとも，そうした史料批判による歴史研究という方法は，英語世界では hermeneutics とも言われ，その起源はドイツにあり，本書で扱う解釈主義 interpretivism とは系譜が異なると言う議論もある一方，ビーヴァー＆ブレイクリーの近年の議論では，その起源の異なりは理解しつつも，同じものとして理解して使用されている．
5）　なお，これら ontology, epistemology に関する誤解は，時として，英語文献の理解にとって決定的な困難を与える．コリン・ヘイやデイヴィッド・マーシュなどの批判的実在論者，ジェイソン・グリノスやデイヴィッド・ホワースなどの言説理論家，そして，ビーヴァー＆ローズら解釈主義論者などの間では，ontology, epistemology に関する議

論はかなり多い.

　他方で，日本においては，こうした議論と独立する形で，認識と対象の一致や，事物と認識，法学では認識と評価などの議論が積み重ねられてきた. 率直に言って，「存在論」「認識論」という習慣的用語にこだわると，こうした英語圏の議論を理解できずに混乱してしまう.

　例えば，現在の政治学の大きな課題の一つとして，ポピュリズムと呼ばれる現象をどう理解するのかという問を取り上げてみよう. それは，たしかに存在しているが，何か分からない，ポピュリズムとしばしば表現される現象が「何であるか」を明らかにすることが課題である. この場合，英語で言えば，これは明らかに「ポピュリズムとは何か」を問うているので，存在・実体論的な，つまり ontological な問である. しかし，日本語では「ポピュリズムとは何か」を明らかにすることは，それを認識することであり，認識論であると表現されやすい. しかし，では英語でそれを，epistemology といえるのかというと，そこに「どうやって」how，「できるのか」can という問が入らないので，到底 epistemology にはならない.

　なお，こうした議論は，管見の限りで，すでに日本の哲学議論などでもある程度共有されていると考える. 例えば，岩波書店の『哲学・思想事典』では，存在論という訳語は使いながらも，その意味は「存在（あるということ）一般の意味，構造，態様などを主題的に研究する哲学の基礎分野」（溝口，1998：998）とされており，存在の有無に限定される意味とはなっておらず，「構造」が問われている，つまり実体を問う議論も含むと理解されている. また，認識論に関しても，「『知ること』『知っていること』に関する哲学的な考察仕方の総体」と書かれており，対象の存在・実体に関する議論からは明確に区別され，しかも，考察の「仕方」（大橋，1998：1242）であると明確に書かれている. つまり，epistemology の問いは，端的に言って，how である. 「認識」ではない.

6 ）　なお，政治民俗学 political ethnology とは，政治団体や官僚組織，政党などへのフィールドワークを通じて，それらの政治行動に実際に参加することによって，知見を得ようとするものである. ビーヴァー＆ローズの著作においては，主として，ローズがこの手法を使い，彼はイギリスの官庁の会議に実際に出席することによってイギリスの大臣や官僚たちの行動から知見を得た. もっとも，ジャーナリストとは異なり，純粋な学術的意図において彼ら大臣や官僚たちの認識や理解を知ることを目的としており，知りえた物事や情報を新聞などで暴露することは差し控えていた（Rhodes 2011: 1-17）. そうした信頼関係の醸成の上において，この政治民俗学的なフィールドワークは成立したと言えるだろう.

7 ）　この点については，筆者が2019年 2 月に UC Berkeley のビーヴァー教授の研究室を訪問した時に聞き及んだことであり，文献的な参照例はしたがって書くことはできない. ただ，ヒュームの『人間本性論』A Treatise of Human Nature に類似したエージェンシー理解がしばしば見られる（例えば，Hume 1739: 157-60）.

8） ウェストミンスター・モデルの伝統として，二党制が入らないことを不思議に思う読者もいるかもしれない．ビーヴァー ＆ ローズも，主として，英国とオーストラリアを議論の対象にした2006年の著作では，ウェストミンスター・モデルの伝統の一つとして，二党制を挙げている（Bevir and Rhodes 2006a: 62）．本論にあるとおり，伝統は論者たちによっても異なる．したがって，主たる伝統を取り上げる基準として幅を広げた際に，英豪を対象にした場合には，彼らも二党制を伝統として挙げたのだと，筆者は理解している．あくまでも，伝統は論者たちによって異なるとすれば，枠を拡げれば，それだけ多くなるし，狭い基準を取れば少なくなる．

第二章

解釈主義と他の理論との違い

第一節　新旧制度論との関係

（一）　近代主義―経験主義と制度論

上記のように見てきた解釈主義アプローチであるが，以下では，様々な理論やアプローチとの関係を見ていく．

まず，最初に取り上げるのが，新制度論との関係である．ビーヴァー＆ローズの著書において，彼らの「理論は，米国とイギリスにおけるおそらく今日最も重要な潮流である新制度論に直接的に挑戦する」（Bevir and Rhodes 2010: vii）と述べたように，新制度論に対しての意識は明白である[1]．

ただ，彼らが批判しているのは，20世紀末に政治学において影響力を拡げてきた新制度論だけではない．ビーヴァー＆ローズは，19世紀後半からの政治学における傾向を，新制度論も含めて，「近代主義―経験主義」として批判する．ここで言われる「近代主義―経験主義」の定義が二人によって明瞭に行われたとはいえないが，この言葉を初めて使用したのはビーヴァーで，彼は，2001年の書評論文の中で，「近代主義―経験主義」においては，「原子化，分類化，数量化」を通じて，客観的な事実から価値を排除し分析して超歴史的な普遍的諸原則を取り出し，その一般化を試みようとする傾向があると指摘した（Bevir 2001: 470-71）．

ここで述べられている「近代主義」は，ホイッグ史観に典型的に見られるように，立憲君主制や議会主権などのイギリスの歴史的発展を進歩主義的なものとして捉え，事実上そこに普遍的価値や法則を見出す歴史観である．典型的には，歴史学者バターフィールド（Butterfield 1931）が批判して以来，イギリスの

歴史研究の中では，ホイッグ史観に関して多くの指摘があった．

　また同時に，ビーヴァー＆ローズは，ホイッグ的な歴史研究が史料に基づき，証拠を元に明らかにしようとする限りにおいて，「経験主義」的であると考えている．なお，経験主義という言葉は，今日までに極めて多様な意味で理解されてきた（Lipton 2001）．経験主義と言う言葉を初期に使い出した例としては，ジョン・ロックが有名である．ロックによれば，人間は生まれたときの状態は「タブラ・ラサ」であり，その後経験によって観念を形成していくことが述べられた．そのように使われた場合，経験主義という言葉は各人別々の経験によって別々の観念が形成されることを意味することもありえたし，実際，本書で後に見るように，フランスの憲法学者レズローブは，ロックを引きながら，イギリスの parliamentary government の動きを経験主義で理解しようとした．しかし，ここでビーヴァー＆ローズが言う経験主義は，そうした意味ではない．彼らが批判するところの「経験主義」は，「中立的証拠」によって固められた，それまでの様々な研究による「経験」によって正当化される主義である（Bevir 2001: 478）．このような「経験主義」の使い方は，今日の（政治学を含む）社会科学では一般的に見られ，多くの場合，経験主義，経験的研究とは，様々な研究によって経験的に築き上げられてきた「証拠」evidence に基づいた研究や考え方を意味する．すなわち，数量的ではなくとも，実証的な研究を意味している．

　この「近代主義─経験主義」の論者として想定されているのは，モーリス・デュベルジェ（Rhodes 2008: 94）やジェームス・ブライス，ハーマン・ファイナーなど（Bevir 2001: 475-476）が含まれるが，ビーヴァー＆ローズは，これらの研究者の業績を含む，19世紀後半からの政治学のなかに，一般的普遍的原理の導出やそれらの原理による説明という傾向を見ている．そして，そうした傾向は，やがて，アメリカ政治学における行動論や新制度論などのポジティヴィズム（数量的手法による実証主義）への方向につながっていく．

　ビーヴァーによれば，「近代主義的経験主義は，決してポジティヴィズムと決して対照的なものではなく，多くの類似性を強調することができる」（Bevir 2001: 477-478）と述べる．あるいは，それどころか，「明らかに，近代主義─経験主義は，個別から一般へと動き，比較以前に一つの状態へと没頭し，他の個

40　第Ⅰ部　本書の問題意識と解釈主義アプローチ

別のケースは特異性であることを強調する点において，ポジティヴィスト以上である」(478) と述べる[2].

　上記のような「近代主義—解釈主義」に対する批判は，当然，新制度論に対しても行われる．例えば，ビーヴァー & ローズは次のように，新制度論，ホイッグ史観，近代主義—経験主義，行動論，合理的選択の類似性を指摘する．

　　　新制度論は，少なくともイギリスにおいては，ホイッグ史観と近代主義
　　的経験主義が追求することができる仕事の類いとほとんど同じであり，そ
　　れは行動論と合理的選択の見せかけによって長年微動だにしてこなかった
　　仕事の類いである (Bevir and Rhodes 2006a: 42).

　もっとも，一般に言われるように，新制度論自体が多様である．1996年のピーター・ホール & ローズマリー・テイラーによる分類が有名であるように，合理的選択制度論，社会学制度論，歴史的制度論の三つが区別されている．合理的選択制度論については，名前のとおり，政治的アクターの合理的行動を前提とした諸理論によって政治を説明しようとし，社会学的制度論は，社会的な行動の積み重ねが規範化する点に着目し，その制度化を理論的な柱にしている．それに対して，歴史的制度論は，アプローチに関して多様であり，歴史に関する研究の厚みという点でも様々であり，様々な研究を含んでいる．しかし，ビーヴァー & ローズによれば，「最も重要なことは，新制度論の諸伝統のそれぞれが，20世紀の大半において政治学を支配した近代主義—経験主義に固く結びついていることである」(Bevir and Rhodes 2010: 26) と指摘される．

　以下では，こうした新制度論と解釈主義アプローチの違いを，制度理解，思想（アイディア）理解，因果関係と意味全体論との違いに関して説明していきたい．

（二）　制度に対する解釈主義と新制度論の理解の違い

　新制度論は，制度の政治行動に対する規定性や影響を重視する研究方法である．その名前のとおり，制度に注目するわけであるが，新制度論の研究者を自任する人々が，どのような制度定義をしているのかに関してみていこう．

　まず，新制度論としては，かなり初期の学者であるマーチ & オルセンの定義

を見ていきたい．マーチ＆オルセン（March and Olsen 1989: 1 ）は，『制度の再発見』*Rediscovering Institutions* という著作の中で，彼らが政治制度と呼ぶものは，立法機関や司法システム，国家，官僚制，法，などの伝統的諸制度だけではなく，ルールと呼ばれる「柔らかな」ものも制度として考えることを明らかにした．彼らによれば，「私たちがルールによって意味することは，政治活動を構成する，日々の決まりごと，手続き，慣習，役割，戦略，組織的形式，そして諸技術である」（March and Olsen 1989: 22）と述べた．

　社会学制度論においては，これらに加えて，「規範，シンボル・システム，認知原稿，道徳的テンプレート」（Hall and Taylor 1996: 947）など，さらに広範囲のものが制度の定義に入るとしており，それは，「制度と文化の概念的分裂を破壊する」（947）ものであると，ホール＆テイラーは述べる．また，W. リチャード・スコットは，制度は規則的（法的）regulative，規範的 normative，文化・認知的 cultural-cognitive 要素からなると規定した（Scott 2014: 57）．さらに，オリバー・ブジンスキによれば，この認知的制度に関して「これらの意識的・無意識的認知的ルールは，個々人の行動を，例えて言うなら，市場競争のような自覚された行動の文脈に対する一つの反応として捉える」（Budzinski 2003: 215）と言われる．このような制度定義は，およそ精神的なものは全て制度だと言いうることになる．ブジンスキは，市場競争のなかでの一つの反応も，認知的ルールだと述べたが，こうした理解は，明らかにビーヴァー＆ローズが述べる「ビリーフ」と重なるものと言えるだろう．制度とビリーフは，既にその範囲において充分に重なり，切り分けることは不可能であろう．

　ただ，ロバート・グラフステインが，1992年に定義したように，単なるビリーフや文化が制度になるというよりも，そのビリーフや文化の一定化したパターンが制度であるというように，何らかの限定が必要となるであろう．グラフステインによれば，制度とは「制度的な参加者が行為する条件である．その制度は，アクター，行為者，あるいは，人々の生活に対する高位の監督者である必要はなく，行為者が従う諸制限であるようなものでありえる．すなわち，彼らがしっかりとあるいは淡々と動く時の行動の経路の集合体である」（Grafstein 1992: 23，傍点は，原著どおり）．

　それでは，ビーヴァー＆ローズは，ビリーフと制度を，どう見ているであろ

うか．そもそも，ビーヴァー&ローズは，制度そのものを，ビリーフから切り離すことを拒絶する．

　まず，彼らによれば，様々な人々の諸ビリーフが制度を作り出す点を重視する．例えば，人々の行動がパターン化されて制度となると論じる社会学的制度論を意識しながら，以下のように言う．

　　　私たちは，国家を含む社会的対象を，制度，構造，あるいはシステムというよりも，諸実践と考える．一つの実践は，一連の行為であり，それはしばしば，一つのパターンを表し，そのパターンはおそらく一定の時間において相対的に安定的であり続ける．諸実践は時として私たちに諸ビリーフを持たせる根拠を与える．というのは，私たち人々に諸ビリーフを帰することができるのは，人々の行為を解釈するときだけであるからである．にもかかわらず，諸実践は諸行為を説明することができない．なぜならば，人々は彼ら自身の理由で行為するからである．人々は時として実践に関する彼らのビリーフで行為を行うが，彼らがそうするとき，私たちは，やはり，その実践に関する彼らの諸ビリーフを参照することによって彼らの行為を説明する（Bevir and Rhodes 2010: 75）．

　つまり，こうしたパターンという習慣的な行動を作り出すのは，あくまでも行動する人々の諸ビリーフが作り出すものであって，それが積み重なって制度と見られていくという点が強調されている．

　彼らは，さらに，諸ビリーフが制度を規定するものである，諸制度はビリーフから生まれてくるという点を以下のように述べる．

　　　これら諸個人の諸行動は，制度的な規範や近代化のロジックによっては規定されないことが認識される．それどころか，諸制度は，個々人が諸伝統やジレンマと対立して採用する諸ビリーフから生じてくる（Bevir and Rhodes 2006a: 75）．

　このように，ビーヴァー & ローズは，制度がビリーフを規定するのではなく，ビリーフが制度を作り出すと言う立場をとる．さらに，もっと明瞭に，イギリスの NHS 改革に関わって，諸ビリーフの制度に対する優位を，次のように述

べる.

　　私たちは，キー・ジレンマに焦点を当てる．医療自律性に関する医者の
　ビリーフと経営者や政治家のビリーフとの葛藤である．このような諸ビ
　リーフの葛藤がNHSの歴史を通じて，制度形成と変化に強く影響してき
　たのである（Bevir and Rhodes 2006a: 128）.

　このように見てくると，制度を作ってきた政治家や官僚たちのビリーフ，あ
るいは，慣習の場合であれば，それを練り上げてきたビリーフこそを，制度と
見ているのであって，制度そのものとビリーフの区別をあえてしていないと言
うこともできるだろう.
　また，そうしたビリーフは，人事異動などで担当者たちが入れ替わる諸制度
の中においても受け継がれるということを，以下のように，ビーヴァーは指摘
する.

　　一つの制度が，人員が入れ替わっても同じルーティンを維持するとき，
　それは，ただ，引き継がれる人員たちが，前任者たちが残した同様のビリー
　フと諸選択を保持するから，そうなるのである．したがって，私たちは，
　解釈主義理論は制度を欠いている，というべきではないだろう．いやむし
　ろ，制度の本質を再考しているのである．解釈主義理論は，制度を，偶発
　的な諸ビリーフと諸選好の沈殿物と考えている（Bevir 2002: 150，傍点は筆者
　によるものである）.

　しかし，この引用文中にも書かれているように，ビーヴァーたちは，決して
制度を問題とはしていないと言うわけではないし，それが存在していないとい
うわけではない．この文中では，むしろ，制度は，ビリーフによって作り出さ
れ，維持されていると考えていると言える．ただ，制度が物象化してくること
を，彼らの理論に内在化して容認はしないと言うことである．後に構造に関し
ても同じ点が指摘できるが，ビーヴァー＆ローズは，2010年には，次のように
述べる.

　　一つの解釈主義アプローチは，テキスト，インタビュー，そして観察を

44　第Ⅰ部　本書の問題意識と解釈主義アプローチ

　　用いて，諸制度を分解 decentre する．それは，制度が，そうした行動の
　　産物であるよりも，個々人の行動を固定する，というような，受け入れら
　　れない示唆を回避する（Bevir and Rhodes 2010: 200）．

　制度が個々人を拘束したり，規制したりするかのように見えることは，制度
という，本当は人間がビリーフで共有しているだけのものが引き起こしている
のに，あたかもそれが物質化したものかのように受け取ることはしないと言う，
彼らの表明である．制度の定義を，文化にまで広げた場合，ビーヴァー＆ロー
ズと新制度論は，ほぼ同じものを見ながら，互いに異なる理解に至っていると
いえるだろう．その異なりのポイントは，人々の思想の中における一種のパター
ンを，制度と見るか否かである．新制度論は，それが人間の行動を規制する制
度だと考え，ビーヴァー＆ローズは，それが確かに人間の行動を規制する現実
は認めながらも，やはりそれは人々のビリーフが作り出したパターン化された
諸実践であり，そのパターン自身もビリーフが作り出したものであるとして，
物象化を拒否する．

　なお，ビーヴァー＆ローズによれば，制度を物象化されたものとして解体し
て捉えるという考え方は，「法」に対しても，取られる．彼らは，「不変で非人
間化された諸力，諸規範，法が，統治パターンの変化を定義するという考え方
に挑戦する」（Bevir and Rhodes 2010: 99）．文章化された法律ならば，（物質的なも
のに近い）制度になるだろうという考え方は，彼らに共有されていない．

　筆者の説明を付け加えると，人間と人間とを分ける物理的構造物（例えば部
屋や柵）は，人間によって作り出されていて，物象化というよりも物そのもの
である．諸制度も，同じように受け止められるかもしれない．しかし，重要な
違いがある．物理的構造物は，人間の意思や，人間の言語や理解がなくても，
どの言語を持つ人々にとっても，やはり「物」である．他方，諸制度という（文
章化されているか否かを問わず）パターンは，言語から構成されており，その言語
を共有していない人々からは理解されない．それは物のように思われているが，
言語や共有された理解がなくなったとたんに，実は物ではなく，ただのビリー
フであったことが暴露される．つまり，「物象化」されていただけのことであり，
それを，人々は「制度」だと思っているのである．ただ，そういう人々のビリー

フがあり，強い力を持っていることは直視する必要がある．そういう意味では，「制度」は存在している．

なお，その制度によって生み出された（建物や道路などの）物理的構造物は，物なので，人々の理解や意思が去った後でも残り続ける．その代わり，それは，いわゆる廃墟となる．

（三）　アイディア・ターンとの関係

上記のように，解釈主義の制度理解を見てきた．新制度論自体が多様であるが，他方，あくまでも，制度の外にあって，制度変化を引き起こすという意味で，思想（アイディア）に着目してきた研究者たちも多くいる．彼らと，ビーヴァー＆ローズたちとの違いは，どう理解するべきであろうか．

セーレン＆スタインモは，制度論における「思想的な刷新」ideational innovation について語り（Thelen & Steinmo 1992: 22），ヴィヴィアン・シュミットは，言説的制度論という独自の制度論的枠組みを著わし（Schmidt 2002: 8），シェリ・バーマンは，20世紀初頭のスウェーデン社民とドイツ社民の思想の違いがその後の結末を左右したと述べた．さらに，社会に対する見方は，観察者によって社会的に構成されるとする構成主義の立場を取るコリン・ヘイらは，その構成のキー・ポイントを構成する思想（アイディア）を重視し，構成主義的制度論を提唱してきた．まさしく，「思想的ターン」ideational turn と言うに相応しい状況であると言っても過言では無いだろう[3]．

解釈主義アプローチも，ビリーフに着目し，思想を重視している．新制度論アプローチも思想（アイディア）に注目してきた．しかし，この両者の間では，大きな視点の違いが存在している．

それは，思想（アイディア）を変数と見るか否かである．以下に見るように，新制度論の研究者たちの多くは，明確に，思想を「変数」として設定できるということを強調する論者が多い．例えば，バーマンは，制度の外にあって制度に対して影響を及ぼす思想の役割について，以下のように，強調した．

　　社会科学者は，諸思想を主として従属変数として検討してきた．すなわち個々人や諸集団の諸思想が彼らの周りの環境の様々な局面によっていか

46　第Ⅰ部　本書の問題意識と解釈主義アプローチ

に形作られるかを検討してきた．このことは，たしかに，一つの研究の正統的な順路である．しかし，一定の状況においては，諸思想が独立変数として機能できないという本来的な理由は無い．諸思想は，いかに個々人や諸集団が彼らの環境を形作ろうとするのかに対して，影響を与える（Berman 1998: 17）．

　そして，彼女は，イデオロギーのように「全体的な世界観」を持つわけではないが，「体系的であり，調和もあり，統一された主張，理論，目標を持った」「プログラミックなビリーフ」（308）を，事実上独立変数として考えた．バーマンの用法は，「ビリーフ」という用語を使っている点でも，彼女自身がかなりの程度，マルクスやカウツキーなど当時の理論家やドイツ・スウェーデンなどの党活動家の文書を丹念に読み込んでいる点でも，ビーヴァー＆ローズたちとの研究方法との重なりがある．しかし，やはり，彼女の場合，上記のように，思想を変数として考えていこうとする点において，ビーヴァー＆ローズたちとの違いがあると見てよいだろう[4]．

　また，時期は少し後になるが，合衆国における思想とその帰結との関係で，思想が独立変数となることを力説したのが，マーク・ブライスであった．彼によれば，思想と制度の関係は，通常は安定的であり，また，後者が前者に影響を与えていることも多い．しかし，一度変動の時期に入り，不安定化が促進されると，思想は規定力を発揮すると言う．例えば，彼は次のように述べる．

　　　存在する制度的枠組みと，その枠組みが可能にしてきた分配が，失敗し，不確実性が増すと，経済思想が問題となってくることは確かである．このような状況においては，エージェントたちに何をすべきか，どんな将来を構築すべきかを語りだすのが，思想である（Blyth 2002: 11）．

　具体的には，ブライスは，1930年代の最も自由主義的といわれてきたアメリカ合衆国と，最も社会民主主義的といわれてきたスウェーデンと言う対極を取り出し，思想がいかに独立変数として機能しうるかを論じた．彼によれば，合衆国の場合，ケインズ主義的な経済思想が，1930年代において当初は政権の外部にあったことによって，経済的自由主義が十分に「埋め込まれる」（押さえ込

まれる）ことはなかったが，スウェーデンにおいては，ケインズ主義的な思想が1930年代においても社会民主主義労働党や労働団体においても既に強く保持されており，それによって国家全体でのケインズ主義的な取り組みが進み，自由主義はスウェーデンの国内経済においては「埋め込まれた」形となったと論じた．

彼の著作においては，「思想は，物質優位の説明に対する一つの付加以上のものであり，それ自体において因果的変数として見られるべきである」（Blyth 2002: 275）として，締めくくりが書かれている．

もっとも，バーマン，ブライスとも，自ら思想を変数として使うことを明言しながらも，数量化という方法は用いていない．比較対象当時の思想家や歴史的文献などを根拠として変数としている．そして，バーマンやブライスが関心を持っているのは，そうした変数間での因果関係とそれに関する実証である．

（四）　因果関係と意味全体論

それに対して，ビーヴァー＆ローズは，因果関係を明らかにすることではなく，意味全体論を重視する．また，彼らは，次のように，思想を変数として考えることを拒否する．

　　私たちは，ビリーフを変数としてではなく，一つのビリーフの網の中の概念的つながりを解明することによって，諸ビリーフとそれによって起こされる諸行動とを説明する（Bevir and Rhodes 2010: 67）．

すなわち，ビーヴァー＆ローズが政治家や官僚の諸ビリーフを重視するのは，それが独立変数として変化を引き起こす原因になっているからではない．むしろ，ビーヴァー＆ローズは，因果関係そのものの解明を重点的な課題とはしていない．彼らは次のように述べる．

　　しばしば主張されるように，ポジティヴィストの政治学は，因果関係の説明を提供するが，解釈主義アプローチは，諸ビリーフと諸動機，そして諸行動に関する理解を提供する（Bevir and Rhodes 2010: 77）．

ビーヴァー＆ローズは，こうした因果関係の解明に対して，先述したように，

意味全体論を対置する．この意味全体論は，いくつかの独立変数や従属変数との関係ではなく，政治的な行動からなる諸実践を一連の諸ビリーフの中に置いて考える．諸ビリーフは，諸実践を作り出すが，同時にそれ以前にあった他の諸ビリーフ，つまり伝統との間でジレンマを作り出し，伝統は変容を迫られ，新しい諸ビリーフの形となる．ビーヴァー＆ローズは，このように，因果関係ではなく，一連の諸ビリーフの網を説明しようとする（Bevir and Rhodes 2006a: 20）．すなわち，制度に対する思想の影響力を強調するバーマンやブライスと異なり，ビーヴァー＆ローズが強調する「意味全体論は，諸ビリーフや諸概念が一つの網を形成することを示し」（Bevir and Rhodes 2010: 45），「私たちは，諸ビリーフを変数として取り扱うことよりもむしろ，一連の諸ビリーフの網の中にある概念的なつながりを解き放つことにより，諸ビリーフとそれによる諸行動と諸実践を説明する」（67）.

しかし，新制度論においても，政治的行動は必ずしも単線的な因果関係だけで捉えられようとしているわけではない．新制度論の大家の一人であるピーター・ホールは，レイプハルトやエクスタインなどが多変量を対象とした統計分析に依拠しすぎて，因果関係の単純化された超歴史的把握を促したと批判し，以下のように論じた．

　　もし，重要な政治的諸結果が少ない社会経済的条件ではなく，複雑な戦略的相互作用の複雑な連鎖に依拠するのであれば，それらは，その連鎖に着目すること以外には説明できない．もし，現代的な諸結果が一連の歴史的発展の最外縁を反映するならば，一つか二つの推定上重要な因果変数への示唆は，十分な説明をなさないだろう（Hall 2003: 9218）.

ホールは，このように変数の因果関係だけを見るのではなく，少数例のなかにおける長期的・歴史的な連鎖に着目した体系的過程分析 systemic process analysis という方法を，以下のように，提唱する．

　　体系的過程分析は，経験的諸ケースからの観察を導くが，主たる因果変数の価値だけではなく，これらの諸変数が結果へとリンクする過程を分析する（Hall 2003: 9358）.

このように，ホールの場合でも，因果関係をより大きな文脈に置き，超歴史的な法則把握に重点を置くのではなく，時間的な変化を織り込んだ「連鎖」を把握しようとする．この見地は，超歴史的法則把握を拒絶し，偶発性を把握し，それを諸ビリーフの「網」全体のなかででで把握しようとする解釈主義にも通じる．

しかし，それでもやはり，両者の間では，因果関係を見ようとする新制度論と，因果関係の解明を必ずしも目的としない解釈主義アプローチとの間の大きな違いがあると言わなければならないだろう．ホールは，この体系的過程分析の一例として，ジョン・オーウェンの諸研究（Owen 1994; 1997）を挙げる（Hall 2006: 28）．このオーウェンの研究では，民主主義国同士が戦争に至りにくいことを探究した点で，注目を集めた研究であった．オーウェンの研究は，八つの国々の例を歴史的に追った点で貴重な研究であり，数量は全く使わない質的研究であった．しかし，明確に独立変数としてリベラリズムを使っている点など，一見して，解釈主義がビリーフを再生しようとする態度とは全く異なるといえるだろう．

ただ，こうした新制度論と解釈主義との間での共通認識もある．両者とも因果関係の解明や仮説検証を自然科学の方法であると考えている．たとえば，ビーヴァー＆ローズは「因果関係は自然科学に対して適切な形である」（Bevir 1999: No.179）と述べ，またホールによれば，この「体系的過程分析は自然科学の方法に依拠する」（Hall 2003: 9415）．因果関係の解明や仮説検証という手法が，自然科学からの一種の由来であることを示す文献は他にも多い（例えば，いわゆるKKV，King et al 1994: 11; キング・コヘイン・ヴァーバ著・真渕訳 2004: 12）．

（五）　構成主義的制度論との違い

上記で見てきたように，歴史的制度論と，自ら「歴史主義」を自任するビーヴァー＆ローズとの違いは，変数間の因果関係を説明しようとする前者と，諸ビリーフとその間での関係を説明しようとする後者との間の違いであることを見てきた．

しかし，次に，歴史的制度論と比べてもさらに解釈主義アプローチとの近さが指摘される「構成主義的制度論」との違いをここでは見ていきたい．しばし

ば，構成主義と解釈主義は，政治的諸行動に対する認識に関して「社会的に構成される」という態度を取る点で，同種類あるいは似た種類として分類される（Parsons 2018: 75）．ただ，この構成主義は同時に，非常に多くの種類を含むものとして考えられ，後述するコリン・ヘイのような一貫した構成主義から，バーマンやブライスのように，思想重視の歴史的制度論までをも含んで論ぜられる場合もある（77）．

　そのような幅広い構成主義のなかにおいても，ここでは，コリン・ヘイの構成主義とビーヴァー＆ローズの解釈主義との相違点に関してまとめたい．

　ヘイの構成主義とビーヴァー＆ローズの最大の違いは，第一に，やはり，思想を変数と見るか見ないかである．ビーヴァー＆ローズは，ヘイら構成主義的制度論が思想を重視することを歓迎すると述べるが，その一方で，ヘイが「思想的要素を変数として語っている」と指摘し，結論的にこう述べる．

　　　構成主義的制度論は，時として，解釈主義および歴史主義の思考に対してリップ・サーヴィスをする．しかし，彼らの経験的仕事は，なお性格的には，近代主義─経験主義だけでなく，構造主義の説明様式に依拠し，変数と相関関係，そして社会関係の出現と制度的セッティングに訴える（Bevir and Rhodes 2010: 37）．

　それに対して，ビーヴァー＆ローズが編者となった『ラウトリッジ解釈主義政治学ハンドブック』*Routledge Handbook of Interpretive Political Science* において，ヘイは「社会構成主義」を担当したが，そこにおいて，「私が提示しようとしてきた構成主義は，一つの制度論である」とあえて，彼らの批判に答えた．そこにおいて，ヘイの見方を最も印象深く示した例は，「貨幣」についての例であった．彼によれば，貨幣は，それ自体は紙や金属からなる物質であるが，貨幣であると言う理論を知っている人々によって社会的に構成されることで，貨幣として機能していると述べた．そして，ヘイは，そうした貨幣が存在すると言う「可能性は，制度の欠如においては存在しないだろう」（Hay 2016: 102）と述べた．すなわち，制度論なくしては社会構成主義も成り立ち得ないと言う立場であり，彼の構成主義的制度論の立場が力強く示されたと言ってもよい．

第二に，ヘイは，多くの点で解釈主義と重なる点を認めながらも，この二つを分ける違いは，構成主義が存在・実体論に立脚するのに対して，解釈主義は認識方法論に立脚する点にあると述べる．彼は「私が提示しようとしてきた構成主義は，一つの存在・実体論である．解釈主義は，問題を取り上げる点において主として認識方法論的である」(110) と明言する．

ヘイは，この論文において，構成主義は，自然科学のアプローチとは異なり，一般的な法則や原則を探求しようとはしておらず，社会で起こる出来事や諸行動は，解釈主義と同じく，偶発的であると考えていることを認めている．しかし，やはり，その偶発的な諸行動などを構成しているのは制度であり，「構成主義は，社会的なものの本質に対する問いからの分析を行う」(110) と述べる．

こうしたヘイの分類（構成主義＝存在・実体論 ontology，解釈主義＝認識方法論）という分類に対して，ビーヴァー＆ローズは異を唱えようとはしない．彼らは，その同著の序章で次のように述べた．

> 私たちの認識方法論は，客体に関する知識に対して（確実さを理解して）真理を割り当てることを許さない．しかしながら，私たちの見方では，そのことは問題ではない．一つの平凡であるべきことを，単に繰り返して言うのみである．すなわち，知識は，一時的なものである（Bevir and Rhodes 2016: 11-12）．

第二節　歴史主義と政治史の方法

（一）　ビーヴァー＆ローズの歴史主義

ビーヴァー＆ローズは2010年の著作で，政治文化としての国家 the state というビリーフを明らかにする過程で，自らの立場を「歴史主義」と呼んだ．マーク・ビーヴァーによれば，「歴史主義とは，人間の生活は歴史的にしか理解できないとする思想である」(Bevir 2015: 228)．ビーヴァーによれば，この「歴史主義」という表現は，イタリアのクローチェ，ドイツのマイネッケやトライチュケによって使い始められたものが，英語訳されて入ってきたと説明している．

「歴史主義」という言葉は，彼らによると，いったん，第一次世界大戦への

過程で崩壊したとされている．その段階での「歴史主義」を，「発展的歴史主義」と，彼らは呼んでいる．それは，「ヘーゲル的な理想主義，コント的ポジティヴィズム，進化論，ホィッグ的歴史方法論など様々な学問的伝統」（Bevir and Rhodes 2010: 1-2）から構成されるもので，いくつかのキー・ポイントからなっている．第一は，当時の人々が持つ共通善を国家が表現しているという点であり，第二は，文化的・倫理的な国民の発生に関する歴史的なナラティヴを通した特殊な国家を，社会科学が説明していると考えている点であった．そして，第三は，立憲君主制とその下での代表制度によって，国民の共通善を反映する政治家たちを持つという点であった．国家とは，ビーヴァー＆ローズによれば，有機的産物であり，「精神と文化」によって作られる，単なる「特定の政治制度を超えている」（2）ものと評価される．

　しかし，こうした国家に対する積極的な考え方は，国家対国家，ナショナリズム対ナショナリズムの衝突，すなわち第一次世界大戦の勃発によって崩壊した．

　その後は，法形式に焦点を絞るハーマン・ファイナーやジェームス・ブライスらの「近代主義—経験主義」や，後の行動論などに結び付くアメリカを中心としたポジティヴィズムが勃興してくる．

　それに対して，先述したように，ディルタイ，コリングウッド，ドレイらが解釈主義的アプローチを唱えて，反ポジティヴィズム，反近代主義，反経験主義という議論が高められた．そこから，人間主義と歴史主義が出てきたことを，ビーヴァー＆ローズたちは，以下のように述べる．

　　解釈主義アプローチの最も独自の特徴の一つは，その歴史主義である．私たちは，説明の近代主義—経験主義と構造主義ロジックを明白な歴史主義に置き換えようとする．ここで混乱が生じてくる．なぜならば，歴史的制度論者は，しばしば歴史的トピックに対する関心と説明の歴史主義的形を取り違えるからである．したがって，新制度論は，「歴史的諸トピックス」というコーラスを生み出す一方で，そのコーラスのメンバーが，歴史がなぜ，どのように重要なのかを立ち止まって説明することは稀である（Bevir and Rhodes 2010: 76）．

彼らの「歴史主義」は，「多様性，偶発性，断絶に強調点を置き」(11)，制度の規定性を実証しようとする歴史的制度論とは異なり，「歴史的理解」を明らかにしようとする．そして，それは「諸行動，諸実践，そして社会生活に埋め込まれた意識を回復する」(63) という内的な視点を重要視する．

　著者の一人であるマーク・ビーヴァーは，彼らの立場であるラディカルな歴史主義に関して，2015年の論文で深く掘り下げている．

　まず，ビーヴァーは，先に見たとおり，本質主義的理解を拒否するが，他方で，解釈主義に対してしばしば向けられる「相対主義」という批判に対して，反論を行う．ビーヴァーは，ヘーゲル，マルクスなどの19世紀の発展的歴史主義（本質主義）と比較して，ラディカル歴史主義の考え方の違いを以下のように説明する．

> 諸行動と諸実践に関するラディカル歴史主義の説明は，それらを作り出す歴史的背景や伝統を問題にする．そこにおいては，その伝統が，一つの本質や固定化された諸原理によって定義されるのではなく，過去に対する特定の断面として定義される．その断面こそが，当該の諸行動と諸実践を最もよく説明する（Bevir 2015: 230）．

　ここでビーヴァーが述べていることは，マルクスの階級闘争理解のように歴史を動かす本質としての見方を拒絶しながらも，過去の一断面として「客体」にたどり着こうとする努力を積極的に評価することを，意味している．さらに彼は，ラディカル歴史主義に関して，以下のように述べる．

> ラディカル歴史主義者たちは，彼らが「真理」を確実なものとしてではなく，「私たちにとって客観的に妥当である」ないしは「世界に関して，その時点で提供できる最善の説明」として考える，という条件の下でならば，真理に関する主張を行うことができる．客観性に関する一つの歴史的理解は，一つの確信ある分析を必要とする．それは，純粋な経験や純粋な理由に訴えかけることなく，世界に関する相競合する諸説明を，私たちはいかに評価できるかである (232)．

　ここでビーヴァーは，客体の存在を認めながらも，あくまでも「相競合する

諸説明」の比較において「その時点での最善の説明」として真理に迫る（真理を認識できるというわけではない）ことができるという理解を示している．ここで，彼が「純粋な経験」や「純粋な理由」を否定しているのは，やはり，あくまでも「真理」に迫ることはできても，完全に超歴史的な意味で認識と対象が一致するという考え方を取ってはいないといえるだろう．

ところで，ビーヴァーのラディカル歴史主義は，その具体的な方法として，二つのクリティーク（批評）という形をとる．そのうちの一つは，系譜学genealogyである．系譜学というと，王侯や世襲貴族たちの間で血筋を遡るものという説明がされることが多いが，ビーヴァーがいう系譜学とは，そうした血筋を遡る系譜学ではない．むしろ，様々なビリーフ，行動，実践の思想的系譜をたどるアプローチを指している．ビーヴァー＆ブレイクリーによれば，この系譜学の発想は，フリードリヒ・ニーチェとミシェル・フーコーから来ていると言う（Bevir and Blakely 2018: 31）．

彼らによれば，「系譜学は，本当の歴史と，ビリーフ，諸行動，諸実践の効果を遡ろうとする」（Bevir 2015: 235）．つまり，ここでは，これらのビリーフや諸行動，諸実践が，それ以前のどのような思想的営みから来たものであるのかを遡ろうとする．そのことによって，「ラディカル歴史主義は，いかに系譜学が全ての真理主張を拒絶することなしに，真理主張に挑戦できるかを説明する」（235）．ビーヴァーによれば，ラディカル歴史主義は，純然たる確実性に対しては懐疑心をもち，客観性へのスタンダードな主張は持たないが，社会的存在・実体論としての「現実の世界」はあり，諸ビリーフは，それとの関係を持つ．したがって，「客体が偶発的な歴史的条件の一つの結果としてのみ存在する時，その諸条件を遡る系譜学は，それら客体を可能ならしめる諸条件の分析を提供する」（236-237）．つまり，研究の対象（ビリーフと行動）の系譜を遡ることによって，客体に近づくことができると考えている．したがって，ビーヴァーによれば，「これらの諸ビリーフや諸行動に関する系譜学は，関係する社会的客体に関する存在・実体論である」（237）．

なお，この点は，一貫して，解釈アプローチを認識方法論として考えてきたローズと，社会的存在・実体論として考えられるとするビーヴァーとの違いを見ることができると言える．

第二章　解釈主義と他の理論との違い　55

　ところで，ラディカル歴史主義においては３つの概念の種類があると，ビーヴァーは論じる．第一は，諸対象の間の何らの共通性も把握できず，系譜をたどることによって誤りと認められるもので，「根拠なき概念」である．こうした「根拠なき概念」は，「神話」となると指摘する (237)．それに対して，「プラグマティックな概念」を区別する．彼によれば，プラグマティックな概念は，やはり「社会的に構成されているが」，「客体に支持される」．しかし，それは本質を持っているのではなくて，「家族的類似性」を共有していると述べた (238)．

　つまり，このプラグマティック概念は，根拠なき概念とは異なり，客体に依拠しているが，そこに本質を見て取っているのではなく，諸事象の間の「家族的類似性」を見て取っており，やはり人々によって社会的に構成されている．なお，このビーヴァーの「家族的類似性」は，20世紀の哲学者ルードヴィヒ・ウィトゲンシュタインの起源にさかのぼると言ってよいだろう．ウィトゲンシュタインは，彼の死後発行された *Philosophical Investigations*（日本語訳『哲学の探求』）のなかで，一般性であるとか共通性といわれるものは事実に依拠するのではなく，人間が糸をつむぐがごとくつなぎ合わせるために発生すると言うことを述べた (Wittgenstein 1953: 32e)．

　ビーヴァーは，上記の系譜学によって「デモクラシー」という概念が実は，それが人類の本質だと理解された系譜をたどっていくと，民主主義国同士は戦争をしないというアメリカやその同盟諸国の理解という家族的類似性を明らかにすることができると論じた (Bevir 2015: 239)．[5]

　ビーヴァーは，ここでさらに三つ目の自己目的概念を区別する．これは，客体に依拠している点で，プラグマティック概念に属するが，人々がその概念に基づいて行動することによって，つまり人々が自己目的的に行動することによって成り立つ概念である．系譜学は，その系譜をたどることによって，その神話性を明らかにすることができると述べる．例えば，ビーヴァーは，そうした自己目的概念の例として，女子学生は科学で点数が低いという考え方を，挙げる．いったん，人々の中でそうした理解がなされると，それに基づいて人々はその方向を改善しようと努力する．その結果，女子学生自身も，そう思い込み，実際，科学に対して苦手意識を持ってしまう．ビーヴァーは，系譜学こそ

56　第Ⅰ部　本書の問題意識と解釈主義アプローチ

がその神話性を暴露することができるという（239-240）.

　ビーヴァーがもう一つクリティークとして依拠するのが，イデオロギー・クリティークである．ビーヴァーは，これと系譜学との違いをこう述べる．系譜学は歴史的な暴露を行うのに対して，イデオロギー・クリティークは心理的な暴露を行う．イデオロギー・クリティークは，「外れた選択が，無意識や意図された非合理性と結びついた歪曲へと至る方法を暴露する」（244）.

　ビーヴァーは，このイデオロギー・クリティークの説明をマルクス主義的な虚偽意識としてのイデオロギー論から始める．まず，「ラディカル歴史主義は，意識が受動的に物質的諸関係を反映するという考えを否定し」（240），「科学的真理によってイデオロギー的ビリーフを虚偽であると判定する」（241）ことに挑戦する．ビーヴァーは，こうした還元主義を批判し，イデオロギーを「歪曲された物質的生活の受動的反映」ではなく，「歪曲されたビリーフ」として理解する．ここで「歪曲されたビリーフ」に対して，「適切なビリーフ」proper belief が識別されるが，この「適切なビリーフ」は「階級の真の利益」を反映したものと混同してはならないと論じる．あくまでも，適切なビリーフと歪曲されたビリーフとの違いは，概念的なものであり，内的な意識の問題である．そして，人はあくまでも，それぞれの理由で彼らのビリーフや欲求を抑圧し，現実のビリーフと表現されるビリーフとの間で違いが生じるということが起こりうる．

（二）　エルトン・カー論争との関係で

　彼らの「歴史主義」は，歴史学のなかでの位置づけから見ておく必要もある．歴史学にも様々な分野があるが，ビーヴァー＆ローズが政治学者であるということから，ここでは，特に政治史の先行的な議論との比較対象を行っていきたい．マーク・ビーヴァーは，イギリスの社会主義思想の歴史的展開に関して業績があり，R. A. W. ローズは，ウェストミンスターの理解史に業績があり，二人とも政治史研究にも詳しい．

　英語圏の政治史研究方法に関しては，イギリスで歴史学を学ぶ学生たちは必ずそれを知っているともいわれる，G. R. エルトンとE. H. カーとの間で有名な論争がある．この論争との比較を通じて，英語圏における政治史の方法の議

論を検討し，ビーヴァー＆ローズの歴史主義との比較を試みたい．

エルトンは，ケンブリッジ大学で憲法史・国制史の教授を務めた．政治史に関して多くの著作を残しただけでなく，政治史の方法論に関してもいくつかの著作を残している．カーは，初め外交官として活躍したのちに，ウェールズ大学アベリストウィス校で教授となった．カーは，ロシア革命やソ連史に関する多くの著作を残し，邦訳題『ボリシェヴィキ革命——ソヴェト・ロシア史 1917-1923』*A History of Soviet Russia: The Bolshevik Revolution, 1917-1923* をはじめとして多くの邦訳がある．

本書のこの部分では，最初に，エルトンを検討する．エルトンは1970年に邦訳題『政治史とは何か』（丸山高司訳，みすず書房，1974年）*Political History: Principles and Practice* を出版した．

彼は，そのなかで，哲学者による歴史論を批判する．エルトンは，「哲学者は歴史家が過去を探求し説明しようとする際の実際的手続きについて完全に無知だ」（エルトン著，丸山訳 1974: 170）と断じる．こうした彼の批判の対象となっている哲学者たちは，ドレイ，ガーディナー，クローチェ，コリングウッドなど様々な哲学者たちである．

エルトンは，まず，因果関係の把握を攻撃する哲学者たちを批判する．彼は言う．「どんな歴史家も，もし出来事の連続ならびに合成物を意味明瞭なものにしようとするならば，つねに因果関係を定立することなしには，うまく研究できない」と述べた．また，「政治史家にとっては，因果性は核心的である」（183）とも述べた．

しかし，その因果関係は，単純でないとされる．エルトンは，具体的な因果関係を一般的法則にしようとする哲学者も批判する．エルトンによれば，「哲学者はいつも惑わされて，一般法則を求めるべきだとする自然科学の正しい主張からまちがった類推を行い，社会科学もまた一般法則を求めるべきだという調子外れの主張をしてきた」（184）と批判する．彼によれば，哲学者は，「問題を純化して」，「本質的ではないものを除去し，本質的なものを見極め」るが，歴史学の場合，「単一の原因もしくは数個の原因を扱う」（184）ことはないと述べる．むしろ，歴史家の研究とは，「最初に確認した本質的なものにもっと本質的なものを追加し，こうしたことを通じて，すべての問題を複雑化すること

58 第Ⅰ部 本書の問題意識と解釈主義アプローチ

を意味する」(185) と述べる.

ただ,そうした法則的なものを否定するなかでも,エルトンは,統計的法則に関しては,「ずっと歴史的現実に近づいている」(194) と述べる.上述のように,エルトンは,歴史にのなかに一般的法則を求めることはしないが,何らかの形での一般化の必要性は認めている.彼は,「徹底的に特殊化し,少しも一般化しない歴史家でさえも,ある一般的な諸要素にもとづいたなんらかの意味を理解しようとしている」と指摘する (195).そして,統計は,その一般化に貢献するという.ただ,その貢献は,移民が増えたか,生活水準が維持されたか,それとも下がったかというだけで,結局,エルトンは,この法則は「経験的に実証しうるけれども,けっしていかなる説明でもない」と断じる.彼によれば,「その法則は,きわめて多数の可能性を許すがゆえに,たいして役に立たない」(196) と述べた.

このように,エルトンは,歴史を説明するという意味では,やはり,法則的思考をあまり認めていないといえるだろう.他方で,後のカーの議論にも通じるのであるが,歴史的事実に対する解釈があまりに多様であり得るために,歴史的な解釈が論者の間で異なりえる,つまり,歴史学は歴史ではなく,歴史学者の認識 (歴史家の精神内部) を比較検討するしかないという考え方があり,コリングウッドやカーは,その立場に立つが,その立場に対してエルトンは批判的である.エルトンは,こうした態度を相対主義として批判している (200).こうした因果関係の探求は,自然科学などと異なり,「歴史研究の現実の手続きは,"既知の結果"から"探求さるべき原因"へと帰納的に進み行く」とする.それは,つまり,哲学者は「原因から結果へ,状況から可能的帰結へと進む」のに対して,歴史家は,「結果から原因へと進まざるを得ない」(201) と,エルトンは述べた.

なお,『政治史とは何か』においては,エルトンは真理や事実が存在するか否か,認識しうるか否か,できるとしたらいかにできるかについては,語っていない.しかし,この『政治史とは何か』の前著にあたる『歴史の実践』 *The Practice of History* において,それに関する議論がなされている.エルトンの立場は,「正しい知識は,本来的に不可能というわけではない」(Elton 1967: 55) とし,歴史的真理・真実の存在を受け入れる.また,彼は,歴史家の間の見解

第二章　解釈主義と他の理論との違い　59

の相違が出てくるのは，あくまでも，「合意された事実の解釈によってではなく，事実の中の違いによるものである」(54)と説明する．つまり，彼によれば，見解が相違してくるのは，歴史家の獲得する知識の程度や深さの問題であると理解している．すなわち，言い換えれば，相当な知識の深さが得られるという難しい前提条件が充たされる限りにおいては，史料と理解の一致を認めている．ただし，その過程に終わりはなく，「歴史は，真理に対する終わらない探求である」(57)と述べる．こうした歴史的事実と認識との一致の可能性を認めている点では，後に検討するカーの理解とは異なるし，エルトンは，その点で激しくカーを批判する．

　エルトンの指摘する点でもう一つ重要なことは，叙述の方法である．近年，日本では政治学の方法論をめぐって問題提起があったことは既に書いた．そうした方法論の問題は，実は叙述の方法の問題を含んでいる．近年の多くの論文の形式は，最初にイントロダクションがあり，そこで論点の絞り込みが行われ，リサーチ・クエスチョンが提示され，先行研究が検討され，アプローチや分析枠組み・仮説が示され，検討が行われ，最後に結論が述べられる．こうした順序が固く守られる傾向があった．物語的な叙述方法は，近年批判にさらされてきた．しかし，それは，歴史学や政治史にとっては一つの関門となる．なぜならば，歴史学上の叙述は，どうしても時系列的に書かざるを得ず，上記のような固定的順序の通りにはいかない傾向がある．すなわち，方法論は叙述方法の問題を含む．

　エルトンは，こうした叙述方法に関して，以下のように述べる．「多様性を純化し，また動的な状況の有する多数の局面を無視することが必要である場合には，叙述はその犠牲になりがちである．ところが，分析は，とくにそれがある状況の多様性を調停するのに成功すれば成功するほど，その状況の動的側面をないがしろにせざるをえない」(エルトン著，丸山訳 1974: 240)．

　ここでいう分析とは，時系列的な叙述ではなく，問題を限定して史料などに依拠して立ち止まって検討するということを意味する．叙述が歴史学の目的であるのであれば，厳しい選択ということになるだろう．しかし，エルトンは，こうした分析的方法を評価する．彼は，「政治史家は，分析を要する問題に取り組むために，変則的に叙述を中断するべきであるし，分析が必要であると思

60 第Ⅰ部 本書の問題意識と解釈主義アプローチ

われるときはいつでも叙述を中断すべきである」(246) と述べた.

　しかし, にもかかわらず, エルトンにとって, 上記のことは全体として叙述が支配することが前提としての「分析的方法」の必要性の認識であった. 彼が結論的に述べたのは,「歴史とは, さまざまな時代の経過における人間の運命の研究であり, それゆえ, もし歴史が物語であり得ないとすれば, それはもはや歴史ではありえない」(263) ということであった.

　エルトンは, 1967年と1970年の著作で, ともにE. H. カーを批判していた. 以下では, そのカーの歴史学方法論について整理しておきたい. カーの著作は, 日本においても『歴史とは何か』(岩波新書) においてよく知られている. そこにおいて, 彼が提示した一つの視点は, 歴史は後の歴史家によって作られるという視点であった.

　彼は, 1961年に行われた一連の講演の中で, ディルタイとコリングウッドに言及し, そこで, コリングウッド史観について整理した. その視点の第一は, 歴史家を研究せよというものであった. カーによれば,「私たちが歴史の書物を読みます場合, 私たちの最初の関心ごとは, この書物が含んでいる事実ではなく, この書物を書いた歴史家であるべきです」(カー著, 清水訳 1962: 27原文ママ) と述べ, 歴史とは歴史家の解釈であり, トレヴェリアンの場合でいえば, 彼がいかに当時のホイッグ史観の立場に依拠していたかなどが知られるべきであると述べた. その視点の第二は, 歴史家は, 歴史における行為者の背後の思想を想像的に理解することだと述べた. そして, 第三の視点は, 歴史家はその時代の当時の眼でしか歴史を書くことはできないということであった (カー著, 清水訳 1962: 27-31).

　同時にカーは, こうしたコリングウッド史観の危険性も指摘していた. それは, こうした理解だけになると, 結局歴史は歴史家の解釈だけの根のないものになり, きわめてプラグマティックな説明がなされてしまうということである. すなわち, 相対主義に陥る危険である. したがって, カーは, やはり客観的な歴史はあると述べる.「見る角度が違うと, 山の形が違って見えるからといって, もともと山は客観的に形のないものであるとか, 無限の形があるものであるとかいうことにはなりません」(34) と述べた. つまり, 彼によれば,「歴史とは, 歴史家と事実の間の相互作用の不断の過程」(40) である. ただ, カーは, や

はり「歴史上の事実は，何しろ，歴史家がこれに認める意義次第で歴史上の事実になるのですから，完全に客観的であるということは不可能であります」(178) とも述べ，歴史家の選択の恣意性を問題とする．

また，カーは，因果関係に対しても自己の考えを述べた．「歴史家は，既に言葉を使うことによって一般化を運命づけられている」(90) と述べ，様々な戦争に関して述べる場合に，必ず戦争一般について述べなければならないような傾向は認めた．また，「一般化を行うことを通じて，彼は，個々の予言ではないにしろ，将来の行動のための正当かつ有効な一般的指針を与える」とも述べた．しかし，その一方で，「ここで，私が主張したいと思うただ一つの論点は，抽象的な超歴史的基準を打ち立てて，それで歴史的行為を審くことは出来ないということである」(120) とも述べた．

さらに，カーは，歴史家は，「なぜ」という問いに対して答えなければならないことを強調したが，その一方で，その原因を，一つないしはいくつかの原因に絞る姿勢を，価値判断を伴う「信仰」であると述べた．つまり，結局のところ，「歴史における解釈はいつでも価値判断と結びついているものであり，因果関係は価値判断と結びついているものである」と述べた．こうした前提の上に立って，カーは，歴史学研究における意味と客観性に関しては，その時代の「眼前にある固定不動の或る判断基準に基づくものでもなく，基づきうるものでもなく，むしろ未来のうちに眠っていて，歴史のコースにしたがって発展するところの基準にのみ基づくもの，また基づきうるものである」(193-194) という．つまり，ビスマルク政権の評価は，1880年代よりも，1920年代，1920年代よりも，2000年代の方が，よりよい判断基準で研究しうると述べている．彼は，「歴史が過去と未来との間に一貫した関係を打ち立てる時のみ，歴史は意味と客観性を持つことになる」(194) と，結論的に述べた．これに関わって，「真理」も「事実の世界と価値の世界の二股をかけた」言葉であるとしたが，研究者がその真理に到達できるかどうかに関しては，明確には述べていない．

（三）　歴史主義と政治史の方法論

これまで，主として，ビーヴァーの歴史主義と，エルトンとカーという政治史の大家たちの歴史学方法論について整理してきた．ここでは，彼らの考え方

62   第Ⅰ部   本書の問題意識と解釈主義アプローチ

の一致・不一致を検討していきたい．

　まず，因果関係に関してであるが，エルトンもカーも，政治史研究において
は，因果関係の把握は重要なポイントであるという考え方では一致している．
ただ，エルトンは，その因果関係に少数の本質的関係を見て取るのではなく，
より「本質的」とみられるものは多く，複雑であると考えたのに対して，カー
は，そもそもそうした因果関係の把握が研究者の価値判断と不可分に結びつい
ており，それが少数の超歴史的な普遍的な因果関係の証明となるという考えを，
先述のように拒絶するが，どういう因果関係把握になるのかは研究者の価値判
断によるものと考えている．

　これらの点においては，マーク・ビーヴァーの一貫した因果関係把握に対す
る批判的姿勢は明確である．ビーヴァーは，ローズとともに書いている著作の
中で，因果関係を把握するのではなく，ビリーフとジレンマの関係で，同じ現
象を把握しようとする．ビーヴァーの2011年の著作『イギリス社会主義の形成』
The Making of British Socialism においては，多様な社会主義の思想が探求さ
れたが，それは何かの原因としてではなく，むしろ，後世の固定的な社会主義
観（マルクス主義，計画経済など）とは異なった多様な社会主義像が存在していた
ことを，系譜をたどることによって明らかにしている（Bevir 2011）．なお，系
譜をたどるという意味では，先述したエルトンに通じる．エルトンによれば，
政治史は原因結果という時系列的な説明ではなく，むしろ，結果から原因にさ
かのぼる．

　本質主義的把握や事実，真理に関する認識では，ビーヴァー，エルトン，カー
の三者はかなり近い把握になっている．まず，三者とも，意識の外に客観的世
界があることに関して異論はない．ただ，事実を把握できるかどうかに関して
は，エルトンが先述のように積極的な考えを明らかにしているのに対して，カー
は，「歴史的事実」が研究者によって選択されていることを指摘している．ビー
ヴァーは，先述の議論でもあったように，「真理」があり，近づくことはでき
るとしているが，それを認識できるとは必ずしも考えてはいない．

　また，三者とも，歴史の本質主義的な把握に関しては，支持をしていない．
エルトンは，一ないしは数個の本質によって歴史を説明することに反対してい
るし，カーは「抽象的な超歴史的基準」を打ち立てることは不可能と論じてい

る．ビーヴァーは，本書で幾度もすでに述べたように，社会の本質主義的な把握を拒否している．

このようにしてみてくると，ビーヴァーの「歴史主義」は，政治史学者たちの方法論的議論と，かなりの共通性を見出すことができる．エルトンにしても，カーにしても，決して解釈主義のスタンスを取ってはいないし，エルトンの場合，史料と歴史的事実の一致を見出すことができるという視点は，ビーヴァーやカーとは異なるところである．ビーヴァー＆ローズと同じく，エルトンとカーにおいても，歴史における本質主義的把握に関しては慎重さが見られたといえるだろう[6]．

第三節　ポスト構造主義的言説理論との相違点

社会における人々の認識は，社会的に構成されると言う考え方は，解釈主義のみに特有の考え方ではない．そうした考え方の有力なパートとして，言説理論 discourse theory がある．この構造主義的，あるいはポスト構造主義的，言説理論は，レヴィ＝ストロースの文化人類学，ソシュールの言語学などから影響を受けている．しかし，彼らの理論からの着想を活かし，言説理論を発展させたのは，アルゼンチン出身でイギリスの政治学者として活躍したエルネスト・ラクラウと，ベルギー出身で同じくイギリスにおいて学者として活躍したシャンタル・ムフである．彼らはレヴィ＝ストロースらの構造主義を受けて，ポスト構造主義とも言われる[7]．彼らも，一貫して，法則のような一般化や本質主義的把握を批判し，言説の持つ恣意性を問題にしてきた．

ここで，簡単に，ポスト構造主義的な言説理論の概略を説明しておきたい．なお，ラクラウとムフが発展させた言説理論は，彼ら自身が変化し，また，彼らの影響を受けた他の論者たちもまた，それぞれに独特の変化を見せてきたので，それを，一つの説明にまとめることは，相当に難しい．ここでは，ラクラウの研究を専門的に行ってきた山本圭の整理を提示することが，端的な理解を得る上で最も有益であると考える．彼によれば，「ラクラウ＝ムフの言説理論は，ミシェル・フーコーのディスクール概念に影響を受けているものの，フーコーのディスクール概念とは異なり，言語的なもの／非—言語的なものの区分を廃

し，あらゆるものを言説的に構築されたものと看做す立場」（山本 2016：12）である．さらに，デイヴィッド・ホワースによる以下の差異の説明は，彼らの言説理論を理解するうえで，好例であるので，引用したい．

> 言説的なるものによって，私が意味することは，全ての対象が言説の対象であり，そこにおいては，それら対象の意味の条件が，社会的に構成された規則と差異のシステムに依拠している．ある森は，本来的な自然の美しさを持つ対象であり，高速道路の建設にとっては障害物であり，また，一つのエコ・システムでもある．それらは，その意味を与える分類的な規則と差異の地平に依拠している（Howarth 2000: 8 - 9 ）．

つまり，ここでホワースが言うことは，一つの対象（客体）が，規則的なものの見方と差異によって，様々な側面を見せるということである．森は，一つの客体であるとともに，異なった言説によって異なった意味として提示される．

しかし，ビーヴァー＆ローズは，主として，先述の「位置づけられた行為者」という理解をめぐって，言説理論を批判してきた．これも，先述したが，ビーヴァー＆ローズは，したがって，言説という言い方を「言説理論」に言及する時以外に，解釈主義の中においては使っていない．例えば，2006年の著作で彼らは次のようにいう．

> 私たちは，「言語」や「言説」ではなく，「ビリーフ」という用語を使い，それによって，これらの諸理解が，形状なき準構造ではなく，位置づけられた行為者という実態であることを思い起こさせる（Bevir and Rhodes 2006a: 7 ）．

ポスト構造主義の言説理論においては，社会科学における「意味」を単なる「シニフィアン」であるとビーヴァー＆ローズは述べる．シニフィアンとは，言語記号の表現面（音のイメージ，聴覚映像）としばしば表現されるが，ビーヴァー＆ローズはより単純に「音」であるとする．なお，これの対称には，シニフィエ signifié が想定されており，これをビーヴァー＆ローズはより端的に概念 concept であると理解している（Bevir and Rhodes 2010: 68）．

ビーヴァー＆ローズによれば，ポスト構造主義は，こうしたシニフィアンと

シニフィエで構成されるサインが，他のサインとの「差異」においてのみ，意味を持つと理解されている．ビーヴァー＆ローズは，こうしたポスト構造主義の理解を二つの点で批判する．

　その第一は，それが「現実と理由に対して何らの基礎も持たない」（Bevir and Rhodes 2010: 69）からである．ビーヴァー＆ローズは，こうしたポスト構造主義の理論家の一人ヘイドン・ホワイトの2007年の次の部分を引用した．「言語は，コード化されたサインの一つの複雑なシステムであり，その要素は，それらが言及する世界の物事とのどんな必然的な関係も生み出さない」（White 2007: 227）．ビーヴァーは，1999年の著作で，こうしたポスト構造主義の理解が言語学に通用はするが，歴史の変化を研究すべき社会科学においては妥当しないと述べる．

　異なる時代に全く同じ文章があったとして，それを「テキスト」に基づく解釈のみを行おうとすれば，それは「テキスト」に基づいた同じものを意味しなければならなくなる．しかし，実際には違い，同じテキストであっても，時代が違えば，異なる解釈が成り立ちうる．つまり，意味は，「テキストの外」にある．ビーヴァーによれば，「それらが持つ単語は，18世紀と20世紀では，人々に対して異なったことを意味する」（Bevir 1999: 59）のである．たしかに，意味は言説の差異からも発生するが，それだけに狭く限定しては，社会科学における意味は不鮮明になると，ビーヴァーは述べるのである．

　そして，第二の批判点は，しかし，そうした「現実と理由に何の基礎も持たない」言説理論であるが，その差異を形作るのは，「特定の歴史的言説」であり，その規定力は，諸個人の反抗を一切認めないといわれるからである．ビーヴァー＆ローズは，次のように，ポスト構造主義のアプローチを批判する．

　　　ポスト構造主義は，自律性と同様に，行為者にも反対する危険がある．伝統や言説を，人々がもつようになるビリーフを何とかして決定しようとする準構造的なものの具現化と考えることは間違いである（Bevir and Rhodes 2006a: 25）．

　先述したが，ビーヴァー＆ローズの解釈主義アプローチの中で，「位置づけられた行為者」という考え方は，大変重要な位置を占めている．上記のように，

66 第Ⅰ部 本書の問題意識と解釈主義アプローチ

ビーヴァー&ローズは,「言説」と「伝統」をたびたび同じものとして取り扱っているが, 彼らの理解によるとポスト構造主義の「言説」においては, 諸個人は言説から決定されるのみであって,行為者としての反抗ができない. 彼らは, 伝統も, 発言や文献などからなり, そういう意味では言説と同じであるが, 完全に, 諸個人を決定してしまうのではなく, 諸個人は伝統に反して動くことも可能であると考えている. ここでビーヴァー&ローズは, 社会の様々なところで位置づけられた諸個人は, その歴史的な時点での様々な伝統に影響を受けるが, それに反して行動することができる(つまり, ジレンマを起こすことができる)という認識があり, それが「位置づけられた行為者」である. 彼らが, この位置づけられた行為者という理解を守るためにも, 言説理論は批判しておかなければならなかったと言える.

第四節 法学における「解釈主義アプローチ」との関連

筆者が本書で検討している解釈主義アプローチに関しては, 呼称の重なりという点では, 法学の分野でも, ロナルド・ドゥウォーキンが提唱した「解釈主義アプローチ」がある. ドゥウォーキンは,条文や先例に関する「創造的解釈」を裁判官たちは行うことができるし,その「創造的解釈に関する構成的な説明」は, 以下のようなものになると述べる.

> すなわち, 解釈というものは全て, ある対象を, 想定された何らかの企ての一例として可能なかぎり最善のものにしようと試みることであり, 異なった様々な脈絡において解釈が異なった形態をとるのは, 問題となっている企てが異なるに応じて採用される価値や成功の基準も異なってくるからに過ぎない(ドゥウォーキン著, 小林訳 1995:91).

しかし, このドゥウォーキンの解釈主義は, かなりの点においてビーヴァー&ローズの解釈主義とは異なる点が多い.

まず, 第一に, ドゥウォーキンの解釈主義は,「最善」を試みようとする点で, そこには正義が織り込まれている. それに対して, 先述のように, ビーヴァー&ローズは, ポジティヴィズムや近代主義—経験論がそれらもそれぞれのビ

リーフであるにもかかわらず，事実上，真理や一般的法則を仮定していると言う点で批判する．つまり，ビーヴァー＆ローズは，その点において，価値判断はともかく，正義を織り込んでいない（もっとも，ビーヴァー＆ローズは現実世界を何も知りえない，と言う相対主義の立場は取らない点については先述した）．

　第二に，ドゥウォーキンとビーヴァー＆ローズでは，解釈の対象も異なる．ドゥウォーキンの場合では，解釈の対象はあくまでも，法や先例であるのに対して，ビーヴァー＆ローズの場合の解釈の対象は，社会科学上の対象全てであり，また，それら解釈されたものを，再び研究者たち（もちろんビーヴァー＆ローズも含まれる）が解釈する（すなわち「解釈の解釈」を行う）ことになる点も，意識されている．

　第三に，「意味」という言葉に対する両者の態度の違いである．ドゥウォーキンの場合は，裁判官たちやその他の一般の人々も解釈によって，法実務に対して一定の意味を付与することになるが，そうした既成の意味で法解釈を行い，先例を踏襲するようになることと法実証主義を結びつけ，ドゥウォーキンは，その法実証主義の立場を厳しく批判する（ドゥウォーキン著，小林訳 1995：59，174）．ドゥウォーキンは，こうした考え方を「意味論的理論」semantic theory と呼んだ．

　それに対して，ビーヴァー＆ローズは，政治家や官僚，そして人々が持つビリーフや伝統を，意味と呼び，それらを説明することが，解釈主義のアプローチであるとする．ビーヴァーは1999年に彼らのアプローチを semantic holism と呼び（Bevir 1999: 177），2010年のビーヴァー＆ローズの著作では，meaning holism と呼んでいる（Bevir and Rhodes 2010: 45）．どちらも，日本語に翻訳すると，意味全体論である．

　第四に，ドゥウォーキンもビーヴァー＆ローズも，本書で「構成」と翻訳する場合の言葉として，construct という言葉を使っている点で，共通している．ただ，ドゥウォーキンの場合，例えば，彼の礼儀に関する議論のなかで，農民が一度与えられた礼儀の作法に対して，異なった解釈をしていく，つまり再構成していくことに，construct という言葉を使っている．例えば，以下のような表現である．

68　第Ⅰ部　本書の問題意識と解釈主義アプローチ

　　　ひとたびこの解釈的な態度が人々の間で一般化すると，礼儀の制度は機
　　械的であることを停止する．最早それは古来より伝えてこられてきた秩序
　　に対する無反省的な盲従ではなくなる．いまや人々は，この制度に意味を
　　付与しようと——制度をその最善の光の下で捉えようと——試み，このよ
　　うな意味の光のもとで当の制度を再構成しようと試みるようになるのであ
　　る（ドゥウォーキン著，小林訳 1995：83）.

　つまり，解釈の担い手の価値を明確に織り込んでいく解釈を「再」構成と呼
んでいる．これに対して，ビーヴァー＆ローズの場合は，そうした解釈者の価
値を後に織り込んでいくことだけに，構成の意味を限定するのではなく，むし
ろ，社会に生きる全ての人々が事実そのものをありのままに認識できるのでは
なく，（意図的であるにしろ，無意識であるにせよ）必ずその人々の見方を不可避的
に織り込んでいくことを，「構成」として考える．

　なお，先述してきたとおり，ビーヴァー＆ローズは，自然主義的な方法や真
理や本質などの考え方を拒否するが，この点における解釈主義の特徴は，上記
のドゥウォーキンだけではなく，ケルゼンやハートなどいわゆる法実証主義者
にも見られると，イギリスの憲法学者・公法学者マーティン・ラフリンは，述
べている．彼によれば，少なくとも，ケルゼンやハートの法に対する見方は，
自然主義とは区別されると考えている．

　以下では，ラフリンの整理を紹介する．ラフリンは，法学における解釈主義
アプローチを3つにまとめる．第一は，記述的解釈主義である．ラフリンによ
れば，法学の世界における自然主義は，法実証主義において見られるが，その
法実証主義の大家として語られるハンス・ケルゼンと，H. L. A. ハートに関し
ては，いずれも，法を客観的で自然のものとは見ておらず，ラフリンは，彼ら
の見地を記述的解釈主義と呼ぶ．

　ラフリンによれば，ケルゼンの『純粋法学』は，解釈主義に位置づけられる．
ケルゼンは，法から全てのイデオロギー性を剥ぎ取ると言う点で，法を非常に
客観的なものとして位置づけた点が有名であるが，同時に，ケルゼンは，法を
因果的な規則性だけで判断しようとする社会学的把握を批判した．ラフリン＆
ショーンによれば，「社会学的理論が法の科学的説明を提供できないと言う理

由は，特別の重要性をもち，それが純粋法学を解釈理論として識別できる所以
である」(Loughlin & Tschorne 2016: 326)．ラフリン＆ショーンによれば，法は，
ただ社会における現象としてケルゼンによって観察されており，「自然科学の
見地からは理解できない社会的出来事の法の領域」(326) である．

　ラフリンは，H. L. A. ハートのなかにも解釈主義を読み取る．ハートの内的
視点と外的視点は有名である．彼によれば，ハートの理解では，法は，拘束力
のある規範的なシステムとして見られたとき，すなわち「参加者の内的視点と
して捉えられたときのみ，法として理解される」(327)．ラフリンは，このよ
うなハートにおける内的視点による法の捉えかたに，その解釈主義としての根
拠を見た[8]．

　ラフリンによれば，ケルゼンもハートも，法学が自然科学の方法を用いて人
間の行動を外的視点によってのみ考えるのではなく，人間の内的視点やそれが
形作る意味に焦点をおいている点で解釈主義であると考えるが，ただ，その人
間たちに規範を与える権威自体の分析にまで及ぼうとせず，その点で，記述的
であるに留まったと見ている．

　ラフリンによれば，この記述的解釈主義は，その記述的に留まった点で，後
のリベラルな解釈や後世の人々の価値で解釈されることに対して抑制的なイン
パクトを与え，80年代の米国における原意理論 originalism につながったと述
べた[9]．

　ラフリンの第二の分類は，規範的解釈主義である．原意理論を強く批判した
ドゥウォーキンに関しても，ラフリンは，解釈主義と分類する．しかし，彼の
価値を前面に押し出した解釈への態度に対しては，それを，規範的解釈主義と
呼んだ．

　先述したように，ドゥウォーキンが法を解釈するときに，そこにおいては，
過去の諸先例にそった形で解釈するのではなく，裁判官の持つ正義の原理に
よって解釈することは良いだけではなくて，そうするべきであると言う．ラフ
リンは，条文や過去の諸先例に依拠するだけではなく，こうした規範を持って
解釈する点で，彼の立場を規範的解釈主義として，先のケルゼンやハートとは
区別した．

　ドゥウォーキンの論は，司法審査を通じて，民主的に選ばれた政治権力との

70　第Ⅰ部　本書の問題意識と解釈主義アプローチ

間で摩擦を生じると，時としていわれる．ドゥウォーキンは，たとえ民主的に選ばれた政府が相手であっても，制度的に異なる機関に対して様々な解決法を取りうると論じるが，このような点を持って，ラフリンはドゥウォーキンを規範的解釈主義として区別した (331)．

　そして，第三に，ラフリンは，現象主義的解釈主義を区別する．ラフリンは，規範主義が法実務を，「一つの純粋な法作成」とみて，その純粋性を，リベラルなものであると見たのに対比して，現象主義的解釈主義おいては，法実務は，「ヴァラエティーに富み，対立する諸解釈のスキームの生成に至る」(333) と述べた．

　ラフリンは，ポズナーやブルース・アッカーマンなどの議論もこの現象主義的解釈主義の範疇に入ると述べた．ドゥウォーキンの議論が道徳的に「正しい」価値を前提するのに対して，ラフリンは，現象主義的解釈主義が「政治的権威を維持する必要性によって決定された，プラグマティックで思慮に富んだ利便性を必然的に伴う」(334) と考えていると述べた．すなわち，こうした現象主義的解釈主義においては，公法が「本質的に政治的実践」であり，様々な政治勢力や政治的諸理解との「対話」によって成り立っていくものであると論じた (335)．ラフリンは，現象主義的解釈主義は，単に法解釈を裁判官や弁護士などの法律家の枠から，様々な政治諸勢力へと拡大したこと，公法と私法の領域の区別，法理論と法的正統性との区別にも問題を広げたと述べた．

　ラフリンは，法学におけるこうした3つの解釈主義の潮流を総括して，以下のように述べる．

　　　解釈主義的法理論の多様性は，一つの基本的理解を共有している．それは，法が社会現象であり，自然科学に特徴的な説明的枠組みの使用によっては十分に把握できない，ということである (335)．

注
1）　なお，R. A. W. Rhodes は，英国の憲法理論家であったダイシーやジェニングスらを旧制度論に切り分けているが，彼らの理論については高く評価している．(Rhodes 2008)

2） 本書のこの部分は，ビーヴァー＆ローズの解釈主義アプローチの整理と紹介が重点
であるので，彼らのこうした「近代主義－経験主義」に関する筆者の見解は，注にお
いて触れたい．たしかに，デュベルジェが「政治学入門」などで豊富に例証したように，
彼は人間社会をアリやサルなど他の動物との類似性を指摘しつつ描くなどの点におい
て，方法論的には，超歴史的な一般原則を書こうとする傾向があった（デュベルジェ
1977）．ただ，ビーヴァー＆ローズが「近代主義―経験主義」と批判する人々の中でも，
その傾向は濃淡があり，ビーヴァーが「近代主義―経験主義」と指摘するジェームス・
ブライスには，そうした自然科学との方法論的類似性が強いわけではない．こうした
十把一絡げ的な分類は，マーティン・スミスからの強い批判があった（Smith 2008:
144）．

3） 日本でも，制度論におけるアイディアへの注目や，構成主義の動向などに関して早
くから注目が進んできた．例えば，近藤（2006）や小野編著（2009）などが，正確で
示唆に飛んだ紹介をしている．

4） バーマンがドイツ・スウェーデンの当時の文献を読み込んで議論を展開している点
は，おなじく歴史的制度論として分類されることも多いキャサリン・セーレンやヴィ
ヴィアン・シュミットとは異なる点であると言ってよいだろう．セーレンやシュミッ
トの業績は，明らかに理論重視であり，歴史的な検証という点では関心が低いと言わ
ざるを得ない．この点で，歴史的制度論と分類される議論が非常に多様な研究を包括
した表現であり，非常に異なる種類の研究を極めて便宜的に一つに分類しているとも
言える．なお，分類とは主観的な行為であると言う点は，ウィトゲンシュタインの「ゲー
ム」理解から指摘されており，その流れを解釈主義は汲んでいる．

5） 「家族的類似性」family resemblances という表現は，2009年に R. A. W. ローズが「ウェ
ストミンスター」という伝統を考察する際にも用いている．ビーヴァー＆ローズは先
述のように，一つの客体的な制度として「ウェストミンスター・モデル」というもの
があるとは考えていない．むしろ，様々な「ウェストミンスター」というビリーフや，
それらによって作られた伝統があると見ている．何が「ウェストミンスター」なのか
ということは，様々に解釈され，多様なビリーフとなっているが，それは英連邦諸国
を中心に広がり，しかし，それぞれの国々の事情とのジレンマを起こし，変容する．
しかし，依然として，その系譜を遡ることができる．こうした共通性と多様性を，彼
らは「家族的類似性」と把握し，何らかの本質的なウェストミンスター・モデルとい
う理解や制度があるという考え方を批判した（Rhodes et al 2009；ローズ他著，小堀・
加藤訳 2015）．

6） なお，こうしたエルトンやカーの議論は，2018年度日本政治学会の企画でも論点と
なった．伊藤武は論文「政治科学と歴史学の狭間で」の中で，エルトンやカーの議論
を取り上げた．そのなかで，「無数の事実から重要でない事実を捨て，重要な事実を取
り出して分析する必要があるが，選別の基準は明確にされていない」（伊藤 2018：4）
と指摘した．政治史が選び出す事実の基準が恣意的であり，不明確であることが指摘

された．たしかに政治史学者の歴史的事実の選択基準は恣意性をはらむものかもしれないが，それと同じことがポジティヴスト政治学の変数選択にも言えるのではないだろうか．エルトンもカーも認めているが，歴史家は結局，史料やそのある部分を，問題意識という恣意性で選ぶ．政治学者も結局，データやその中の変数を，リサーチ・クエスチョンという恣意性で選ぶ．同じことをしているのではないだろうか．伊藤の論文の趣旨は，近年の政治史研究の方法的議論の欠如を指摘し，ポジティヴィスト的方法の採用を促していると考えるが，そうであれば，史料選択と変数選択の両方の恣意性が，立ち入って問題にされるべきではなかったであろうか．ビーヴァー＆ローズの「歴史主義」の指摘は，ポジティヴィズムの「一般性」も所詮，研究者の解釈という恣意的な選別であることを強調する．方法論議論をするときには，欠かせない点であると考える．なお，伊藤の問題提起そのものは，非常に意義深いものであると考える．政治史研究における方法論欠如が問題であるという点は，全く同感である．こうした批判から，政治史研究の方法を真摯に問い直すことは，研究者個人にとって，非常に意味あることであり，後回しにしたり，目をそらしたりするべきではないと考える．なお，日本政治学会報告論文の引用については，著者から快諾をいただいた．論争を呼び起こすことも，著者の目的の一つだと読めたので，筆者の著書も何らかの形でそれに貢献できれば幸いである．

7) もっとも，フランス現代思想史に詳しい哲学研究者岡本裕一朗によれば，構造主義，ポスト構造主義と分類される思想家たちにおいて実際に「構造」が議論されてきたかというとそういうわけではなく，そうした呼称が先に定着してしまったのが実際のところであると述べる．厳密な意味で「構造」を使っていたのは，レヴィ＝ストロースだけかもしれないと述べている（岡本 2015：16）．

8) ハートは，内的側面 internal aspect と内的視点 internal point を相互互換的に使っている．（ハート 2014: 152; Hart 2012: 88; Green 2012: 313）．

9) 原意理論は，合衆国憲法の解釈に関して，憲法制定当時の制定者たちの意味，すなわち「原意」によって解釈されるべきであるとする立場である．レーガン政権期に最高裁判事候補ロバート・ボークが，保守的な見地からこれを唱えた．こうした見地は，裁判官が自己の道徳的・政治的見解に従って，立法府の決定を「違憲」にできるという（民主党支持者たちに共有されることが多かった）見地を損なうことになると見られたため，彼の最高裁判事への選任には強い反対運動が起こり，結局，上院本会議において指名は否認された．この件に関しては，井上達夫（2003：151-68）が詳しい．

第三章

解釈主義アプローチの意義と課題

第一節　解釈主義をめぐる論争

（一）　注目を集めた解釈主義

　これまで述べてきたように，解釈主義は，新制度論，言説理論，歴史理論，法学などとの接点を持つ．したがって，これまで，多くの論争を生み出してきた．まず，1999年出版のマーク・ビーヴァーによる『思想史の論理』*The Logic of History of Ideas* が，哲学研究者において注目を集め，多くの学会や雑誌で解釈主義をめぐってのシンポジウムや特集が行われてきた．一つ一つの学会での議論をここで紹介することは紙幅上不可能であるが，ペンシルヴェニア大学が出版する学術誌 *Journal of the History of Ideas* 誌上において行われたシンポジウムでは，この当時までに，彼の著作に関して欧米の八つの学術誌で特集が組まれてきたことを紹介している（O'Neill 2012: 583）．

　ビーヴァー＆ローズの著作に関しても，2003年に英国政治学会 the Political Studies Association がシンポジウムを行い，その内容が同学会の雑誌で2004年に刊行された（Finlayson et al. 2004）．その後も，オーストラリア政治学会や，2010年には，行政学系の学会 Critical Governance Conference でも取り上げられた．2011年には，同じく行政学系学会の一つ The Public Administration Theory Network でも取り上げられ，その内容は同会雑誌で特集された．

　ここでは，主として，これらの学術誌において行われた討論のポイントのいくつかに限って紹介することで，ビーヴァー＆ローズの解釈主義に関する論点を提示したい．また，最後に，筆者自身の評価も添えさせていただくことにする．

74 第Ⅰ部 本書の問題意識と解釈主義アプローチ

　これらの学術雑誌を中心とした，解釈主義をめぐる論点自体は，多岐にわたる．もっとも多くの論点が集まったのは，構造（とそこに内在する因果関係）に関するものであるが，そのほか，自然主義，系譜学，経験的研究とのリンク，ビーヴァーの哲学的信条であるノミナリズムとの関係，クワインやオークショットなど他の理論家たちとの関係論点，オーストラリアにおける政治学研究との関係論点など多岐にわたる点に，議論が集まった．これらの議論の中で，欧米の研究者たちの必ずしも多くが，ビーヴァー＆ローズらの解釈主義を支持しているわけではない．また，後に述べるように，ビリーフやウェストミンスター・モデルの把握に関しては，あまり批判はないが，彼らが唱える「伝統」tradition に関しては，その非構造的把握に関して多くの異論が集まった．ただ，いずれにせよ，欧米の学会・学術誌において，彼らの議論が注目を集めてきたことは間違いない．

　これらの論点の全てを紹介し，検討していくことは，本書の性格を変えてしまうであろう量になることが想定される．したがって，ここでは，政治学上もっとも中心的な論点を構成し，また，第Ⅱ部の筆者の議論とも関係する諸点に限定して紹介し，また検討したい．それらの論点とは，大きく分ければ2点である．一つは，構造に関してであり，それは，そこに内在される因果関係把握とも関連する．また，その検証という意味で，経験的研究とも関係してくる．もう一つが，ビーヴァー＆ローズがポジティヴィズムと「近代主義―経験主義」に関してもっとも中心的に指摘した，自然主義との関係である．また，それは「真理」の存在とも関わる．以下，それらに関して，まず諸論点を紹介し，その後に検討を行う．

（二）　因果関係と「構造」理解に対する批判

　2003年の英国政治学会におけるシンポジウム以来，多くのシンポジウムや学術誌の企画の中で，幾人もの研究者が，ビーヴァー＆ローズの分析概念であるビリーフ，伝統，ジレンマ，実践などに関して批判を述べてきたが，特にそのなかでも，彼らが「構造」という概念をおおむね使わず，「伝統」という彼らの表現に換えてきたことを問題視してきた．

　2003年の英国政治学会では，まず，コリン・ヘイが因果関係の把握との関連

で，この「伝統」という理解を問題視し，批判を行った．ヘイは，ビーヴァー＆ローズにおいては，因果関係の把握によって説明すると言うことが避けられている一方，因果関係を説明するに近いものとして，「伝統」tradition という概念が使われていることを指摘した．ヘイは，この「伝統」に対して，次のような疑問を呈する．

　　諸個人が彼らのコミュニティから諸ビリーフや諸実践を受け継いでいる．多くの人々はそれを問題なく受け入れる．伝統という概念をこのように提起することは，こうしたことを，示したり説明したりしているのではなく，単に主張しているだけである．この主張は問題提起ではなく，引き継いでいることの特別のメカニズムを欠いており，伝統という概念はそれ自体に説明的価値が無い（Finlayson et al. 2004: 146，傍点は，原文どおり）．

　さらに，ヘイは，こうした「伝統」に関して，「伝統がアクターのビリーフと行動を説明するのか，アクターのビリーフと行動が伝統の存在を説明するのか」（146）が明らかにされていないと論じた．

　因果関係と構造に関しては，2006年に，英国政治学会の学会誌の一つである *British Politics* に投稿されたスチュアート・マカヌラの論文がさらに突っ込んだ指摘を行っている．マカヌラは，「構造や文脈がビリーフと諸活動を決定すると言う観念を回避する」（McAnulla 2006: 120）ために，ビーヴァー＆ローズが構造という把握を回避していると指摘しながら，以下のように述べた．

　　いったん，構造が行為者から存在・実体論的に区別されると，それは，一定の条件付けられた因果力を議論することが必然的に可能になり，構造は，行為者に対してその因果力を発揮する（McAnulla 2006: 121-22，傍点は，原文どおり）．

　すなわち，ここでマカヌラは，因果関係の把握と構造という把握が不可避的にリンクしていることを指摘した．そして，ビーヴァー＆ローズは，そうした構造の決定力を回避するために，「伝統」という言葉に換えたとマカヌラは見抜いていた．ここにおいては，これまでも度々議論になってきた構造─行為者議論が背景にある．社会科学に於いては，ここ30年の間，諸行動の把握のため

76 第Ⅰ部 本書の問題意識と解釈主義アプローチ

に，構造が諸個人を規定する力の把握に重点を置くのか，あるいは，構造より
も諸個人（行為者）の把握に重点を置くのかに関して，様々な議論があった（例
えば有名なものとして Giddens 1976，論争の整理と云う点では，McAnulla 2002: 271-291を
参照）．ここで，マカヌラは，ビーヴァー＆ローズが明らかに行為者の把握に
重点を置き，構造を劣位においていることを，批判的に指摘した．

　マカヌラは，彼の立場である批判的実在論の見地から，ビーヴァー＆ローズ
の行為者重視の見地を批判した．マカヌラは，彼自身も行為者はキー・コンセ
プトの一つであると位置づけながらも，それと構造との関係に関して，以下の
ように述べる．

　　　行為者たちの間での相互作用は，諸行為者たちにおいて「表現され」う
　　る諸特性の出現を，独自に保持する諸構造を生み出す．したがって，物象
　　化されてはいないが因果的に意味のある，一つの構造という概念が，もう
　　一つの対案的な実践的言語の一部になりえる（McAnulla 2006: 132）．

　すなわち，ここでマカヌラは，批判的実在論においては，行為者を理論的に
考慮に入れながらも，その行為者だけではなく，その行為者に影響を与える構
造の把握に注力すると言うこと，そして，それは，必ずしも構造の物象化では
ないということを述べている．さらに，マカヌラは，最終的に，こうした構造
は，政治分析においては行為者によって作られるのではなく，存在・実体論的
に行為者に先行し，行為者を規定すると述べた（135）．

　こうした批判的実在論からの批判という点では，デイヴィッド・マーシュか
らも批判がなされている．彼もマカヌラと同じく，構造と行為者は存在・実体
論的に分離して把握されるべきとしながらも，構造と行為者は，相互に規定的
であり，やはり構造の規定力はあり，ビーヴァー＆ローズはそれを捉え切れ
ていないと批判した（Marsh 2008: 253）．しかし，それ以上に彼が強調したのは，
批判的実在論の一部の論者が唱える非対称的権力モデル Asymmetric Power
Model であり，特に，彼は，そのモデルとビーヴァー＆ローズたちの考え方と
の対比を試みた．ここでマーシュが述べる非対照的権力モデルとは，ガヴァメ
ント（政府）からガヴァナンスという統治の動き自体には，ビーヴァー＆ロー
ズに同意するものの，そこには，ビーヴァー＆ローズが強調するネットワーク

第三章　解釈主義アプローチの意義と課題　　77

よりも，ヒエラルキー（階統制）が支配的であり，依然として経路依存が貫かれていると言う理解である（257）[1].

　同様の点は，新制度論者のうちの一人，ガイ・ピータースからもなされている．ピータースは，行為者を重視するビーヴァーの解釈主義は，行為者の役割を過度に重視する点で合理的選択論と軌を一にしていると評価したうえで（Peters 2016: 313），「諸構造のメンバーである諸個人は，ある程度においてアクターではあるが，彼らの行動の範囲は，構造内のメンバーシップによって制限されている」（316）と述べて，やはり構造の規定性が勝るという見解を示した．さらに，マーティン・スミスも，この点を指摘した．スミスによれば，ビーヴァーのガヴァナンス論は個々のアクターの思想（アイディア）を非常に重視し，その代わりに（特に国家の）構造の果たしている複雑で重要な役割を十分に評価しえていないとされた．最終的にスミスは，「おそらくもっとも重要なことであるが，ビーヴァーの仕事は，ビリーフと思想に焦点を絞ることで，構造に関して不十分になり，意図せずして，行為者重視の変化説明へと至ってしまった」（Smith 2016: 338）と結論付けた．

　構造という点においては，その名前に相応しく，ポスト構造主義の陣営からも批判がある．近年，この理論をリードしてきたジェイソン・グリノスとデイヴィッド・ホワースは，イギリス政治学会の学術誌の一つである *Political Studies Review* において，上述のヘイ，マカヌラ，マーシュらと同じく，やはりビーヴァー＆ローズの構造把握回避を批判した．先述のように，ビーヴァー＆ローズは，彼らの著作でたびたびポスト構造主義的言説理論を批判している．彼らの批判ポイントの一つは，言説理論は言説という構造の決定論であるという批判であったし，その意味において，実質的な物象化があると批判した．

　しかし，グリノス＆ホワースは，上記論文において，まずビーヴァー＆ローズの解釈主義と言説理論との間においては，事実の把握が社会的に構成されるものであると言う点において一致点を認め，ポジティヴィズム，自然主義，リアリズム，制度論に対する批判に関しても，解釈主義との間での一致点があることを認めた．その上で，グリノス＆ホワースは，構造（言説）に関して，ビーヴァー＆ローズとは異なった考え方を示す．

構造的に不完全な一連の諸関係を前提とすると，その時，主体は，もはや通常で日常化された形において「継続する」ことはできなくなり，活発な政治的な主体となる（Glynos and Howarth 2008: 162）．

　ここでグリノス＆ホワースは，ビーヴァー＆ローズがポスト構造主義に関して強調するようには，構造は常に決定的ではないと主張している．グリノス＆ホワースはラクラウの文章を引用して，その構造の支配が失敗する所があり，そこでは，主体は「自由」となると強調する（162）．

　このグリノス＆ホワースの言説（構造）と主体との関係理解と，ビーヴァー＆ローズの伝統と行為者との関係理解を比較すると，その違いは実質的にはかなり微妙である．両者とも，支配的なもの（言説あるいは伝統）と，支配されている者たち（主体あるいは行為者）との関係を認めていて，そして，両者とも，その主体や行為者たちは，支配に抗しうる．言説理論においては，主体は言説の失敗する部分で「自由」となり，解釈主義においては，行為者は伝統に規定されながらも反抗することができる．

　ただ，グリノス＆ホワースは，ビーヴァー＆ローズの解釈主義と違って，存在・実体論レベルにおいても，言説を位置づけることができるとしている．先述したように，ビーヴァー＆ローズの解釈主義においては，少なくとも2010年の著作『文化実践としての国家』あたりまでは，存在・実体論レベルの議論がほとんどなかった．この点が，デイヴィッド・マーシュなどによって解釈主義は外界世界の存在を認めていないと批判される要因となってきた．グリノス＆ホワースも，ビーヴァー＆ローズの解釈主義には存在・実体論がないと批判した．ビーヴァー＆ローズの解釈主義が，どのように実体を認識するのかに専心し，実体論そのものが非常に薄いのに対して，言説理論においては，言説が社会にあるものであり，その実体を明らかにしようとしているという点で，存在・実体論も認識方法論も備えていると，グリノス＆ホワースは主張した（Glynos and Howarth 2008: 164-66）．

　こうした構造という論点に関して，ビーヴァー＆ローズは，それぞれの論者に対して反論を行っている（Finlayson et al 2004; Bevir and Rhodes 2006b; Bevir and Rhodes 2008a; Bevir and Rhodes 2008b）．これらの反論をつぶさに追うよりも，こ

こでは，大きな論点の一つとなっている「構造」の問題に関して，ビーヴァー＆ローズの理解がもっとも現れている，マカヌラに対する2006年のビーヴァー＆ローズの反論を取り上げておきたい．

マカヌラに対するビーヴァー＆ローズの回答となった論文の表題が，彼らの理解をまず示している．その表題は，「構造を分解する disaggregating」というものであった(Bevir and Rhodes 2006b: 397)．ビーヴァー＆ローズは，「必ずしも，私たちは構造を無視したり，それに反対したりはしない」と，その点ではマカヌラに同意するが，しかしと，二つの懸念を明らかにする．その第一は，マカヌラなど批判的実在論者は，様々な客体を「構造」という一つの用語で誤って示そうとしているのではないか，ということを指摘する．第二に，結局，そうすることによって，依然として基礎付け主義から抜け出せていないのではないか，ということであった (399)．

そうした懸念を前提に，ビーヴァー＆ローズは，構造という一般的な範疇ではなく，それを伝統，ジレンマ，実践，意図せざる結果という四つの概念に分解できると論じる．そして，批判的実在論者は，この四つ目の「意図せざる結果」のみを構造と考えていると述べ，その狭い把握を批判した．ただ，一方，ビーヴァー＆ローズは，伝統やジレンマ自体が，因果的な効果を持っていることに関しては認めた．しかし，そうした区別をせずに，批判的実在論者と同じく，それを「構造」であると理解した場合には，基礎付け主義へと陥ってしまうと述べた (401)．

なお，この「構造」の問題と関連して，グリノス＆ホワースとマーティン・スミスからは，ビーヴァー＆ローズは「権力」power という用語も回避しているのではないかという批判があった (Glynos and Howard 2008: 161; Smith 2008: 150)．これに対して，ビーヴァー＆ローズは，それを認め，「私たちは，『構造』と同様に『権力』という言葉を使うことにも用心深い．それは，しばしば，行動の意味深さを無視し，物象化と本質主義に逃げ込む」(Bevir and Rhodes 2008a: 174) と述べた．

（三） ポジティヴィズムからの批判

ビーヴァー＆ローズは，上記のように，ポジティヴィズムや「近代主義─経

80 第Ⅰ部 本書の問題意識と解釈主義アプローチ

験主義」などの本質主義を批判してきた．そして，彼らは，これらの諸アプローチを「自然主義的アプローチ」と批判してきた．それに対して，上記のように，批判的実在論からの多くの批判があった．

　しかし，それに対して，ビーヴァー＆ローズがもっとも批判をしてきた新制度論からは，批判は決して多くない．筆者の見る限りでは，注にさえ満足にあげようとしてない傾向がある[2]．しかし，そうしたなかで，*Asian Journal of Political Science* 誌の特集においては，ガイ・ピータースが，ビーヴァーのガヴァナンス論に対する批判を投稿した[3]．その論点の一つは，いわゆる「反証可能性」の問題についてであり，重要な論点であるので，これを取り上げる．また，社会科学における自然主義的傾向に対する反論という点では，ビーヴァー＆ローズに対する批判というわけではないが，有力な反論も見られる．そのうちの一つは，日本の哲学研究者である吉田敬からのものである．ここでは，これら二つの議論について紹介しておきたい．

　まず，ガイ・ピータースからの批判であるが，既に引用したように，彼の批判の論点の一つは，ビーヴァーの解釈論が行為者のみに着眼し，構造に対する把握を落としているという批判であった．この点は，マカヌラやマーシュなどの批判的実在論者たちと同じである．ただ，それ以上に，重要な論点は，彼が解釈主義に関しては，「反証可能性」という点で問題があるという指摘をした点であった．後に見るように，構造という点に関しては，解釈主義と新制度論やポスト構造主義との間で，理解の差はあるが，解釈主義も「伝統」という言葉で構造を許容しており，構造の存在自体に関して異論はないものと筆者は理解している．ただ，解釈主義（そしてポスト構造主義）と他のアプローチとの違いは，むしろ，この「反証可能性」に関して決定的ではないかと考えている．

　この点に関して，ピータースは，次のように指摘して論を締めくくった．

　　解釈主義アプローチは，反証可能性というポジティヴィストのロジックを受け入れていないように見えるが，観察された現象に対して多かれ少なかれ妥当な説明として解釈を受け入れる，あるいは拒否する手段がなければならない（Peters 2016: 317）．

　次に，吉田敬による解釈主義批判を紹介したい．彼の議論は，解釈主義によ

る社会科学論における自然主義批判に正面から答えているところに特徴がある．吉田敬は2014年に『合理主義と文化的解釈主義』 *Rationality and Cultural Interpretivism* を刊行したが，そこで主として解釈主義の論者として批判されていたのは，チャールズ・テイラーやクリフォード・ギアーツなどであった．ビーヴァー＆ローズは，2014年には，既に多くの業績を出し，政治学では先述のように多くの特集が組まれていた．また，吉田がポイントとした「意図せざる結果」に関しても，先述したように言及していた．そういう点では，吉田のパースペクティヴからすれば当然言及されてもしかるべきであっただろう．しかしながら，吉田の上記著作においてはビーヴァー＆ローズに関しては全く言及がなかった．

　ただ，先述したように，今日の政治学で大きな影響力を持つ新制度論の論者たちが解釈主義のポジティヴィズムに関する自然主義批判という論点を正面からしてこなかったのに対して，吉田の著作は，解釈主義を正面から批判しようとした数少ない著作の一つである．

　彼の主張を要約すると，解釈主義は二つの点において問題を抱えている．その第一は，社会科学と自然科学との間の方法論的違いが誇張されすぎている点，第二は，解釈主義が「意図せざる結果」を考慮に入れていないという点であると，彼は述べる．

　まず，第一の点については，ポジティヴィズムも解釈主義も，非常に画一化された自然科学像を前提としていると言う点が指摘されている．吉田によれば，カール・ポパーと同じく，純粋な実験と観察によって原理を導き出す帰納主義的方法が自然科学である，という単純化が問題であると言う．むしろ，彼によれば，「全ての観察は，主観者のバイアスや期待によって色づけられているので，そこには純粋な観察はない」，むしろ「科学は歴史的にも文化的にも偶発的な現象である」（Yoshida 2014: 127）と述べた．吉田によれば，ポジティヴィズムも解釈主義も，自然科学を過度に物理学の手法に重点を置きながら理解した結果，誤った自然科学像を作り上げたという．ポジティヴィズムは，自分たちは（物理学のように）豊富な実験ができないと考えるコンプレックスがゆえに少しでも自然科学に近づこうと努力し，結果的に誤った自然科学像を推進してしまう．他方，解釈主義は，自然科学の豊富な多様性を見ずに，やはりそれを単純化し

すぎた像で理解し，自らはそれとは違う立場を取ると強調している．ポジティヴィズムも解釈主義も互いに，自然主義を誇張して理解していると，吉田は批判している．

第二に，吉田は，解釈主義では，「意図せざる結果」を解明できないと述べる．なぜならば，「意図せざる結果は，各行為者の意図や目的を超えている」（Yoshida 2014: 112）からであると述べる．この点に関しては，吉田の意図は必ずしも明快ではない．ここについては，後に立ち返る．

（四）　経験的研究の成果に関する批判

　これまで，比較的解釈主義に関する理論的な批判を紹介してきたが，ビーヴァー＆ローズの経験的研究（すなわち実証分析）に関する批判も多い．ここでは，そのなかでも特に詳細な批判的検討を提示したマーティン・スミスの批判と，ビーヴァー＆ローズと同じ立場である解釈主義からの内在的批判を試みたヘンドリク・ワーゲナーに関して紹介していきたい．

　マーティン・スミスは，ビーヴァー＆ローズが行ったイギリス政治に対する民俗学的フィールドワークの結果に疑問を投げかける．同じくイギリス政治行政を長年研究してきたスミスから見れば，「ビーヴァー＆ローズが彼らの民俗学から発見した事柄は，驚くほどではない」（Smith 2008: 152）とする．スミスは，「たしかにウェストミンスター・モデルは，常に神話であった」（152）と認めながらも，伝統やビリーフというものが本当にイギリス政治のケース・スタディとして役に立っているのかということに疑問を呈した（153）．

　こうした経験的（実証的）研究の少なさを強く指摘したのは，シェフィールド大学で公共政策を担当しているヘンドリク・ワーゲナーであった．ワーゲナーは，ビーヴァー＆ローズらと同じく解釈主義の立場に立つ研究者であった．ワーゲナーが指摘した点は，ビーヴァー＆ローズの研究においては，ビリーフと実践という二つの概念が完全に分かれており，不十分であると言うものであったが，その原因は，彼らの研究が注目を集めているとはいえ，それを使った実証研究が多くなく，理論として洗練されていないことにあると指摘した（Wagenaar 2012: 95）．

　スミスからの批判に対しては，ビーヴァー＆ローズは自分たちが行っている

インタビュー調査や，官庁などへのフィールドワークは，政治学では比較的ユニークなものであり，成果を挙げていると強調した（Bevir and Rhodes 2008a: 174-77）．また，ワーゲナーの批判に対しては，ビーヴァー＆ローズのアプローチにおいてはビリーフと実践は決して分けられていないし，固く結びついていると述べ，実証研究に関しても，彼ら二人を中心に豊富な業績をあげつつあると反論した（Bevir and Rhodes 2012: 202）．

第二節　諸批判に対する検討と見解

これまで，解釈主義に関する諸批判と，それらに対するビーヴァーらの回答を紹介して来た．それらの論争を我々はどう評価すべきであろうか．ここでは，この点に関しての筆者の見解を示していきたい．

まず，第一に，ビーヴァー＆ローズのウェストミンスター・モデルに対する批判的見方，つまり，それ自体は政治家や政治学者たちの見方であり，そうした客体として正確に認識しえるウェストミンスター・モデルは存在しない．つまり，全ては人々の解釈によってそれは作られてきたし，人々が作り上げた一つのビリーフ（あるいは伝統）としてしかウェストミンスター・モデルを表現することはできない，という点に関して，大きな異論があったわけではない．そういう意味では，解釈主義による「近代主義―経験主義」や新制度論に関する批判は，大いに有効であったといえる．

また，このことと関連して，第二の点として，ピータースが提起した「反証可能性」の問題を検討したい．

先に見たように，政治家も官僚も，人々が様々な解釈するという前提で，いかなる社会科学の研究の結論においても，客体と一致した認識を提示し得ることはなしえない，という解釈主義の前提に立つならば，たしかに「反証可能性」欠如という批判が，解釈主義に対して提起されてもおかしくないだろう．

ただし，ポパーの「反証可能性」とビーヴァーとの間の議論は，そう単純ではない．先述したピータースの「反証可能性」に関わる反論に関しては詳細に吟味してみる必要がある．

ピータースは，先に引用したビーヴァーに反論した部分で，「解釈を受け入

84 第Ⅰ部 本書の問題意識と解釈主義アプローチ

れる，あるいは拒否する手段がなければならない」（Peters 2016: 317）として，「反
証可能性」を理解している．よく知られているように，ポパーのいう「反証可
能性」は，仮説を設定して検証するということとイコールではない．その名の
とおり，反証の余地が明確にあると規定された仮説，つまり「拒否」できる仮
説が厳格に必要となる[4]（Popper 1968: 40-41）．ピータースがここで「受け入れる」
仮説検証でもよいと理解しているかのように取れる点は，気になるところであ
る．他方，ビーヴァーは，ポパーの「反証可能性」が単なる仮説・検証ではな
いという点を理解している．また，ポパーは帰納主義を批判しており，すなわ
ち実験・観察の繰り返しにより抽象的な仮説たどりつくのではなく，全ての科
学的発見は研究者の問題意識（価値）から始まるものであるという点を理解し
ている（Bevir 2008: 56-57）．

　もちろん，帰納主義と安易な仮説設定を排し，反証の可能性が確保された仮
説を解釈主義に求めたとしても，たしかに，解釈主義の射程は，それを満たし
ていないと言えるだろう．ただ，より根本的に言えば，解釈主義の土俵自体が，
ポパーの反証可能性論とはかなり異なるものである．ビーヴァーは，ポパーの
議論に対して，次のように，意味全体論を対置する．

　　　一つの命題の意味は，それが位置づけられる，パラダイム，諸ビリーフ
　　の網，言語ゲームに依拠すると，意味全体論は主張する．したがって，一
　　つの命題が真か（偽か）は，真となる他の命題に依拠している．意味全体
　　論は，確認と反論というこれまであった諸概念を決定的に棄却する（57-58）．

　ここで述べられているパラダイムはトマス・クーンから，諸ビリーフの網は
クワインから，言語ゲームはウィトゲンシュタインから来ている．そして，文
中の「確認と反論」とはポパーの反証可能性を意味する．つまり，ここで，ビー
ヴァーは，ポパーの反証可能正論に意味全体論を対置している．反証可能性論
と意味全体論のどちらの優劣を論じるかは別の議論であるので置くとして，
ビーヴァーの議論においては，そもそも反証可能性という考え方を肯定してい
ない．ピータースの主張は，そもそもの土俵の違いを認識していなかったこと
になる．

　ポスト構造主義的言説理論は，筆者が先述したように，一つの「森」を，美

しさの源泉，高速道路工事の障害，エコロジーの対象というように，「差異」によって複数的に見る．解釈主義も，デモクラシーを，人民主権，投票，参加や戦争の理由としても使うことができるという複数性を指摘した（Bevir 2015: 239）．このような一つの事象に対する複数的な解釈を前提する理論は，そもそも，ポパーの厳格な「反証可能性」を共有する理論的前提を持っていないと解する方がよいのではないだろうか．したがって，ポパーの「反証可能性」をいくら強く論じたとしても，解釈主義に対する批判にはならないと考える．むしろ，「反証可能性」は，ポジティヴィストの自己研鑽として重要なのではないだろうか．

　第三に，自然主義批判という点に関して筆者の見解を述べたい．ビーヴァーは，2018年の著作のタイトルが示しているように，その批判点を「自然主義」と表現している．しかし，この点は，吉田敬が示したとおり，社会科学の自然科学理解の（物理学への）偏りという問題がある[5]．多様な自然科学の研究を前提とすれば，それを「自然主義」と表現することは，かなりの危険性を孕んだ理解と言えるだろう．正確には，ビーヴァーが批判している理解は，社会科学において共有されているかのように見られる「自然主義」的理解といえるだろう．物理学的な研究だけではなく，動物観察のフィールドワークなども含めた，全ての自然科学の方法が「自然主義」だとは言い切れない．

　他方，第Ⅱ部で扱う議院内閣制の日仏憲法学者議論などにおいて，本質主義的把握が強いことは指摘でき，デュベルジェなど一部には明確に自然主義的傾向がある．しかし，それらを全て自然主義と言い切ることは，未だ論理的な手続きに不足があると考える．その意味では，筆者は「自然主義」という表現よりは，本質主義と表現した方が，近代主義，ポジティヴィズムなどに共通する視点が，より正確に把握できるのではないかと考える．

　ただ，吉田敬の解釈主義における自然主義理解の単純さという批判は理解できるものの，彼の解釈主義理解の単純さも同様に指摘できるのではないかと考える．彼は，「意図せざる結果は，行為者の意図と目的を超える」（Yoshida 2014: 122）ので，行為者の意図と目的に焦点を当てる解釈主義では捉えられないと述べた．しかし，彼の著書では主としてマートンの「意図せざる結果」の理論が検討されているだけで，個々の「意図せざる結果」例が検討されているわけ

ではない．「意図せざる結果は，行為者の意図と目的を超える」という一般論で，解釈主義を否定することはできないであろう．逆に，意図の解明だけで説明できるわけではなくても，意図の解明が必要となる「意図せざる結果」は，おそらくたくさんあるだろう．例えば，2016年イギリスＥＵ離脱国民投票時の離脱派の意図と，2019年のメイ政権による離脱協定案否決時の離脱派の意図の解明なくして，（国民投票で離脱の方向性を決めたのに，離脱協定案は全く決まらない）イギリスＥＵ離脱論の「意図せざる結果」を説明することは困難であると考える．こうした具体的ケースの検討抜きに，最初に，解釈主義は「意図せざる結果」を解明できないという一般論を置いて，意図の解明を放棄できるであろうか．

　第四に，第一の論点で指摘したように，解釈主義には既存の近代主義やポジティヴィズムの批判の論理としては，明確な利点があるが，他方で，解釈主義による政治の動きの説明という点では，現在でもなお，かなりの課題があると考えられる．その問題点に関しては，ワーゲナーが端的に指摘したように，まだまだ経験的研究，つまり実証研究が不足しているということだと，筆者は理解している．ビーヴァー＆ローズのウェストミンスター・モデル批判は，それまでの安定しないウェストミンスター理解を相対化するという点で有効であったし，その限りで，ウェストミンスターの「伝統」や「ビリーフ」という概念の有効性が可視化されたといえる．しかし，もし，その例がなく，単に伝統やビリーフの理論だけがあった場合，その説得力は格段に落ちただろう．そういう意味では，ビーヴァー＆ローズ両者の利点が示されたといえるが，他の研究に波及しなければ，実際のところ，解釈主義アプローチの有用性に関しても理解は進んでいかないであろう．

　その課題がもっとも良く現れたのが，ヘイ，マカヌラ，マーシュ，スミス，ピータースなどが共通して指摘してきた「構造」問題をめぐる論点であろう．この点に関して筆者は，当初2006年のイギリス政治学会企画での論争まで，ビーヴァー＆ローズの「構造」の位置づけの不十分さがあったと考えている．そして，後述するように，ビーヴァー＆ローズは，マーシュやマカヌラからの批判を経て，立場を若干修正しつつあると筆者は考える．

　ビーヴァー＆ローズのアプローチでは，先述したように，解釈主義とは，「解釈の解釈」，つまり，政治家や官僚たちの解釈を研究者が解釈すると言う複数

の解釈を前提としている．実際の諸研究のリアルな姿に関して言えば，必ずしも「解釈の解釈」という二段階に留まらず，幾重もの解釈が前提とされなくてはならないであろう．その際，「構造」は，結局，政治家や官僚，あるいは，社会の構成員たちという諸行為者たちに共有されることになる．ビーヴァー＆ローズがその「構造」をそのままに理論化してしまっては，（人々によって作られた制度や構造の）物象化を自分たちの理論に内在させてしまうと警戒する動機もよく理解できた．したがって，2003年・2006年の著作では，たしかに，彼らの議論の中においては，構造も制度も十分に位置づけられず，行為者重視のアプローチになっていたと，筆者も見ている．

　ただ，結局，ビーヴァー＆ローズはマカヌラに対する反論「構造を分解するdisaggregating」（Bevir and Rhodes 2006b）のなかで，「伝統」や「ジレンマ」という彼らの概念が一種の因果関係における，いわば「独立変数」的な位置にあることを認め，「伝統」「ジレンマ」「実践」「意図せざる結果」が構造の存在に重なることを認めた．彼らの立場が構造を「分解」disaggregate する（つまり脱魔術化する）のであるのなら，むしろ，虚像としての「構造」が現実にあることは最初から認める必要があったし，それを認めることは必ずしも物象化にはつながらなかったと，筆者も考える．物象化の理論的内在化を避けることと，「物象化」されている論理の現実を分解することは別である．その点が必ずしも明確になっていなかったために，多くの疑問が集中したと考える．

　物象化自体は，政治においても社会においても頻繁に起こりえることであるし，だから重要視されなくてはならないし，それを対象にすればよいことであって，その際「構造」という言葉を回避すれば，「構造」の物象化力自体が見えなくなってしまうと言えるだろう．

　もっとも，近年のビーヴァー＆ブレイクリーの著作を見ると，明らかに構造に関する先述のような議論のなかで，ある種の変化，あるいは，発展が見られるようになってきている．つまり，かなり正面から「構造」という論点に取り組みつつあるように考える．例えば，彼らの2018年の著作において「歴史は，一つの与えられた伝統や社会的背景を構成する諸実践や主観間のビリーフを通じて特定の主観を形作り，形成する」（Bevir and Blakely 2018: 31）と述べた．これは，明らかに構造のことを述べているといえるであろう．

88　第Ⅰ部　本書の問題意識と解釈主義アプローチ

　かつて，ビーヴァー＆ローズが，「権力」power という概念も物象化を内在
化させてしまうという危険から，使用を回避していたということは，既に書い
た．しかし，上記のように，2018年においては，あえて正面から「権力」の物
象化（目に見えない構造が人々の行動を拘束するということ）を描いている．このよう
に，物象化を描き，分析し，脱機能化することと，物象化を理論内在化させて
しまうことは，十分に切り分けることができる．

　ところで，解釈主義が，脱魔術化を前提としながらも構造を認め，また，先
述したように，「外界世界はあるが，私たちの反基礎付け主義的認識方法論に
おいては，私たちの世界は，諸ビリーフと民俗理論から独立してはいない」(Bevir
and Rhodes 2008b: 729) という見解を明らかにするとき，解釈主義は，マーシュ
らの批判的実在論との境界を不鮮明にさせてしまう．

　マーシュたちは，批判的実在論の立場を，次のように言う．「批判的実在論は，
ポジティヴィズムと存在・実体論的立場を共有するが，認識方法論においては，
現代の実在論は解釈主義とより一層共通する」(Marsh et al. 2018: 193)．しかし，
ビーヴァー＆ローズが「外的世界はある」と述べると，その意味においては，
批判的実在論と同じ（ないしは近い）存在・実体論的立場になる．認識方法論の
次元で既に，批判的実在論と解釈主義が共通であるとマーシュらが述べている
以上，両者は，二つの次元において「共通」した立場を取っていることになる．

　しかも，先述したように，批判的実在論のマカヌラは，自分たちは構造を分
析概念として使用するが，物象化を受け入れていないと述べた．ビーヴァー＆
ローズも，「伝統」「ジレンマ」などの彼らの用語も一種の構造であることを認
めたが，物象化の受け入れを厳しく退けた．物象化と構造に対する態度も，批
判的実在論と解釈主義は著しく似ている状態となる．

　両者を分ける境界線は，論争を通じて，著しく不鮮明になってきていると言
えるだろう．

第三節　補論　井上達夫の回答に対する筆者の返答

（一）井上の返答への謝意と，返答の整理

本書の初校に取り組んでいた所，井上達夫著『立憲主義という企て』（東京大

第三章　解釈主義アプローチの意義と課題　　89

学出版会，2019年）が刊行され，筆者の過去の著作での井上への批判に対する答えも含まれていたため，著者からご恵贈いただいた．

　拙著『ウェストミンスター・モデルの変容』（法律文化社，2012年）において，井上達夫の「批判的民主主義」論に対して，筆者はいくつかの点にわたって批判を行った．その批判に対しては，既に，井上達夫『立法学のフロンティア〈１〉立法学の哲学的再編』（ナカニシヤ出版，2014年）において一度回答をいただいた．また，その後，雑誌『法の理論』33・34号で，筆者の議論も話題にされたことも承知している．今回の回答の内容は，基本的に2014年と同じものであるが，そういう場合でも必ず知らせようとすることは，学術的議論に対する真摯な態度であると言えよう．批判的に引用しても知らせようとしなかったり，筆者が発表した知見に酷似した見解を引用不充分で掲載したりする論者も散見される中[6]，井上は必ず批判的議論を行うときには論者に対して知らせてくる．謝意を申し述べたい．彼が大切にする「反転可能性」を，彼は実践している．

　『立憲主義という企て』を筆者が得ることができたのは数日前であるし，初校の締め切りまで日もないことから，全面的に井上の回答に対する返答はできないものの，今回の筆者の著作は，解釈主義という哲学に関する部分もあり，井上の議論とは共鳴すると共に，ぶつかる部分もある．また，井上の2014年の回答を得た時と比べて，筆者の認識が前進した点もある．したがって，本書に関わる論点に絞って，筆者の考えを述べたい．

　この第Ⅰ部で扱った解釈主義哲学は，井上が『立憲主義という企て』において取り上げた唯名論に属する考え方である．井上の著作において，これまで，彼の師である碧海純一の議論を取り上げる中でたびたび主観主義が取り上げられていたが，『立憲主義という企て』においては，──もっとも，井上は同じ頁でその限界も指摘するものの──「『法の本質』なるものは先在しないという唯名論的規約主義の『批判的主張』は正しい」（井上 2019: 7）と，より積極的に評価した．

　ただ，これは筆者からすると，驚きであった．なぜならば，筆者の理解からすると，唯名論は，彼の答責性理解に対立すると思われるからである．

　拙著『ウェストミンスター・モデルの変容』においては，井上が，答責性を果たすための選挙制度として小選挙区制を想定したのに対して，筆者は，必ず

90　第Ⅰ部　本書の問題意識と解釈主義アプローチ

しも，井上が言う答責性と小選挙区制とがリンクするわけではないと述べた．
『立憲主義という企て』において，井上は，「小選挙区制が批判的民主主義の目
的を完全に実現できるわけではないように，比例代表制が批判的民主主義の目
的と完全に背反するわけでもない．しかし，この目的への接近度が相対的によ
り高いのは小選挙区制の方であるという想定は一般的には不当とはいえないで
あろう．比例代表制の方が小選挙区制よりも逆にこの目的への接近度が一般的
に高いということまで証示するような経験的証拠を小堀も提示していない」（井
上 2019: 72）と，筆者の批判に返答した．

（二）2016年イギリス EU 離脱国民投票から2019年のメイ政権の迷走

　井上の求める経験的証拠というまでには至らないが，一つの最近の興味深い
例を挙げることはできる．それは，2016年 EU 離脱国民投票，そして2017年の
イギリス総選挙，そして2019年のメイ首相提案の離脱協定案の三度の否決とい
う事態である．

　まず，簡単に経緯を示したい．2016年にイギリスで EU からの離脱か残留か
を問う国民投票が行われた．命題が明確であり，法律的には過半数で決定とい
う要件はなく諮問的な国民投票ではあったが，投票者過半数による意志が示さ
れたという点では，井上の言う「答責性」が最も確保される事例だと言っても
よいだろう．この結果において，72.2％の投票率の中で，51.9％が離脱に投票し，
48.1％が残留に投票した．この国民投票に対しては，今や慣習となっていると
言えるが，内閣の連帯責任が解除され，主要政党内においても，党の方針にと
らわれずに，各人の態度を表明して運動することが許された．

　離脱が過半数となったことで，残留を支持して運動をしていたデイヴィッド・
キャメロンは，首相を辞任することを表明した．この後，保守党内の選挙によっ
て党首となり，庶民院で過半数議席を持つ政党のリーダーとして女王から首相
に任命されたのは，テリーザ・メイである．彼女は，しかし，国民投票時に，
運動には加わらなかったが，「残留」支持を表明していた．

　メイは，彼女の政権においては，国民投票で示された民意を実現するために，
国益を維持してスムーズな「離脱」を目指すと述べた．そして，彼女は，当初，
政府の権限でリスボン条約50条に基づく EU「離脱宣言」を行おうとしたが，

企業家ジーナ・ミラーの提訴により，高等法院，最高裁で，議会立法なしに政府は離脱宣言できるのか否かということが問われた．この訴訟に関する判決は，高等法院，最高裁ともに，議会立法 an Act of Parliament がなければ，政府は離脱を宣言できる権限を持たないと判示された．メイ政権は，この判決に従い，議会で法案を通過させ，君主の同意も経て，法律を成立させた．そのうえで，2017年3月に，2019年3月末を期限にイギリスがEUを離脱すると宣言した．その後，メイは，4月に突然，解散総選挙を行う方針を明らかにした．その後，2011年固定任期議会法第2条第2項に基づいて，解散を庶民院に提案し，3分の2を上回る支持で可決され，解散・総選挙となった．

　この時，メイ保守党の総選挙マニフェストは，「イギリスは，我が国とその人々のために，最善の離脱具体案を得るために，強く安定した政権を必要とする」(the Conservative Party 2017: 1) と述べた．メイの戦略は，明らかであった．それは，EUとの間で，離脱にかかわるイギリス負担金支払いなどをはじめとする困難な諸論点がある一方，メイ政権の過半数は，プラス6でしかなかった．そこにおいては一定の保守党議員の造反行動が予想された．それゆえ，メイは，過半数を増やすために，労働党の支持率低迷を見て，総選挙を決断したのであった．しかし，その6月の総選挙の結果，メイ政権は13議席減らして，何とか第一党は確保したものの過半数を8議席割り込む318議席に減らしてしまった．選挙後，メイは，北アイルランドの民主アルスター党の支持を得て，連立ではなく，少数政権の首相に留まった．

　EUとの交渉の末，メイ政権は，イギリスがEUを離脱しても，貿易，EU内英国民の地位，英国内EU国籍者の地位，(特に北アイルランドの) 国境管理などについて，スムーズで混乱を回避する離脱を目指して暫定協定案をEUと妥結した．EUとのこの協定案が，2019年1月から3月まで，三度庶民院で討議に付され，三度とも否決された．結局，このメイの離脱協定案はイギリス議会では受け入れられず，メイは6月に辞任を表明し，保守党は党首選挙を行い，7月に新党首を決定した．新首相ボリス・ジョンソンは，EUとの合意なしの離脱を選ぶ公算もあり，そうなると，貿易，EU内英国民の地位，英国内EU国籍者の地位，(特に北アイルランドの) 国境管理などで，問題が噴出する可能性が指摘されている．

（三）変化する「離脱」の意味

　少し長くなったが，上記の例は，答責性の有効性を検討するうえで，一つの検討材料を提供していると考える．ここで重要なのは，①国民投票は「離脱」を選び，②小選挙区制は，北アイルランド民主アルスター党の支持に支えられた少数政権としての保守党を選んだということである．

　それぞれについて見ていきたい．まず①である．国民は「離脱」を選んだ．しかし，ここでの「離脱」像には，新聞報道などで，既にその多様性が何度も言及されてきた．たとえば，移民が入ってこなくなるので，「離脱」を支持するという人々もいれば，医療や教育によりお金をまわせるので「離脱」を支持した人々もいる．「離脱」してもヨーロッパと仲良くすべきだという「離脱」派もいれば，「離脱」して英連邦や米国と緊密になればいいという人々もいた．つまり，もともと，多様な「離脱」派がいたが，その多様な支持理由が「離脱」という一つの言葉の答えになっているというポイントがあった．2018年から19年にかけて，メイ政権は，自国経済や貿易や国境管理にとって障害が少ない「離脱」を目指して，先述のように EU と交渉した．この交渉の段階で，既に不協和音があった．つまり，メイは離脱しない「離脱」を目指しているという保守党内からの不満であった．結局，彼女の「離脱」方針に，多くの保守党議員が2019年の議会採決で反対票を投じた．つまり，2016年の「離脱」像は，2019年のメイ政権の「離脱」像と，異なっていたのである．言葉と内容には，一対一の関係がない．

　この場合，「離脱」という答えは，物質的な事物ではなく，言葉である．この場合でいえば，「離脱」という言葉である．この言葉に，上記のように様々な意味で支持や批判があり，それぞれの人々が，彼らの主観で，この「離脱」という言葉を理解する．つまり，この時点で，「離脱」という言葉は一つでも，彼らの主観が持つ「離脱」のイメージや理解は異なる．井上の「答責性」では，「離脱」という答えが決まった以上，替えや変形は許さないと思うだろう．しかし，現実は，井上の要求を超えて，様々な「離脱」を許してしまう．

　そして，さらに，メイは，2016年に国民投票で投票過半数が支持した「離脱」を，経済や貿易，国境管理になじむ「離脱」へと意味変換してしまった．この意味変換は，ある意味，無謀な方法で「離脱」して国益を失うまいとする，政

治家メイとしての責任であったであろう．しかし，「離脱」の意味は変わったのである．

　本書は，こうした主観的な見方に関して，いくつか議論している．第二章第二節（二）において，筆者は，E. H. カーの次のような表現を引用したが，ここにおいても関係しているので，再び引用したい．カーは，「見る角度が違うと，山の形が違って見えるからといって，もともと山は客観的に形のないものであるとか，無限の形があるものであるとかいうことにはなりません」(カー著，清水訳 1962: 34) と述べた．カーは，歴史家による歴史像の違いを強調した学者であったが，同時に，客観的な存在として歴史があると上記のように理解した．しかし，ここで重要なことは，やはり，山は見る角度によって変わるということである．富士山に宝永山があるかないかは角度によって異なる．山そのものは変わらないが，やはり，人の主観から見れば，それは変わるのである．政治は，そうした主観からなる人間たちによって作り上げられる．真の姿を空撮して有無を言わさずに全員に納得させ，答えの解釈を排し，意味を確定するということは，政治においてはできない．

　井上が『立憲主義という企て』において評価した唯名論の哲学の一つである言説理論も解釈主義も，既にみたように，社会科学が対象とする同じ一つの出来事を複数の角度から見ることができると論じている．つまり，上記のような現実をより説明できるのは，唯名論的な哲学かもしれない．

（四）「批判的民主主義」と「小選挙区制」のリンクの問題

　次に，②の論点に移りたい．ここでも，井上の答責性は困難に直面する．メイ政権が，党内「離脱」最右翼から，「離脱しない離脱」を目指していると非難された理由は，2017年の総選挙結果，すなわち小選挙区制による選挙の結果にもある．まず，小選挙区制にもかかわらず，単独過半数政権は誕生しなかったという事実がある．誕生したのは，単独少数政権であった．イギリスでは，庶民院で多数の議席は得ているが，過半数を制することのできなかった政党が，政権信任と予算関連法案支持などに関してのみ他党と合意して過半数を維持し，連立ではなく，単独政党少数政権を構成する場合がある．2017年のメイ政権は，北アイルランドの民主アルスター党とこの合意をして，政権を維持した．

94 第Ⅰ部 本書の問題意識と解釈主義アプローチ

そして，メイは，国境問題に関しては，政権を維持するために，北アイルランドの国境問題に配慮せざるを得なかったのである．「離脱しない離脱」と批判された事情は，彼女の信条も関係するかもしれないが，もっと明確には，過半数が取れなかったメイ政権の民主アルスター党への配慮という問題もあった．民主アルスター党は，厳格な国境管理を北アイルランド・アイルランド共和国間で復活させることを望んでいなかった（他方，困ったことに，イギリスのEU離脱後の「裏口」となることも拒絶している）．

　近年，イギリスは，北アイルランド，スコットランド，ウェールズでは地域政党が強い．したがって，保守党・労働党という全国政党は，残りの約80％内で全国過半数の議席獲得を目指さざるを得ない．単独過半数政権へのハードルは近年強まり，過去3回の総選挙では2回の選挙で単独過半数政権ができていない．つまり，まず井上が想定する答責性への「接近度が相対的により高いのは小選挙区制の方であるという想定は一般的には不当とはいえないであろう」という仮説が機能しなかったのである．井上は，自分は哲学的な原理の問題を言っており，直接的な政治的帰結を論じているのではないというかもしれない．しかし，筆者は，この例の中から，哲学的な原理が社会においてどういう態様を取ることになるのか，を見る手がかりは見つけられるかもしれないと考える．

　答責性が機能しなかった理由は上記のように簡単である．イギリスが一つの均質な国ではなかったからである．歴史的事情から，スコットランド，ウェールズ，北アイルランドという個別性があり，その個別性は近年より強まってきた．井上は，批判的民主主義と小選挙区制とのリンクに関心があるかもしれないが，想定していなかった別の変数が顕在化し，その結果，小選挙区制という論理が持つ特性が発揮できなくなったわけである．言い換えれば，井上の批判的民主主義の仮説は，均質な一国を想定しており，そこに地域的・民族的・文化的な様々な亀裂可能性を想定していなかったことになる．このようなことは，ことさら特異性 anomaly という言葉で説明する必要もないであろう．日本でも，大阪府や沖縄県のように特定の地域政党が強いことはありうる．妥協しようとしない地域を抱える国々は，決して特異ではない．

　井上は，批判的民主主義という論理から，直接，小選挙区制という論理との関係を導き出そうとするが，上記の一現実が端的に示すように，実は，その二

つの論理の間に，実に多数の論理（変数）が出現する可能性があるわけである．人間は，その予想を簡単にはできない．実際に，事態が動き出すと，それまで見えてこなかった様々な論理（変数）が噴出してきて，想定外のことが起こる．批判的民主主義と選挙制度という二つの論理（変数）だけで動いているわけではない．だから，両者は直結しないのである．

　しかも，それは論理である．物質的なものではない．あるときには全く見えていなくても，その後，人間の頭の中の思考が，新たな論理を作り出す．その論理が物象化し，強固に人々を拘束し，行動を喚起するようになれば，当初の想定は破られる．スコットランドの独立運動は，100年前には基本的に存在しなかった．しかし，それは戦後のイギリスのなかで事実上作られ，1980年代のサッチャー政権下で大きく成長した．論理は人間が作る．新たにも作り出せる．その結果，人口の約１割を占めるスコットランドで地域政党が議席の大半を占める事態が近年続いてきた．そういう事態を，それ自体も一つの論理である答責性で縛れるであろうか．縛るとすれば，未来に起こることを全て予想し，その一つ一つの論理（変数）に答えを確定することで，反証可能な命題を作り，その主体的責任を誰かに追わせ，明確化しなければならない．そんなことができるのであろうか．

　答責性を厳しく設定し，反証可能性を明示するというやり方は，ポパーの反証主義を連想させる．実際，井上は，過去の著作でポパーから影響を受けたことを書き，その脈絡で，彼の可謬主義について述べている（井上 2015: 82）．ちなみに，本書は，この論点にも触れている．本章第二節でみたように，マーク・ビーヴァーは，この点で，ポパーの反証可能性をいくら示したところで，解釈主義哲学の批判にはならないと述べた．そこには，根本的な土俵の違いがある．

　ただ，筆者は，ポパーの反証主義と井上の答責性には異なっている点もあると考える．ポパーの反証主義は，明らかに科学的仮説を問題にしているが，井上はそうではない．ポパーは，設定があやふやなため，どういう検証結果が出てきても，決して破られない仮説は無意味であり，科学的仮説とはいえないということを強調する．

　それに対して，井上の答責性は，ポパーとは異なり，その次元を政治一般にまで拡大する．そうすると，当然のことながら，科学的仮説の世界とは全く様

相が一変する．仮説を科学的ならしめるためには，余計な変数を制御したり取り除いたりして，なるべく分析を純化できるようにしなければならない．しかし，井上の答責性は，批判的民主主義から小選挙区制という政治制度までをもリンクさせてしまう．そうなると，ポパーの反証主義とは全く逆の方向を歩むことになる．批判的民主主義と小選挙区制は，その間に挟まった数々の別の変数（地域的分裂や言語的分裂，そもそもの公約のあいまいさなど）によって，そのリンクを不鮮明にしてしまう．批判的民主主義と小選挙区制という二つがリンクするのか否かを判定する以前に，まともな検討ができない．結果として，批判的民主主義と小選挙区制がリンクしないということも，リンクするということもいえないため，ある意味で，「不滅の」命題になる．ポパーは，それを批判したのではないだろうか．問題を純化すべき科学命題と，複雑に様々な問題が絡み合った政治現象を，同じように考えることはできない．もちろん，政治学においても，仮説を使うポジティヴィズム的研究はたくさんあるし，数的にはそれらが圧倒的である．だが，彼らの研究においても，独立変数と従属変数の関係をクリアにするため，常に相当の努力がある．井上は，科学的仮説と政治的現実という土俵の違いをあまりにも気にせずに，仮説を設定してしまったといえるだろう．

　結局，批判的民主主義と小選挙区制は，ともに，明確な結果を伴いやすいという論理を，井上が「似ている」と考えた．それが，井上の答責性論ではないかと考える．そうした論理の問題を，政治一般にまで広げていくというのが井上の議論方法の特徴であるが，それを科学学説として議論していくのであれば，上記のように，両者の間に挟まる不純物を除去して議論しなければ正確な結果は出てこない．それなしに，範囲を政治一般にまで拡大すれば，両者とは異なる価値（論理）が挟まり，両者の関係は見えなくなる．この問題を解決しなければ，両者の関係に対する分析は，井上の価値判断による類似性の主張だけで終わってしまう．

注
　1）　政治や社会の動きを説明する際に，構造に重点をおいて考察するのか，個々の行為者に重点を置いて考察するのかに関しては，「構造―行為者」問題として既に多くの議

第三章 解釈主義アプローチの意義と課題　97

論がある．例えば，McAnulla 2002: 271-291を参照．

2）　例えば，2016年に *The Oxford Handbook of Historical Institutionalism* が刊行されているが，そのなかで，ビーヴァー＆ローズに関して触れられた箇所はなく，ビーヴァーのみがほとんど解釈主義とは異なる文脈で参照された一箇所があるのみであった．新制度論とはやや異なる視角ではあるが，政治学研究の複数主義的方法という点からの批判は，Raadschelders 2016がある．ただ，ラーズシェルダーの主張は解釈主義もポジティヴィズムから学ぶべきであると言う点にあり，必ずしも解釈主義の内容に対する反論とはなっていない．

3）　よく知られるように，ガイ・ピータースは，アメリカ政治・行政分析を専門とした研究者で，新制度論者を自任している．彼の著書は，日本語にも翻訳されている（ピータース 2007）．

4）　むしろ，近年しばしば日本の社会科学の一部では定式されてしまった感のある「仮説がなければ論文ではない」という類いの見方は，明らかに「反証可能性」とは異なる見方であり，そうした俗流の誤解を経た仮説設定が「作法」になった状態は，ポパーが主張したことではなく，むしろ批判したことであると言えよう．

5）　ただし，吉田敬の議論においては，自然科学と社会科学の哲学的違いを強調する解釈主義の過度の単純化が批判されていたが，では逆に，どの程度共通しているのか，どこが違うのかに関しては，彼の著作でも必ずしも説明がなされていない．そういう意味では，解釈主義者たちの過度の単純化という epistemological な問題に関して実質上焦点を置いて書かれており，社会科学と自然科学の見方の違いとは何であるかという ontology には十分触れられていない．また，ontology を議論せずに，epistemology に専心するという傾向は解釈主義に良く見られるものであり，実際，吉田敬の議論では解釈主義研究者がどのように社会を見ているのかが詳しく述べられていた．これは，実質的には解釈主義ではないであろうかという感想を持った．

6）　拙著『ウェストミンスター・モデルの変容』（法律文化社，2012年）162頁において，「実際に自由に議会を解散してきた実績を持つ国は，カナダ，デンマーク，ギリシャと日本の4か国だけとなった」と書いた．筆者は，上記知見を得るために，欧州の事例を中心に40本程度の外国語論文を読み，各国の憲法（基本的に全ての国で英訳はある）を読んで得た結論であった．『ウェストミンスター・モデルの変容』では紙幅の関係もあり，数ページに分析を凝縮したが，依拠した文献は挙証している．この時点で，（筆者の見る限り英語文献においても）先行研究にこうした各国の解散事例を調べたものはなかった．

　　ところが，近年，上記の筆者の知見に酷似した見解が，ある憲法学者によって複数回，筆者の名前も出さずに使われている．解散事例に関して，「など」としながらも上記のような「4か国」を特定した結論に達しうるためには，多数の文献の引用が必要なはずであるが，その憲法学者は引用なしにその見解を述べたり，上記の筆者の知見を多数回引用した文献を引用して，しかし筆者の名は出さず，その見解を述べたりしている．

引用がなかったり，不充分であったりする中で，「4か国」が特定されている記述は筆者には不可解である．正しい引用元を示すか，自分自身で得た結論だというのなら，エビデンスを示して論証すべきであっただろう．学問の自由や法の下での平等を損なおうとするのは，常に政治的権力だけであるとは限らない．この件に関して，民衆のための憲法を築くために，筆者は，民衆の「不断の努力」の一環として取り組む．全ての研究者は，誇りある平民である．

第Ⅱ部

イギリスにおける内閣の「自由な解散」論と
一元型議院内閣制の再検討

第四章

問題意識と射程

　第Ⅱ部で対象とするのは，イギリスにおける「自由な解散」論と一元型議院内閣制の再検討である．解釈主義の言葉では，この二つのテーゼは，第Ⅰ部で示してきたビリーフであったといえるが，戦後の有力な憲法学者たちが占めた重要な位置やその説得力によって，憲法学だけにとどまらず，政治家や官僚たちにも影響を与えた．それは，第Ⅰ部においてビーヴァー＆ローズが唱えた「伝統」tradition になったといえるだろう．

　しかし，以下に検討するように，この二つのテーゼは，イギリスにおいては，共有されたとは言いがたかった．本書で述べる明確な文献的証拠に依拠して言うならば，イギリスの憲法学において，この二つのテーゼは存在していなかった．逆に，上記の一定数の憲法学者たちが主として依拠したフランス憲法学の大家たち，特にカレ・ド・マルベールやルネ・カピタンたちの間では，イギリスの「自由な解散」論は，そうした明示的な表現はなかったものの，同一の意味において理解されるものは幾度か述べられてきた．また，後者の一元型議院内閣制に関しては，ルネ・カピタン以来，その言葉の意味で理解される一元型議院内閣制と呼べるものが，後に見るように，フランス憲法学の中には確かにあった．そういう意味では，日本の一定数の憲法学者たちは，このフランス憲法学の大家たちの眼によって，イギリス憲法の諸原則を理解したと考えていたのだろう．しかし，フランス憲法学の大家たちも，日本の一定数の憲法学者たちも，「イギリスにおける自由な解散」論と一元型議院内閣制のイギリスでの存在に疑問を持ち，それを調べて見ようという取り組みを，ほとんどしようとはしなかった．

　第Ⅱ部では，こうした二つのビリーフが，「イギリスから学んだ」とされながらも，実際には（君主の役割に関する理解において）イギリスとは大きく異なっ

たフランス憲法学のビリーフによって作られたことを，文献的にたどることによって，明らかにする．また，そういう意味でいえば，戦後日本憲法学のなかで，イギリスにおける内閣の下院の自由な解散という理解も，イギリスの一元型議院内閣制という理解も，思想的系譜においては全くイギリスのそれを受け継いでいないという点で，正しいものとは到底言えないが，第Ⅱ部においては，なぜそうした思考に日本の憲法学の主要な学者たちが陥ったのかということについても，掘り下げてみたい．それは，「西洋近代」という言葉にも代表的に表されるように，英仏のアプローチの違いを視野に入れてこなかった理解を，戦後の有力な憲法学者たちが共有してきたことが，原因として大きく影響していると言わざるを得ない．

　英仏の憲法学者の代表的な論者に限定するのであれば，（少なくとも日本において議院内閣制と呼ばれる部分に関しては）英仏両国の憲法学者の方法論的理解は，対照的であったといえる．そして，その方法論的違いは，1924年のロベール・レズローブによって基本的な点は示されている．にもかかわらず，そのレズローブは，日仏の憲法学者によって徹底的に批判されてきた．その批判に関しては，当然，その時代の学問的展開があり，それぞれの時代の学者の問題意識などに依拠しており，それも歴史の一部を構成している．その幾多の論点に関しては，筆者は論評するつもりはない．ただし，英仏にまたがる方法論的違いをレズローブは視野に入れていた．

　しかし，その後の日仏の憲法学者は一貫して，本質主義（すなわち，自然科学と同じあるかのような「法則」が支配する理解）によって，イギリスの経験主義的な法学理解を考慮に入れてこなかった[1]．日仏の憲法学者は，イギリスの政治家や官僚たちの意識や理解を重視せずに，首相や閣僚たちが「事実上」自由に下院を解散してきたと理解し，その権限は一元型であると理解してきた．それに対して，イギリスの憲法学者は，形式的かつ実質的権限が君主に存するかどうかは議論しないという態度を，共有してきた．この違いを日仏の学者たちは軽視した点を指摘するつもりである．

　なお，こうした理解に関して探求していくことは，いくつかの重要性がある．第一は，決して，日仏英の憲法学者の理解にとどまる重要性を持つものではなく，日本の政治学においても重要な影響を与える可能性がある．

日本の政治学者は，さかのぼること明治以来，内閣と議会の関係の規範的な関係，すなわち議院内閣制に関しては，一貫して文献を書いてこなかった．しかし，その態度は，第Ⅰ部で書いたような近年の政治学における「新制度論」的な問題意識の高まりや文献の急増との矛盾を起こしてきたといってもよいであろう．政治家と国会との関係は，常に政治的話題の中心的テーマの一つであったし，何より，制度的な問題であった．

　そういう背景もあってか，近年の政治学においては，議院内閣制を扱う文献が増加している．例えば，2015年に，川人貞史は，『議院内閣制』と題する著作を発行した．そこにおいては，新制度論が前提とされており，実際，川人は同著において合理的選択主義的な制度論で内閣を分析した（川人 2015：6）．同年には，待鳥聡史の『代表制民主主義』も発行され，そこにおいては，議院内閣制を委任と責任の連鎖として描いた（待鳥 2015：41）．両書とも，本書が対象とする一元型・二元型議院内閣制という区分を自明のものとして受け入れて描いてきた．しかしながら，客体としての制度を前提として，価値中立的に議院内閣制を描く一方，他方で，日仏のビリーフによって構成された議院内閣制理解を無前提に受け継ぐことに，問題はないだろうか．

　2018年には，高安健将も『議院内閣制——変貌する英国モデル』という著作を刊行した．同著では，多数決的民主主義優位の形から権力分立的民主主義の方向への過渡期の過程として議院内閣制が捉えられた（高安 2018）．ここでは，民主主義の優位性を追求する一元型の考え方よりも，権力分立的動きの検討を通して，民主主義の限界に着目する．

　議院内閣制に関して，長年，日本の政治学においては研究文献が刊行されていなかったことを考えると，議院内閣制研究は活況を呈している，といっても過言はないだろう．しかし，イギリス的な議院内閣制論と日本的な議院内閣制論との理解の異同に関して，奇妙なことにほとんど話題とはされてこなかった．

　第二の重要性は，こうしたイギリスにおける内閣の自由な解散論と一元型議院内閣制理解は，政治家や官僚たちに影響を与えてきた点にある．

　実際に，日本国憲法起草当時の法制局メンバーとして関わった入江俊郎は，「解散については専らイギリス流の議院内閣制の考え方で終始しておったのであります」（入江 1976：233）と，日本国憲法の衆議院解散制度がイギリスをモ

104   第Ⅱ部　イギリスにおける内閣の「自由な解散」論と一元型議院内閣制の再検討

デルにしたことを認めた．同じく法制局のメンバーとして起草に関わり，後に憲法学者となる佐藤功も，「少なくとも内閣と議会との関係においては，日本国憲法はイギリス的議院内閣制をとりいれていると言ってよい．なおこの問題は，君主制と解散制度との問題でもある」（佐藤 1953：162）と述べた．もっとも，イギリスの制度を日本国憲法に取り入れたという両証言は，たしかに，日本国憲法起草時の日本側の認識を表しているといえるが，共に，イギリス型を取り入れているエビデンスを出していない．むしろ，イギリス型であるのは自明であるという風にも読める．

　政治家の場合に，イギリスの議会解散に関する理解が表明されたケースは，多くない．しかし，その「抜き打ち」的解散の多さは，他の国々と比較した場合特徴的である．重要法案の採決敗北や任期満了が近い場合でもなく，また，解散時の経済指標やその予想との関連もあまり見られず，[2] 予想外の解散による最大利益を追求しようとする衆議院解散事例（1952年，2014年，2017年）が多い点では，日本は特徴的である．[3] 英語圏では，snap election という表現があるが，英語のこの表現は，必ずしも，日本で度々用いられる「抜き打ち」的解散を意味するものではなく，比較的幅広い意味で使われている．日本の上記事例と同様に，野党の準備不足を主として狙った例としては，1984年のニュージーランド・マルドゥーン政権の事例が有名である．当時の首相ロバート・マルドゥーンは，インタビューに対して答えた中で，野党の準備が整わないうちに解散するという本音を，かなり酒に酔っぱらった状態で語り，テレビもその様子を全国中継した．[4] これには多くの批判が集まり，逆に，野党労働党が選挙で大勝して，政権は交代した．ただ，これとても，任期満了の4か月前に前倒しのみで，政権の解散権限をフルに活用して選挙勝利を狙った度合いとしては軽い．

　日本の政治家のなかでも，衆議院解散に関して，比較的明確な考え方を示してくる政治家たちもいた．例えば，岸信介（当時首相）は，日本の議院内閣制とそこでの衆議院解散に関して，「この議院内閣制度の発達したヨーロッパのイギリスその他の国の発達の沿革」を学んで取り入れたという考えを，参議院で野党の質問に答える形で述べた（参議院予算委員会1958年3月8日）．また，岸信介は，その月の別の衆議院での答弁で，「憲法の解釈として，いわゆる六十九条による場合に解散ができることは当然でありますが，その場合だけに限ると

いう一部の学説もあるようでありますが，しかし議院内閣制度の本質から見て，憲法七条の規定による解散が政府においてできるということにつきましては，私は憲法解釈上の学者の通説だと思います．多数の学者がそういうふうに説いておりますし，また従来からの慣行もさようになっております．私は憲法の解釈としてはそういう一般の解釈と，それから慣行を尊重して参りたい」（衆議院予算委員会1958年3月26日）と述べている．ここで岸は，七条解散を政府ができるという理解は憲法学者の「通説」であり，それは「議院内閣制度の本質」であり，「従来からの慣行」であると述べている．1950年代の憲法学者の「通説」といわれている以上，後にみる宮沢俊義を初めとする憲法学者の説が念頭に置かれているものと考えられる．

　さらに，首相の解散権行使という意味では，やはり，1986年の中曽根康弘（当時首相）による衆議院の解散，いわゆる「死んだふり」解散が有名である．この前の年1985年7月，最高裁判所は，衆議院に関して公職選挙法が定めた区割りでは，「一票の較差」が違憲状態にまで至っているという判決を出し，中曽根政権は，衆議院の定数是正を実行する前に衆議院解散をできるかどうか，が争点になっていた．結局，中曽根は，日程に余裕のない衆議院の議長裁定が出されて，定数是正法案が成立しても解散はできないという「弱気」を情報として出し，新聞各紙に報じさせながら，「空白の一日」を衝いて，抜き打ち的解散の助言を行い，6月に予定されていた参議院選挙と合わせて，衆参同時選挙が行われた．この解散衆議院選挙は，1980年の大平内閣不信任案可決を受けての衆参同時選挙とは異なり，中曽根の意図的な解散権行使により行われたものであり，参議院選挙独自の意義をないがしろにするものとして議論が噴出した．この過程で，中曽根は，衆議院解散に関して重要な見解を表明する．それは以下のようなものであった．

　　定数是正前の衆議院解散権の行使につきましては，前から申し上げているとおり本来，解散権は，憲法が国政の重大な局面において民意を問う手段として内閣に付与した基本的に重要な機能でございます．憲法上，解散権の行使を制約する規定はございません．なお，解散権の行使とこれに伴う総選挙の施行とは，それぞれ別の規定に従って行われる別個のものであ

る．こういう理由によりまして，法律的には制約はされません（衆議院本会議1985年10月16日）．

つまり，7月の最高裁による「違憲状態」判決を受けてもなお，中曽根は，解散権の政府による行使は，憲法上の権限であり，（たとえその公職選挙法が違憲状態と判示されても）「法律的には制約されない」という見解を示したのである．まさに「自由な解散」権限の行使の表明といえた．また，この時の官房長官であった後藤田正晴も，後に，「衆院解散権を持つ内閣を構成している政党が自党に一番有利と判断した時期に議会を解散するというのが，政党政治の各国の例」（後藤田 1989：197-198）であると述べて，抜き打ち的な同日選を狙った解散を正当化した．特に，彼のいう「各国の例」には，イギリスの例も入っているだろう．やはり，政治家たちが根拠にしたものの一つとして，日本における「イギリスの内閣による自由な解散」像が影響していたことを，否定することは難しいであろう．

このように，日本においては，内閣（そこにおける首相）による衆議院の自由な解散というビリーフは，政治家や官僚たちに共有され，その彼らの理解には，「イギリスでは解散は何の制約もなく自由に行われている」という理解が（どこまで正確であるかどうかにかかわらず）下敷きとしてはかなり共有されていた，といえよう．

イギリスにおける内閣による「自由な解散」論と一元型議院内閣制という日仏の憲法学者に共有された理解を研究する第三の重要性は，イギリスを除くヨーロッパ諸国における議院内閣制の普及過程と重なる点がみられるからである．

イギリスの議院内閣制は，仏独の議院内閣制導入に大きな影響を与えたといわれる．しかし，仏独の議院内閣制においては採用されなかったポイントがあったといわれる．その一つが，まず，議会における君主の位置づけであった．イギリスでは，君主は行政権力を構成する主体として存在する一方，議会においても，庶民院，貴族院とならんで構成メンバーであった（英語では Crown in Parliament と呼ばれる）．しかし，仏独では，こうした君主，あるいは大統領は，議会の構成メンバーとはならなかった．また，こうした君主や大統領と，首相

や内閣との関係は，イギリスとは異なり，憲法上明記された．こうした過程を，1930年代に，ボリス・ミルキヌ−ゲツェヴィッチは議院内閣制の合理主義化 le rationalization du régime parlementaire と呼び，彼は議院内閣制を合理主義的かつ論理的に捉えなおした．彼は，1936年の著作で，「権力の合理主義化の原理は，民主主義の原理と同一視されうる．それはすなわち法の支配である」(Mirkine-Guetzévitch 1936: 46) と述べた[5]．つまり，議会を選ぶ人々から民主主義を導き出し，それにより議院内閣制を正当化するという極めて論理的な方法によって，もはや君主の役割はそこにはない形で，議院内閣制を理解した．しかし，それは，イギリスの方法ではなかった[6]．

のちに見るように，議院内閣制から君主の役割をほぼ落としてしまう理解の仕方は，日本の憲法学者の理解と重なる部分があった．イギリス以外のヨーロッパ諸国でも，日本でも，イギリスから議院内閣制を輸入する際に，君主の存在は理論的には落とされてきた．そういう点で，ミルキヌ−ゲツェヴィチの述べた「議院内閣制の合理主義化」は，日本にも重なる部分がある．この部分を検討する意味でも，本研究の重要性がある[7]．

第四の重要性は，上記のような民主主義から演繹された議院内閣制の合理主義的把握によって，かえって民主主義が失敗した場合のリスクに関して，非常に無防備になった要因の一端を，本研究は明らかにすることができると考えたからである．

カレ・ド・マルベールに非常に明瞭であるが，後に見るように，フランスの憲法学者は，モンテスキュー以来の権力分立を非常に強く批判してきた．それは，民衆の代表である立法府から選出された執政府に強い権限を与えることを正当化し，また理想化し，その対極として，権力分立をみてきた．そのカレ・ド・マルベールの見地を受け継いだ樋口陽一も共に，議院内閣制を権力分立の結果としてみることを徹底的に批判してきた．しかし，その論理からは，権力の分立を肯定的に見ることは理論的に難しくなる．

他方で，近年，安倍政権の下で，安保法制の導入や加計・森友問題などでの恣意的な司法行政運営などを通じて，議院内閣制に権力分立と立憲主義を対置する議論が憲法学者から強く出され，樋口陽一もその論陣を張ってきた．ただ，それは彼の理論的発展から見ると矛盾するとみることもできる．実際，イギリ

スの代表的な憲法学者の一人，A. W. ブラッドリーらによれば，「立憲主義と議院内閣制は，しばしば，本質的な同盟相手というより，潜在的なライバルとして見られてきた」(Bradley et al 2007: 2) と指摘されている．この点は，日本の憲法学や政治学の中であまり指摘されてこなかった．

　この第Ⅱ部では，上記のような重要性と関連する2つのビリーフ──イギリスにおける内閣の「自由な解散」論と一元型議院内閣制論──を再検討することが課題であり，この二つのビリーフが本当にイギリスの憲法理解の中で共有されてきたのかを検討していく．イギリスにおいて二つのビリーフが共有されていたのか否かに関しては，イギリスが不文憲法の国であるということから，イギリスの憲法学者たちがどう理解してきたのかということが最も重要になる．

　もちろん，政治家の理解も重要であるが，イギリスの憲法学者たちは後に見るように，すでに政治家の伝記や文献，議会議事録を使って論じており，また，A. V. ダイシーの場合が典型的であるが，そうした憲法学の議論は政治判断の際にもそのリソースとして共有されてきた．議会立法なしに政府の判断だけでEU離脱宣言はできないと判示した，2017年1月の最高裁判決，いわゆるミラー事件判決にも，ダイシーの理解は，引用されている[8]．もちろん，今後，政治家の理解が史料的に明らかになる場合もありうるが，そうした未だ出てきていない見解は，当時の憲法にかかわる共有された理解であるとは言えない．したがって，筆者は以下の通り，イギリスの憲法学者においてどのような理解がなされたのか，に関して主要に検討していく．

　以下では，第一に，日本の憲法学者の議院内閣制理解を整理していきたい．その際に，後に検討するフランスの憲法学者の影響がどのように見られたのかについても整理していく．第二に，イギリスにおいて内閣による「自由な解散」論があったのか否かについて，イギリス憲法学の文献を中心に検討する．第三に，イギリスにおいて一元型議院内閣制という理解があったのか否かについて，イギリス憲法学の文献を中心に検討する．そして，最後に，日仏両国の憲法学が議院内閣制を検討した際の方法と，イギリス憲法学がparliamentary governmentあるいはparliamentarismについて検討した際の方法の違いについて考察する．

ここでの検討は，第Ⅰ部における解釈主義アプローチを使って行う．第Ⅰ部で見たように，ビーヴァー＆ローズの解釈主義アプローチは，予め本質や法則を前提とするアプローチを批判してきた．後に見るように，カレ・ド・マルベールやルネ・カピタンも，そして樋口陽一も，議院内閣制のなかに本質的な部分を見出していた．それは，民主的に選挙された代表からなる議会から選出された内閣に，議院内閣制の本質を見たことである．しかし，これも後に見るように，そこにおいて，イギリスの政治史もイギリス憲法学の理解も十分に検討されたとは言えない．カレ・ド・マルベール，ルネ・カピタン，そして樋口陽一が形成した議院内閣制に関する本質主義的アプローチというビリーフと，イギリス憲法学がparliamentary governmentに対して持った「経験主義的」アプローチというビリーフを対比して明らかにすることが，第Ⅱ部の目的である．

注

1）　トロペールによれば，フランスの伝統的法哲学から決別した20世紀の法の一般理論は，「本質を論じることをも差し控えることにした」（トロペール著，南野訳 2013：i）と述べられた．しかし，*Le Parlementarisme*，日本語で言えば，『議院内閣制』という単著を書くなど，その分野で豊富な業績を残してきたフィリップ・ロヴォーは，たとえば，「歴史的視点から見ると，国家元首は，議会システムの一つの本質的要素である」（Lauvaux 1987: 54）などのように，非常に多く，議会主義や議院内閣制に関する本質主義的議論を書いてきた．また，コリャは，「権力分立と，議会を代表する政府の責任」を議院内閣制を議論する際の重要な二つの要素と述べ（Colliard 1978: 18），まさに日本の均衡本質論か責任本質論かのような議論をしていた．

2）　政権が自分たちの条件のよいときに解散をするという一般的な見方自体は，イギリスの政治研究においてもたびたびイメージとして言われることであるが，日本の事例は，それだけでは説明ができない．「裏をかく」ということが当然視されている点は，イギリスとは異なる．イギリスに限らず，各国の総選挙タイミングが，経済指標のよい時や，これから悪くなるという予想（すなわち，今，総選挙しなければできなくなるという認識）とおおむね一致するということに関しては，いくつか研究がある（Smith 2003; Kayser 2006）．

3）　筆者とは異なるアプローチであるが，たしかに，近年の安倍による抜き打ち解散は，ゲーム理論的には面白い素材なのかもしれない．野党は小選挙区で自公と対等に戦うためには，野党統一候補を立てるしかない．しかも，野党は，次の衆議院選挙までに共闘を作ろうとする．逆に，安倍は，その共闘の前に解散をすれば圧勝できると踏んでいる．したがって，常に予想外の早期に解散をするということが自公政権の利益に

なると，誰の目にも明らかとなっている．筆者は，合理的選択論を自分のアプローチとして使うつもりはないが，安倍の頭の中での衆議院解散戦略は，「合理的選択」で考えられているのは間違いないだろうと考えている．安倍を止める方法は，先に野党候補が準備するしかない．

4) マルドゥーン首相は，「野党には時間がないよね」(It doesn't give my opponents much time to run up to an election, does it?) と酔っぱらった状態で，笑みを浮かべて語った．この場面は，今日も YouTube 上で閲覧できる．

5) ミルキヌ=ゲツェヴィッチは，ウクライナ生まれで，サンクト・ペテルブルク大学で法学を学んだ．彼はロシアで自由主義を求める運動に加わったが，第一次世界大戦のなかシベリア追放判決を受け，ロシア11月革命後，死刑判決を受け，パリに逃れた．しかし，1940年にフランスがナチに占領されると，合衆国に逃れた (Pinon 2007: 46)．彼は，フランス語で多くの著作を残し，一貫して自由と民主主義を求めて運動したが，時代に翻弄された．彼の議会制民主主義を求める熱意は，彼の著作に強く表されている．

6) フランスの有名な憲法学者ル・ディヴェレクによれば，このように君主を議会の中に入れない形での議会の形成は，イギリス以外のヨーロッパ諸国で広がって行ったといわれる (Le Divellec 2007)．

7) こうした議院内閣制の普及は，19世紀や20世紀初頭によく見られただけではなく，20世紀末，特に，東欧の旧社会主義諸国の崩壊以降，多くの国々で半大統領制という形で，議院内閣制は導入された（言い換えれば，元首なしの議院内閣制はほとんど導入されなかった）．ここにも「議院内閣制の合理主義化」を見る議論がある (Tanchev 1993)．また，米国の有名な法学者ブルース・アッカーマンは，むしろこの半大統領制下での内閣制を「制限的議会制」と呼び，米国の大統領制よりも優れていると述べ，米国もこの制度に学ぶべきであると論じた (Ackerman 2000)．

8) R (Miller) v Secretary of State for Exiting the EU [2017] UKSC 5, [2017] 2 WLR 583, para. 40, 43.

第五章

「自由な解散」論と一元型議院内閣制の概括

　ここでは，日本において，イギリスにおける内閣の「自由な解散」論と一元型議院内閣制が，いかに着想され，展開されてきたのかについて整理しておきたい．そのために，この二つのテーゼを形成する過程で，重要な役割を果たしてきた四名の憲法学者の議論を，主として対象とする．四名は，偶然の一致かもしれないが，いずれも東京大学法学部で憲法を担当してきた．また，この四名の憲法学者は，疑いもなく，戦後日本の憲法学をリードしてきた存在であり，当然のことながら，憲法学にとどまらず，政治学や日本政治そのものに対しても非常に強い影響力を持ってきたし，今もなお，持っているといえよう．以下，この議院内閣制論に関しての所論が発表された順番で議論していく（必ずしも，出生年順というわけではない）.

第一節　自由な解散論の始まり──宮沢俊義の議論

　日本において「議院内閣制」という表現が使われだした時から，制度として紹介された．しかし，後に見るように，英語では，それが必ずしも制度institutionとして自覚されてきたとは，明確には言えない．たびたび指摘されるように，出版物において「議院内閣制」という表現を最初に使ったのは，東京大学において初めて憲法を担当した学者，穂積八束であるといわれている．穂積八束は，明治31（1898）年に以下のように述べている．

　　議院政党内閣制とは議院多数政党より政府内閣を組織し議院の決議に由りて進退することを憲法上の要件と為すの制度なり政府内閣の組織を君主信任の自由に委するときは議院の信任する所と同一に出る能はざるが故に

112　第Ⅱ部　イギリスにおける内閣の「自由な解散」論と一元型議院内閣制の再検討

　　政府議院相衝突するを免れず此の衝突を避くるが為に議院の信任する所を
　　以て君主の信任に代しとするの主旨たり（穂積 1898：445-46）．

　もっとも，穂積八束は，こうした西欧の議院内閣制に変わっていくことを「国
家発達の進歩」と考えることは誤解であり，それぞれの国々の条件によって選
び取られることであって，「退歩」「進歩」を一概に論ずることはできないと論
じており，日本は議院内閣制をとるべきではなく，「専制政体の完制」（穂積
1898：446，原文ママ）を目指すべきだとした[1]．また，大日本帝国憲法の下では，
第10条に基づき，全ての文武官は天皇による任命であり，内閣総理大臣も内閣
も憲法上規定はなかったが，天皇により任命されていた．第二代内閣総理大臣
の黒田清隆が，「政府は常に一定の方向を取り，超然として政党の外に立ち」（黒
田 1889）政務を行わなければならないと述べた考えは，超然主義と言われ，大
日本帝国憲法下でのその後の内閣に関しては「超然内閣」という表現が多く使
われた．たしかに，大日本帝国憲法上，内閣も内閣総理大臣も，帝国議会の衆
議院・貴族院の信任を得ることは前提になっていなかった．政党内閣の形成と
いう点では，一時期議院内閣制に近づいたものの，結局，帝国議会衆議院の多
数に基づく政治勢力の信任という形が定着したわけではなかった．その点で，
戦前の内閣制度は，議院内閣制ではなかった．

　この穂積の「議院内閣政党制」という言葉以来，「議院内閣主義」という言
葉や，「責任内閣」という言葉など多様な表現ではありながらも，民選議院によっ
て信任された内閣という意味での表現は，学術論文（例えば，佐藤 1908：504），
雑誌，新聞などで広範に使われるようになった．

　1945年8月15日に日本は「ポツダム宣言」を受諾して降伏し，第二次世界大
戦に敗北した．その後，1946年2月から3月にかけてのGHQ（連合軍総司令部）
と日本の政権側との間での協議を経て，帝国議会で憲法改正が承認され，11月
3日に発布され，1947年5月3日に施行された．

　この日本国憲法においては，「行政権は，内閣に属する」（65条）と書かれ，
その「内閣は，行政権の行使について，国会に対し連帯して責任を負ふ」（66
条3）．また，「内閣総理大臣は，国会議員の中から国会の議決で，これを指名
する」（67条1）と，国会議員以外からの内閣総理大臣選出という可能性はなく

なり，66条 2 で「内閣総理大臣その他の国務大臣は，文民でなければならない」という規定もあり，現役武官が大臣となる可能性も排除された．69条では，「内閣は，衆議院で不信任の決議案を可決し，又は信任の決議案を否決したときは，十日以内に衆議院が解散されない限り，総辞職をしなければならない」と，衆議院における内閣不信任案可決の場合の，衆議院解散と総辞職という道筋が規定された．同時に，7 条において，「内閣の助言と承認により」，天皇の国事行為として，衆議院の解散が行われることになり，4 条において「天皇は，この憲法の定める国事に関する行為のみを行ひ，国政に関する権能を有しない」と明確化されたことと合わせると，天皇には衆議院の解散権限がもはや存在しないと理解されるようになった．

　こうした日本国憲法の諸規定から，戦後の日本は，議院内閣制という制度を取ることになったと理解されるようになった．しかし，これを，イギリスをはじめとした西洋諸国との対比で明らかにしたのは，当時，東京大学の教授として憲法を担当し，日本国憲法起草案の検討にも参加した宮沢俊義であった．

　宮沢俊義は，日本の議院内閣制と英仏の議院内閣制を比較した論文（「議院内閣制のイギリス型とフランス型」）を，『比較法雑誌』の第一号において1951年に発表した．このなかで，宮沢は，議院内閣制を英語の parliamentary government，フランス語の régime parlementaire，ドイツ語の parlamentarische Regierung と同じものとして述べた（宮沢 1951：102）．したがって，ここで，宮沢は議院内閣制を，少なくとも日英独仏の四つの国々で共通する一般的な用語として認識していたということになる．²⁾

　宮沢は，この論文においてその題名の通り，イギリスの議院内閣制とフランスの議院内閣制を対比した．その際に，フランスの憲法学者であるロベール・レズローブによる 4 分類に依拠した．

　第一は，イギリスに代表的な議院内閣制，第二は，スイス型（レズローブ自身は従属的執政府のタイプと分類），第三は，アメリカ型（レズローブは権力分立型と分類），そして第四にドイツ型（レズローブはドイツ帝国における制限的執政府と分類）であったが，宮沢は，その分類の中から，議院内閣制に関して，二つの要素を抽出した．その一つは，「行政府と立法府が一応分立していること」であるが，もう一つは，「行政府と立法府が一応分立したうえで，行政府が立法府—両院制の

114　第Ⅱ部　イギリスにおける内閣の「自由な解散」論と一元型議院内閣制の再検討

場合には，主として下院―に対して政治的な責任を負うこと」であった．

　しかしながら，宮沢は，続いて，レズローブの批判に移る．宮沢は，レズローブが下院の解散に関して君主の実効的な権限が残っていると考えている点を批判して，次のように強調した．

　　　少なくとも，現在のイギリスでは，下院の解散について，国王の意志が実際に少しでも作用するとみるのは，まちがいである．それはひとえに内閣の意志にもとずいて行われると見るのが正しい（宮沢 1951:106, 原文ママ）[3]．

　いわゆる，イギリスの内閣による「自由な解散」論の「自由」に関しては，宮沢は，「自由」という表現をしなかった．後に見る芦部は，「自由な解散」という用語は用いたが，その意味に関して必ずしもしっかりした定義をしたわけではなかった．しかし，宮沢の上記のような書き方（「国王の意志が実際に少しでも作用するとみるのは，まちがいである」）からすれば，日本における「イギリスの内閣の自由な解散」理解とは，君主の意向など全く問わないし，気にも留めず，内閣が自由に解散できる，と言う意味に解すべきであろう．

　宮沢の上記のようなイギリス君主の権限に関する認識は，イギリスの歴史家アグネス・ヘッドラム-モーリーの文献に依拠しており，彼女は1929年の著作でイギリスの解散権行使は，首相の自由にあると論じた．この文献に関する考察は後に行う．

　この1951年論文において，宮沢は，レズローブがしたように議院内閣制を君主と議会との均衡として把握するのではなく，内閣と議会の間での均衡として把握した．しかしながら，宮沢は，レズローブと同じく，議院内閣制において下院の解散を不可欠な部分として理解した．すなわち，「内閣は下院の解散権をもち，下院は内閣不信任の決議権をもつ．ここにイギリス型の議院内閣制の核心が成立した」(106)．

　他方，宮沢は，フランスの議院内閣制においては，イギリスのものとは異なり，1875年の第三共和政以来，解散権はまれにしか行使されなかった点を指摘した．上記のレズローブは，こうした解散権のない議院内閣制を，「不完全，非正規」と論じ，レイモンド・カレ・ド・マルベールは，フランスの第三共和政の制度こそが正常な議院内閣制で，イギリスのものが特殊であると述べ，だれ

第五章　「自由な解散」論と一元型議院内閣制の概括　　115

が解散権を持っているか否かにかかわらず，議会の優越が決定的であると結論
付けた．宮沢は，こうした二者の議論の違いを，紹介しながら，そのどちらが
正常なものかということは重要ではないとしつつ，解散権を持つ内閣というイ
ギリス型と，解散権を必然的には持たないフランス型という二つの理解がある
と結論付けた．

　宮沢がこの論文を書いた1949年は，その前年の衆議院解散をめぐって，論争
的な状態にあった．1948年に吉田内閣（第二次）が7条により解散することを
考えたが，当時はまだGHQ占領下で，GHQが69条による解散しか認めない
意向であることを知った．結局，野党が提出した内閣不信任案に与党が賛成す
る形で，不信任案は可決され，内閣は天皇に解散を助言し，天皇は衆議院を解
散した（馴れ合い解散）．当時の解散詔書には，「内閣の助言と承認により，日本
国憲法第六十九条及び第七条により，衆議院を解散する」（衆議院本会議1948年12
月23日）と書かれた．

　この件は広く報道され，それに触発される形で，憲法学者も，日本国憲法に
おいて，いかなる形で衆議院を解散できるのかについて活発な論争を繰り広げ
た．そのなかでも，争点となったのは，不信任案の可決がない中で，「内閣の
助言と承認により」天皇の国事行為として解散するという，いわゆる7条解散
ができるか否かであった．この時，宮沢は，新聞紙上などにも7条解散を支持
する内容を表明した（宮沢 1948）．そして彼は，さらに自身の分析を1951年の
論文によって明らかにした．なお，この論文は『比較法雑誌』としては1951年
に発表されているが，宮沢俊義著『憲法と政治制度』（有斐閣, 1968年）では「1949
年」の作とされている．おそらく，雑誌の出版事情，原稿の集まり具合などに
よる要因が刊行を遅らせたのかもしれないが，内容的には，1948年の「馴れ合
い解散」をめぐる動向を受けて書かれたものということから，1949年に書かれ
たものとみてよいと，筆者は考えている．

　この論文の締めくくりに書かれた宮沢の見解は，重要なので，引用しておき
たい．

　　　私の見るところでは，むしろイギリス型の方向にすすむことが，憲法全
　　体の精神に適合するだろうし，また，日本における過去の経験そのほかの

条件から考えて，そうすることが実際政治的に賢明だと思われる．そうでなく，下手に大陸型に傾くと，非常に弱体の政府が続き，政局がいちじるしく不安定になりはしないか．それに関連して，ともすると，デモクラシーに伴いがちな非能率化がはなはだしくなりはしないか．そして，うっかりすると，秩序の保持がむずかしくなり，軍事的な独裁制がまた顔を出すということにでもなるのではないか．こういう懸念がある（宮沢 1951：122）．

上記のように，宮沢は明確にイギリス型の議院内閣制と解散権行使を理想化して，その方向を日本も取るべきであると述べた．また同時に，宮沢は，「日本国憲法の運用としては，やはり明治憲法自体の慣性にしたがって，イギリス型に傾くことが望ましい」（122）とも述べた.[4]

大日本帝国憲法（明治憲法）下においては，第二回帝国議会以降たびたび衆議院解散を解散してきており，その意味は，1891年（明治24年），1893年（明治26年），1917年（大正6年）の政府による解散理由説明が「衆議院の義務違反を責め」（美濃部 1934：251）ていることから，懲罰的解散の性格を持つとも言われた．その後，政党内閣の時代もあったが，その間も頻繁な解散権行使が行われることが多かった．こうした頻繁な衆議院解散行使に関しては，美濃部達吉がしばしば論じており（美濃部 1927：191-198），戦後当初に憲法学者や政治家たちにその解散例が共有されていた可能性が十分にある．

したがって，宮沢のこうした「自由な解散」論は，明治憲法下での内閣による解散権行使の事実上の正当化という見方もできるであろう．そうした見方に立つならば，戦後の内閣による「自由な解散」論は，宮沢の言う「イギリス型」と，同じく宮沢のいう「明治憲法」型の合成であったということもできるだろう．ただし，注意しておかなければならないのは，後にも見るように，宮沢の「イギリス型」理解は必ずしも当時のイギリス憲法学の議論に十分依拠していなかったし，そこには戦後直後の文献的限界もあったかもしれないということがある.[5]

また，本書では十分に探求する余裕はないが，明治憲法制定以降の衆議院解散に関する政治家，官僚，憲法学者の考え方の変遷も詳しく考察される必要があり，美濃部がまとめたような戦前の衆議院解散理解がどのように醸成された

第五章　「自由な解散」論と一元型議院内閣制の概括　　117

のかを検討しておくことも独自の課題であると考える．明治憲法制定時には，
衆議院解散権行使の濫用に関しては，政権側に強い慎重論があった[6]．

　このように，宮沢は，イギリスの議院内閣制を君主が何の実権も持たないも
のと理解すると同時に，内閣の解散権の有無に関しては，イギリス型とフラン
ス型の二つに分け，日本は内閣が解散権を行使できるイギリス型に進むべきで
あるという見解を明らかにした．

　この宮沢の論にかかわって，このほか，いくつか指摘しておきたい．まず，
第一に，宮沢は，解散権のあるなしのどちらが「正常な」議院内閣制かという
ことに関しては，二つの型があるということで，明らかにしなかったが，やは
り，議院内閣制が日英仏独の4か国で一般的な統治の仕組みであると考えてい
たという点である．ただし，宮沢のこの一般化・普遍化という見方は，これ以
上に拡大はされなかった．後の樋口陽一の議論に見られるような「議会の優越」
（→内閣の責任が本質）という見方までは取ってこなかったことである．

　第二の点として，そこに，ある種の「ケルゼニアン」としての宮沢の方法的
一貫性が見て取れることである．既に様々な先行研究（例えば，高見 2000: 54）
が明らかにするように，宮沢俊義は，法実証主義者として有名であったドイツ
のケルゼンからの影響を強く受け，自らケルゼニアンと称していた．ケルゼン
の法実証主義の態度は，あらゆるイデオロギー的見方を法から取り去って考え
るものとして有名であった．宮沢は，こうした法実証主義の態度を自らの研究
にも採用し，特に，法現象に対する「科学学説」と「解釈学説」を厳しく峻別
しようとする態度が随所に見られたといわれる．例えば，宮沢のモンテスキュー
研究にもその態度が表れているといわれる．宮沢は以下のように述べる．

　　　モンテスキューは，不断に流転する社会の形相を，その流れ自体を把握
　　しようと試みた．もし，必然的結果として，その著書において方法的混乱
　　が表れたとするならば，その統一的解釈をすることは不可能であり，従っ
　　て無用であり，むしろ端的にその方法的混乱乃至無秩序をみとめることが
　　正しい解釈だということになりはしないか（宮沢 1967a : 228）．

　つまり，宮沢は，モンテスキューの権力分立論は，あまりにイギリスを理想
化しすぎたという点で，上記引用文で，モンテスキューの「科学学説」と「解

釈学説」の混同を問題にしたのである.

　上記に見た宮沢の議院内閣制論においては，やはり，イギリス型とフランス型の二つが区別され，議院内閣制としての「あるべきもの」に対しては抑制的であった．この点は，レズローブとカレ・ド・マルベールとがそれぞれ異なった視点で見ていることを，どちらがより本質的見方を得ているのかという価値判断をせずに，ありのままを整理したといえるのではないだろうか.

第二節　一元型議院内閣制の提起──樋口陽一の議論

　宮沢俊義の1951年論文以降，日本の憲法学者による議院内閣制論においては，イギリスの君主は，常に実権を持たず，儀礼的な存在として描かれてきた．また，解散に関しても，イギリスの歴史的分析に依拠して考察するという姿勢は，あまり強くなかった.

　もちろん少数例であるが，イギリスの議論が紹介された場合もある．深瀬忠一は，イギリスだけではなく，多くの国々の解散例を調べた．イギリスに関しては，「党利党略の為の解散」は行われてこなかったことも指摘した．ただ，深瀬の論文は，1962年著のものであるため，戦後イギリスの（特に君主権限の）考察にまで及んでおらず，また，結局，君主は解散権について「拒否権すら持たないと解するのが正当」（深瀬 1962:171）と結論付けた．また，長谷部恭男は，「イギリスにおいては，首相あるいは内閣による解散権の濫用的行使を抑制する手段として，国王の解散拒否権が挙げられてきた」と説明した．ただ，長谷部も，君主に「多くを期待することはできない」（長谷部 1984：275）と結論付けた．　両者とも，君主の拒否権が長年行使されていないこと，もし国王が拒否すれば，政争に巻き込まれるリスクがあったことから，そう述べた.

　このように，1960年代から80年代にかけて，解散権行使を含めたイギリスの議院内閣制論に関して，日本では，君主の権限の儀礼化が進んできたという受け止めだけがなされるようになったが，その流れの一つの集大成ともいえるのが，樋口陽一による「一元型議院内閣制」論であった.

　樋口は，1973年の著作でイギリスの議院内閣制では，「ヴィクトリア期以後は元首＝国王は議会に対して二元的に対立する地位をしだいに失ってきてい

第五章 「自由な解散」論と一元型議院内閣制の概括　119

た」と述べた．また同時に，樋口は，同様なことがフランスでも生じ，「議会
だけが直接的普通選挙制度によって国民との直結性を援用しうるようなところ
では，議院制は必然的に，二元型から一元型へと推移せざるを得ないのである」
（樋口 1973a：9）と述べた．

　また，樋口は，レズローブが議院内閣制を君主と議会との間での権力分立に
よる二元制に基づいて把握したことを批判した．その際，樋口は，カレ・ド・
マルベールに依拠し，「行政権についても立法の領域についても，議会が主要
かつ最高の機関である．議会は，これら二権のうち一つを自ら行使し，一つを，
議会だけによって作られた議会だけに依存するところの内閣によって行使す
る．……議会は，国家権力の統合を自らの中に実現する．とりわけこの意味で，
議会制は，権力分立の概念を排除するものとしてあらわれる」という部分を引
用している（樋口 1973a：8；Carré de Malberg 1922: 74）．なお，このカレ・ド・マ
ルベールの引用部分は，モンテスキューの権力分立論を強く批判していた部分
である．

　続いて，樋口は，この著作で，同じくフランスの有名な憲法学者であったル
ネ・カピタンに依拠して議論を展開する．樋口は，ルネ・カピタンの分類に依
拠して，議院内閣制の発展は次の三つの段階で把握することができると述べた．

　第一が，「二元型議院制」（カピタンの用語では「オルレアン型議院制」）と呼ばれ
るもので，「元首が君主主義的正当性を根拠として強い地位を保っている場合」
である．第二のものは，「一元型議院制」（カピタンの用語では「西欧的議院制」）と
呼ばれるもので，「元首が名目上はどうであれ実際上は行政府の長たることを
やめ，行政権が内閣だけによって担当され，内閣が議会だけに依拠している場
合」である．第三が，「無元首型議院制」（カピタンの用語でいえば「プロイセン州型
議院制」）で，「元首がそもそも存在しなくなった議院制」である．

　樋口は，このカピタンの分類が前提とした「元首の衰退 → 消滅の過程」（樋
口 1973a：8）[7]として議院制をとらえた．したがって，二元型から一元型への移
行も，そうした発展段階論の中でとらえられる．樋口によれば，「国家機関の
正当性が元首＝国王による一元的統合から，国王と議会との二元的分立を経て
議会による一元的結合にいたる過程は，カピタンによって示されたとおり，絶
対王制 → 制限王制 → 二元型議院制 → 一元型議院制という段階をたどってき

120 第Ⅱ部 イギリスにおける内閣の「自由な解散」論と一元型議院内閣制の再検討

た」(樋口 1973a：13). それは，「この発展の歴史的ではないにしても論理的な帰結」(Capitant 1933: 34) というカピタンの表現を引用しつつ，結論的に樋口はそれに同意した.

議院内閣制の本質を，内閣と議会の間の均衡状態に見るのか，議会の信任を得た内閣の責任に見るのかの違いは，前者が均衡本質説と呼ばれ，後者が責任本質説と呼ばれるようになり，その後，憲法学における議院内閣制論で多く議論されるようになった. 樋口陽一は，その中でも責任本質説を中心的に推し進め，彼の論は大きな影響力を持った.

宮沢俊義の議論においては，議院内閣制に関しては英仏で二つの異なった理解があるという理解がなされた. その当時から，レズローブやカレ・ド・マルベールの議論において「完全」「正規」「本質」という言葉が使われていたが，宮沢自体はその中に，一つの収斂すべき「完全」「正規」「本質」までは見出そうとしなかった. 宮沢は，上記のように，「解釈」よりも，「ありのまま」をとらえることに焦点を絞っていたといえるだろう. それに対し，樋口の場合は，「本質」という言葉を使いながら議論を進めてきたことに典型的に表されるように，議院内閣制の「本質」を探し，議会から信任を得た内閣にその「本質」を見ていた. この点は，宮沢と樋口の大きな見方の違いであろう.

そして，これに関連する点として，先述した宮沢による「科学学説」と「解釈学説」との峻別論を樋口陽一はどう見たかという論点がある. 樋口は，これを批判的に継承しつつ，「認識・評価峻別論」という立場をとるが，ここで樋口は，こうした「峻別論を取ること自体がひとつの思想的立場の表明であるとするならば，峻別することによってもたらされる効果に対して科学の名において無頓着であることは許されない」(樋口 1994：15) と述べている. 樋口は，こうした峻別論が科学的認識と法解釈を分けざるを得ない「特殊に法学的な局面」とは別に，社会科学一般にもかかわる問題として，「批判的峻別論は，認識の客観性の確保，および，認識主体の責任制の明確化という二つの主要目的を追求」(25) していると述べた.

こうした樋口の峻別論は，第Ⅰ部で考察した哲学的把握との関係でいうと，樋口の言う「科学的認識」は，「それが何であるか What is it ?」を問題にしていることから，ontology すなわち存在・実体論に関する一つの立場の表明

第五章　「自由な解散」論と一元型議院内閣制の概括　121

であるが，その土台には，上記の引用で述べられているとおり，「客観性」という見方が内在されている．また，こうした考えは，宮沢にも共通する．宮沢は，「理論的な認識は，たとえそれが社会現象をその対象とする場合でも，実践的な意欲とは区別せらるべき精神作用であり，それはただ客観的な知識の理念にのみ使える」（宮沢 1968a：79）と述べている．さらに，その「科学学説」として，議院内閣制が把握されている点は，樋口が述べるとおり，宮沢の議論にも共通した見方である（樋口 1994：13；宮沢 1968a：90）．つまり，人間が何らかの方法を持って把握するのとは別の意味で，すでに実体として存在しているものとして前提されている．これらの点は，ここで確認しておきたい．

第三節　「自由な解散」論の定式化——芦部信喜の議論

　芦部信喜のなかに，フランス憲法研究の直接の影響を見つけることは，困難である．また，芦部は，統治機構研究の専門家というよりも，憲法訴訟研究の専門家であり，『憲法訴訟の理論』（有斐閣，1973年）を皮切りとして，米国を中心とした憲法訴訟事例の研究で日本の憲法学をリードしてきた．したがって，議院内閣制の研究という点では，必ずしもそれに関する専門的な単著を多く残してきたというわけではない．しかし，彼が1993年に発行した『憲法』（岩波書店）は，非常に包括的な分野を扱った基本書であり，その完成度ゆえに学問的にも多くの研究書・論文が依拠する文献となった．なかでも，イギリスの内閣による「自由な解散」という言葉を普及した．したがって，本書で扱う二つのテーゼの定式化という点では，重要な役割を果たしたものとして，ここでの整理の対象としたい．

　芦部は，まず，以下のように，議院内閣制の本質について，3つのポイントを述べる．一つは，①「議会（立法）と政府（行政）が一応分立していること」，②「政府が議会（両院制の場合には主として下院）に対して連帯責任を負うこと」である．これに加えて，古典的なイギリス型の権力の均衡の要素を重視して，③「内閣が議会の解散権を有すること，という要件を加える説もなお有力である」と述べる（芦部 1993：250）．

　しかし，芦部は，これらの議論を紹介したうえで，「それらに共通する本質

122　第Ⅱ部　イギリスにおける内閣の「自由な解散」論と一元型議院内閣制の再検討

的要素は政府の対議会責任である．権力均衡（具体的には内閣の自由な解散権）の要素は本質的なものではない，と解するのが妥当であろう」（芦部 1993：251）と整理した．議院内閣制の本質としては，議会から信任を得た内閣の責任に本質がある，すなわち，責任本質説を支持することを述べた．

　イギリスの議院内閣制に関しては，芦部は，「古典的なイギリス型で重視された均衡の要件は，あくまでも建前であって，実際には，この建前は君主の権力の名目化，すなわち行政権の一元化と，二大政党制の確立にともなって崩れ，多数党を基盤として成立する内閣が優位する議会政（cabinet government）と呼ばれるものに変容している」と述べた．これは，イギリスの議院内閣制を一元型議院内閣制とみる樋口陽一の説を支持していることになり，また，芦部は，この後，「政権交代のない自民党支配体制の下にあった時代の日本の議院内閣制も，実態はそれと異ならなかった」と述べ，日本も一元型議院内閣制に分類できると事実上述べた（芦部 1993：252）．

　そして，これらの議論の展開の中で，芦部は，「内閣に自由な解散権が認められている」という点においては，日本の議院内閣制は「イギリス型」であるとした（芦部 1993：251-52）．彼の議院内閣制論は，イギリスにおける内閣の自由な解散論を，ある意味で定式化した．なお，この部分は，内容的にみて，清宮四郎編『憲法』（青林書院，1954年）の芦部担当部分に依拠していると考えられる（芦部 1954：277-82）．イギリスに関して「内閣の自由な解散権」という表現が登場する芦部担当部分281頁には注はないが，参考文献から見て，1951年の宮沢『比較法雑誌』論文に文献的に依拠していると考えられる．

　もっとも，こうした1954年以来の「内閣の自由な解散」論を1993年に定式化したという点では，芦部の著作のこの部分の役割は大きいと考えられるが，彼自身は，この内閣による自由な解散には非常に抑制的であったことも，公正に評価しておく必要がある．芦部は，衆議院の解散について，「憲法69条の場合を除けば，① 衆議院で内閣の重要案件（法律案，予算等）が否決され，または審議未了になった場合，② 政界再編成等により内閣の性格が基本的に変わった場合，③ 総選挙の争点でなかった新しい重大な政治的課題（立法，条約締結等）に対処する場合，④ 内閣が基本政策を根本的に変更する場合，⑤ 議員の任期満了時期が接近している場合，などに限られると解すべきであり，内閣の一方

的な都合や党利党略で行われる解散は，不当である」と述べている（芦部 1993：253）[8]．

　なお，芦部は，イギリスにおける「内閣の自由な解散」という言葉を使いながらも，「自由」の意味を定義していない．しかし，1954年の件で先に見たように，芦部が宮沢の1951年の『比較法雑誌』論文を参考文献にあげてあることから考えて，宮沢と同じく，君主の意向など全く問わないし，気にも留めず，内閣が自由に解散できる，と言う意味で，芦部も「内閣の自由な解散」を述べていると解すべきであろう．

第四節　均衡型の一元型議院内閣制——高橋和之の議論

　高橋和之は，宮沢や樋口と同じくフランス憲法学の影響を強く受けながらも，異なる方向で議院内閣制を論じ始めた．その第一点として，彼は，樋口と同じく，イギリスの議院内閣制も日本のそれも，「一元型」であると結論付けたが，樋口とは異なり，両国の議院内閣制は，内閣と議会との間での「均衡型」の議院内閣制であると論じた（高橋 1994：364-371）．

　第二に，高橋は，下院の解散システムを，このような均衡のカギとなるメインテナンス・ポイントとみなしたのに対して，樋口は，選挙された議会に対する内閣の責任を議院内閣制の本質としてみなし，内閣が解散権を持っているか否かは，重視しなかった．高橋は，「議会と内閣が不信任権と解散権をもって相対峙し均衡するのである．この把握においては，解散権は一元型議院内閣制の本質的要素として維持される」（高橋：1994：393）と述べ，樋口と高橋の違いは明確であった．

　しかし，高橋によれば，上記のような「均衡」なのか，「議会優位」（責任本質）なのかは，やはり，「問題の焦点を議会と内閣の関係という局面に合わせて議論している点では，発想としては権力分立論と評しうる」と述べ，これに対して，フランスの憲法学者ジャック・カダール（Cadart 1979）の見解を，一つの補強として紹介した．それは，一元型議院内閣制を民主政論に焦点を合わせて捉えようとする見解であり，「カダールによれば，議院内閣制とは，通常言われているように，政府と議会との対話（ダイアログ）の体制ではなく，政府と議

会と国民との間の協奏（コンセール）の体制，より的確には，世論と公権力との間の恒常的協調（entente parmanente）の体制」（高橋 1994：394）であるとされた．高橋によれば，改革プログラムの導入などによって野党が反発し，政権が危機を迎えたとき，政府は下院を解散することによって国民との協調を回復できるとした．

高橋によれば，「日本国憲法は，通説のとくように内閣が自由な解散権を持つと解すれば，カダールのいう真の議院内閣制を採用していることになる」（395）と述べる．しかし，同時に，高橋は，「その機能条件はどの程度みたされているだろうか」と問いかける．

この点に関し，高橋は，政策選択が明確でその責任者である首相を選ぶことが明確な民主政を，モーリス・デュベルジェの区分を引いて「直接民主政」と呼び，逆に，政策選択性が薄く，その実行の責任者である首相を選ぶ性格も弱い民主政を「媒介民主政」と呼んだ．そして，日本の制度は明らかに後者の媒介民主政であると結論付けた．

これは，彼が著書をまとめた1994年の日本の政治状況を反映しているといえる．当時まで政権党を務めることが多かった自民党は，1970・80年代に深刻な派閥闘争を経験し，首相は比較的短期間で交代し，政策プログラムも選挙の時に明確になっているとは言えなかった．高橋によれば，議院内閣制が国民の意志への不断の一致過程としてもっともよく機能することは，その国々の諸条件に依存しており，「そういった様々な諸条件が比較的よく整っているのは，言うまでもなくイギリスである」（395）と断言する．

そうした認識に基づいて，高橋は，「国民内閣制」を提唱した．その「国民内閣制」とは，「諸政党が，相互間の競争と提携の中から，国民の多数の支持を受けうる政策体系を提示することに成功するとき，初めて国民は選挙によって事実上直接に内閣（その首長としての首相）を選出することが可能」（42）となるようなシステムである．高橋は，この点で，7条による首相の衆議院解散は「無制約」であることから，「既存の制度の活用で十分である」（43）と述べた．ただ，「日本の政治の現実の中で，選挙制度や政党制をどのように改革すれば，イギリスの総選挙がそうであるように，衆議院の総選挙が事実上首相を選出する意味をもつようになるのか．その分析がこの文脈での重要な課題となる」（43）

と述べ，この点での政治改革を求めるような内容となった．

　日本政治においては，ちょうど，この彼の著書『国民内閣制の理念と運用』が刊行された1994年の前年，長年続いた自民党単独政権が，日本新党，新生党，社会党などからなる連立政権にとって代わられ，その中で，衆議院への小選挙区制の導入と二大政党制が模索されていた．高橋の著作は，そうした政治情勢とも相まって，現実政治に強いインパクトをもたらした．

第五節　その後の展開

　上記のように，日本の議院内閣制論に関して，主として四人の憲法学者の議論を考察してきた．その中で，この四人の論者の中で共通することを挙げるとすれば，第一に，イギリスの君主に関しては儀礼的な役目しか果たしておらず，実質的な権限はないと理解できる議論が多いことである．樋口陽一は，イギリスに関して内閣による「自由な解散」という表現を使ってこなかった．ただし，考え方としては，イギリスの君主は実質的権限を持っていないとする議論が，樋口において最も強調されていた．

　しかし，第二に，そうしたイギリスの君主に実質的な権限がないということは，四人の憲法学者の間で，どこでも真剣には検討されてこなかった．イギリスの憲法学者の文献は時折検討材料にされているが，引用や注などにおいては検討された形跡はわずかであったし，特に，イギリスの君主の権限については，四人の憲法学者のいずれもイギリスの文献を通じて検討したといえるものを発見できなかった．後に見るように，イギリスの憲法学者がイギリス君主の権限（特に解散権限）に関して詳細な考察を行うことは，むしろ定番的なことであり，ダイシーにしろ，ジェニングスにせよ，戦後の憲法学者にせよ，彼らの文献の中において発見するのは極めて容易であったはずである．しかし，日本の上記の憲法学者たちにおいては，これらが参照をされてこなかった．これは，むしろ，あえて参照されていなかった．または，参照の必要性を感じてこなかったと考えてもよいかもしれない．したがって，そこには，それを妨げるアプローチの違いもあったのではないかという問題意識で，後に検証する．

　第三に，これは四人の憲法学者に全員に共通するわけではなく，宮沢には該

当しないことであるが，樋口陽一，芦部信喜，高橋和之の間では，（各国に事例があるはずの）議院内閣制に関して，一つの「本質」があると理解されていたということである．そして，それは，議院内閣制の「均衡本質」あるいは「責任本質」のいずれが正しいかという議論を惹起してきた．そこには，二つのタイプという発想はなく，いずれかであるという理解があったといえる．

　このような「自由な解散」論と一元型議院内閣制論であったが，2011年固定任期議会法 the Fixed-term Parliaments Act 2011によって，英国では，首相の要請を受けて君主が議会を解散するという方法はなくなった．つまり，基本的に首相による議会解散の権限というのは，なくなったと言ってよい．固定任期議会法の下では，政権不信任案が庶民院の過半数によって議決されたのちに，2週間の間に次の政権が庶民院の信任投票を受けない限りにおいて解散される．つまり，首相は，この次の政権を選ぶ方向性を示さずに解散を選ぶという限りにおいてしか，解散権を行使できない．

　しかし，日本の憲法学者は一様に，この固定任期議会法によって，首相による議会解散権が「制限」された，あるいは，「制約」されたという表現を好んでとった．ここに，いかに日本の憲法学において，イギリスの首相解散権が重みをもってきたかということが示されている．

　ただ，変化も現れている．長谷部恭男は，2011年イギリスにおける固定任期議会の規定を参照したのち，「議院内閣制である以上は，内閣あるいは首相が自由に解散権を行使できるという主張は，ますます説得力を失いつつある」と2018年に書いた（長谷部 2018：405）[9]．しかし，長谷部の場合も，やはり注意深く，イギリスにおける首相解散権がどうなったのか（修正されたのか，廃止されたのか，あるいは，それ以外か）については，言及を避けた．また，長谷部も，やはり「議院内閣制の本質」を議論する点においては，カレ・ド・マルベール，ルネ・カピタン，樋口陽一以来の議論の系譜を引き継いでいる．長谷部は，政権与党がいつでも自党に最も有利な時期に「党利に基づく解散権の行使」を，フランスでは「イギリス式解散」と呼ばれていると度々述べているが（例えば，長谷部 2018：405），少なくとも，この百年において英国政権はむき出しの党利のみで首相が解散権を行使したとみられる例は認められず，こうした長谷部の「イギリス式解散」論自体が，イギリスにおける「解散」理解と隔たっており，やは

第五章 「自由な解散」論と一元型議院内閣制の概括　　127

り「フランス」が普遍のものとしておかれているきらいがある.

　戦後の英国議会解散例で, 比較的短期間で解散した1951年, 1966年, 1974年10月のいずれも, 政権自体が追い込まれて解散せざるを得ない状況となっており, 近年日本で多発している安定政権が野党の準備不足と自党の勝利幅の最大化とを狙って衆議院を解散したのに近い事例は, 英国にはない. 後に見るように, イギリスの政治家たちも, 君主による「牽制」を感じながら解散の要請を行ってきたのであり, つまり, 第Ⅰ部第二章第四節でみた「内的視点」を彼らは持っていたのである. それを「自由」とみる日本の有力な憲法学者の見方は, 別の日本的判断基準を内的に持ってきたと言える.

　他方, 高橋和之が補訂している芦部信喜『憲法　第六版』(2015) でも, 同『第七版』(2019) でも, 「イギリスの内閣による自由な解散」論と一元型・二元型議院内閣制区分は変わらず守られており, 2011年固定任期議会法でイギリス首相に議会解散権がなくなったことには全く言及されていない.

　なお, 上記のように, 戦後の日本の有力な憲法学者がイギリスの議院内閣制をどう考えてきたのかに関して考察してきたが, 日本には, 同時に有力なイギリス法研究者が活発に著作を出してきた. 彼らはどう言ってきたのだろうかという疑問を, 当然読者は持つであろう. 伊藤正己『イギリス法研究』(東京大学出版会, 1978), 田島裕『イギリス憲法——議会主権と法の支配』(信山社, 2016), 戒能通厚『イギリス憲法　第二版』(信山社, 2018) において, 議院内閣制における君主の権限や, 首相の解散権限との関係は, 必ずしも多く言及されてこなかった.

　ただし, 田島の著作において, イギリスでは「議会が首相を選任」(田島2016：108) するという記述をしていることは, 筆者の問題意識からして非常に気になった. 実際のところ, イギリスの「首相は君主によって任命される. 君主は, 庶民院の多数の支持を獲得できることが最も見込まれる人物を首相として任命する」(Turpin and Tomkins 2007: 48). イギリス議会には, 「選任」の手続きはない. もし, その首相が議会で多数を持っていなければ, 1924年1月のように, 君主による政権の所信表明代読 (いわゆる「国王スピーチ」) の後に, 野党が出してくる改正案や不信任案に対する採決が事実上の信任投票となる場合がある. これは, しかし, 選出手続きではない. この時点では既に首相は任命さ

れている．伊藤正己がイギリスに関して「憲法上の習律により下院の多数を占める政党の最有力の指導者が内閣総理大臣に任命される」（伊藤 1995：517-18, 原文ママ）と述べたように，イギリスの首相が下院で首班指名投票などされずに，ただ君主に任命されると言うことは，イギリスの憲法・政治を研究する学者たちの共通認識であると言ってよいであろう．

　したがって，田島がここでイギリス首相が議会内での投票で選ばれるなどという事実誤認をしているとは考えにくい．むしろ，田島は，「事実上」イギリスの「議会が首相を選任」しているに等しいという意味で書いたのであろうと考える．しかし，もしそうだとすれば，それもイギリスの憲法学者にはない見方であると，筆者は考える．なぜならば，後に見るように，君主と首相や議会との関係に関してイギリスの憲法学者たちは「事実上，そうなっている」という決定論を，実に注意深く避けてきたからである．イギリスの憲法学者たちは，将来動くかもしれないことを予め決定する態度は取ってこなかった．そういう意味では，「議会が首相を選任」しているという率直な表現は，イギリスの憲法学者たちが大切に保持してきた君主の憲法的役割に関する議論を，やはり省略してしまっていることになる．そして，その誰がどう考えていたかというよりも，事実上の（客観的）制度がどうであったかという傾向を遥かに重視する議論の方法は，むしろ，後に見るように，カレ・ド・マルベールやカピタンというフランス憲法学者たちの議論と近似しているともいえる．すなわち，「客観」だと思っていた考え方は，実はある傾向の「主観」だったかもしれないということである．

　このように見てくると，「イギリスの内閣による自由な解散」論と一元型・二元型議院内閣制区分というビリーフの根は深い．既に研究者が問題意識を持って研究する以前から，そのビリーフは，日本で教育を受けた私たちの脳裏に刻まれてしまっているとも言える．したがって，本書が対象とする「イギリスの内閣による自由な解散」論と一元型・二元型議院内閣制区分というビリーフは，決して古くなって議論に値しない問題ではない．依然として戦後の憲法大家による把握は根強く，このビリーフは日本憲法学の伝統となっている．新しくはないが，今日もなお後継を拘束し，活き続けているテーマである．

第五章 「自由な解散」論と一元型議院内閣制の概括　129

注

1 ）　ただ，興味深いことに，この穂積の論文（「立憲政体の本旨」）では，モンテスキュー
の三権分立論は非常に支持されている．穂積は，モンテスキューの三権分立論が主権
の分割を意味するのであれば，国家の観念に反するが，それが作用の分配だけを意味
するのであれば，むしろそれは各機関の専制政治を予防することになり，それは「立
憲制の本旨」であるという．最終的に，「立憲制の要素は民主主義にあらず三権分立の
国家組織にあることを忘るべからず」（穂積 1898：444）とまで断言した．議院内閣制
を批判し，権力分立論を支持する穂積と，議院内閣制を徹底的に支持し，それを権力
分立論の対極に位置付ける樋口陽一の議論は，この点で対照的である．
　　　穂積八束の議論は，やはり，歴史的には「悪役」として批判されてきた傾向がある
ようである（坂井 2013：241）．しかし，民主主義を懐疑し，三権分立を評価するとい
う論理自体は（もし穂積が現代にいたとしても，21世紀流の「立憲主義」を支持する
とは思えないが），ジェームス・マディソンなど欧米の思想家にも，この時代以前から
共有されてきたことであるし，その視点自体は，現代的意義を失っていない．むしろ，
民主主義と権力分立との根本矛盾を，1898（明治31）年から意識していたことは，特
筆に価することなのではないだろうか．

2 ）　宮沢は，議院内閣制という穂積以来の日本語表現を，英語の parliamentary
government と結びつけたが，日本語の議院内閣制を英語で直訳すれば，parliamentary
cabinet system である．しかし，この parliamentary cabinet system は，通常使われ
る英語表現ではない．文献を検索すると，ほとんどが日本人の英語論文などで使われ
ており，一種の和製英語の域を出ていないようである．ただ，そうした日本語表現の
議院内閣制を直訳した parliamentary cabinet system を，むしろ日本的な統治システ
ムであるとして，parliamentary government とは敢えて区別して研究した文献もある
（Woodall 2014）．

3 ）　この引用部分は，後に『憲法と政治制度』（岩波書店）に編集される過程で，若干の
変更がなされている．『比較法雑誌』では，本論のとおりであるが，『憲法と政治制度』
では，「国王の意志が実際に少しでも作用するとみるのは，まちがいである」の「少し
でも」が省かれている（宮沢 1968b：63）．逆に「まちがいである」（宮沢 1951：106）は，
「まちがいのようである」（宮沢 1968b：63）と修正された．根拠薄弱なまま言い切った
1951年の記述をいく分か修正しようとした形跡が認められる．

4 ）　佐藤功も，日本国憲法における「解散の制度に関しては，明治憲法そのものと何ら
異ならぬものとなって現れた」（佐藤 1953：168）と述べている．

5 ）　宮沢が『比較法雑誌』論文で依拠した事実上唯一の英語文献であったヘッドラム・モー
リーの文献を初めとして，英仏の文献は，形部荘「第一次大戦後の憲法による議会政
の継受」『国家学会雑誌』55巻10号1941年の依拠した文献と非常に重なる．おそらく，
文献を選択して豊富に得られるわけではなかったという環境であったのは，想像に難
くない．第二次世界大戦中から戦後にかけての非常に困難な文献状況において，当時

130　第Ⅱ部　イギリスにおける内閣の「自由な解散」論と一元型議院内閣制の再検討

の研究があったことを，念頭に置いておかなくてはならない.

6）　なぜならば，大日本帝国憲法制定時からしばらくの間に残っている政治家や官僚たちの文献からは，大日本帝国憲法上は，当初あまり解散が頻繁になると想定されていなかったからである. 例えば，明治憲法起草にも参加した当時の中心官僚，伊東巳代治は，「行政ニ関スル立法協賛権ノ如キハ日本帝国ニ於テハ狭縮セリ」という見方を書いた後，議会解散は「稀有ニ属スベシ」と書いた. 財政に関しても，そもそも予算が可決されない場合は前年度予算を使えるようにしてあることとか，緊急の勅令が出せることなどを書いた後，「之ヲ以テ議会ノ協賛ヲ拒ムニ寄リ解散更迭ノ必要スル如キ場合モ自ラ少ナカラン」と述べ，国債発行も議会の承認を要しないことなどを述べて，結論的に「然ノ如ク本邦ニ於テ議會ノ解散スルノ必要ハ極テ僅少ナルコト」（伊東 年不詳：11-12）と述べた. なお，深瀬忠一（1962：187）は，同じ伊東文書において，政府の案が否決される場合には，解散を「再参再四スルモ可ナリ」（伊東 年不詳：13）の部分を引用しているが，これは他の立憲君主国の例に関して書かれたものである上に，「再三再四」解散するのも可であるとの文の直後に「或ハ其ノ設策ヲ改ムルモ可ナリ」（13）が書かれていたことを省いて引用している. つまり，内閣提出法案あるいは予算案が否決された場合には，再三再四解散することもできるが別の政策に改めるという方法もあるという穏健論が，伊東によって差し込まれていたわけである. 伊東文書全体の趣旨は，議会解散は大日本帝国憲法ではそれほど必要にならないという楽観的な見方を書いている. おそらく，第一回帝国議会で予算案の可決が難航し，第二回議会で早くも衆議院を解散させる羽目になる事態の前に書かれた物であろう. なお，驚くべきことに，1891年12月25日の初の衆議院解散後，金子堅太郎は当時の庶民院事務官レジナルド・パールグレイヴに議会解散したことを知らせている. パールグレイヴは翌日に電信で受け取り，驚くと同時に謝辞を述べていた. 当時の政府側がいかに海外の評判を気にしていたのかが良くわかる事例である. と同時に，金子堅太郎は，庶民院事務官とそうした連絡が取り合える間柄であったことも，驚くべきことである（大久保監修 1986：94）.

　　　　また，作者不詳であるが，伊藤博文（当時総理大臣）への，第二回議会解散時に作られたと考えられる上申書においては，「衆議院ノ解散ヲ命ズルハ政府議院ヲ以テ民信ヲ失シ輿論ヲ代表スルモノニアラズトナスノ場合ニ於テシ，又ハ新議院ガ必ズ政府執ル所ノ助クルノ勝算アル場合ニ於テスベシ」（作者不詳 1934：493）と，必ず政府支持の議員が増える場合に限定すべしという点は，いわゆる自由な解散論と同じ発想であるが，比較的抑制的に解散をするべきであるという申し入れを行っている.

7）　樋口陽一は，その後，「一元主義的議院内閣制」や「一元型議院内閣制」など，若干異なる表現を使うことがあったものの，「一元」という区別は変わらなかった. ただし，カピタンの1933年の論文では，（二元型 dualiste という言葉は相当数使われているが）一元型 moniste という表現やそれに直接相当する表現は使われていない. フランスの憲法学者も，こうした一元型 moniste，二元型 dualiste という区分を，カピタンのこの

第五章　「自由な解散」論と一元型議院内閣制の概括　　131

論文を参照して使っている（Albertini 1977: 20; Colliard 1978: 273; Lauvaux 1987: 31）.

8）　そのほか，芦部は，定数不均衡を残したまま衆議院の解散総選挙を強行しようとする中曽根首相に対する批判を，新聞記者の取材に対して，述べていた（「解散同日選に疑問の声─憲法学者に聞く」『朝日新聞』，1986年 4 月19日）.

9）　長谷部は，「法の『科学』は，事実によって反証可能な仮説の構築と，そのテストに限られるわけではない」（長谷部 2018：52）として，法を客観的なものと見ることから距離を置く．また，ハートの「内的視点」の重要性を強調する．しかし，（あくまで筆者の視点から見てということであるが）残念ながら，この観点が議院内閣制論までは貫徹されていない．もし，この立場を貫徹するならば，「議院内閣制」は日本の憲法学が歴史的に作り出してきた像で，客観的なものではないという理解にたどり着くはずである.

第六章

イギリス憲法学の理解から見た「自由な解散」論と
一元型議院内閣制の再検討

第一節　責任政府——イギリス独特の議院内閣制理解

　イギリスの議院内閣制論を議論する場合，果たして，イギリス自体の学者や政治家たちの間で，「議院内閣制」という理解があるかどうかが，まず問われるべきであろう．既にみたように，宮沢は，既に日本にあった議院内閣制を，英語においては parliamentary government であると述べた．実際のところ，英語の parliamentary government は，確かに，議会から信任を得て，議会に対して責任を負う政権を意味する．しかし，それと同じ意味で使われる他の用語も多い．例えば，*The Oxford Handbook of Comparative Constitutional Law* では，ブラッドリーらは parliamentalism を同じ意味で使っている（Bradley & Pinelli 2012）．

　Parliamentary government という言葉は，ジョン・ジェイムス・パーク John James Park という研究者が1832年に使いだしたのが初めてだといわれる（Hawkins 1989: 641）．しかし，その名を特に広めた書物としては，第三代（ヘンリー）グレイ伯爵の1858年と1864年『改革としての議院内閣制』*Parliamentary Government Considered with Reference to Reform* がある．グレイ伯爵の父は首相も務めた第二代グレイ伯爵である．第三代の彼自身も，戦争担当大臣，戦争・植民地担当大臣などを歴任し，その後政界を引退して，著述活動に入った．その中で，書かれたのが同書である．この著作において，彼は，「議院内閣制 Parliamentary Government において，我々の間に今あるような権力のための競争は，実質的には民衆の支持を集める競争である」（Grey 1864: 27）と述べた．また，さらに彼は，「経験が証明する所では，議院内閣制 Parliamentary

Government は，権力に関与する人々を，時として，変更することをもたらす一つの安全なやり方を提供している」(Grey 1864: 28) とも述べた.

グレイ伯爵は，彼による Parliamentary Government の「本質」に関しても述べている．彼によれば，「議院内閣制 Parliamentary Government は本質的に政党という手段による政権である．なぜならば，その存在条件そのものからいえる．それは，陛下の大臣たちが議会の諸決定，特に庶民院の諸決定を全般的に指導しえるべきであるということである」(Grey 1864: 49). また彼はこうも述べた．「庶民院は，議院内閣制 Parliamentary Government というシステムの下では，立法府の信任の間のみ政権を保持する陛下の大臣たちを通じて，執政政府に対する完全なコントロールと立法府の権威を合体させる」(Grey 1864: 73).

しかし，グレイ伯爵は，他方で，君主も十分な権限を持つと考える．グレイ伯爵は，君主も議会も互いに，その権限の「濫用」abuse に対して，それを妨げる十分な権力を持っていると論ずる．彼によれば，君主の「この高い権力が賢明さを持って行使され，緊急重大事態のために留保されるならば，君主は，大臣たちの政党の目的のために君主の権威が濫用されている場合には，大臣たちから不適切に要請されている諸政策の承認を拒絶しても，国民の支持を一般的に計算できる」(Grey 1864: 6) とされた.

この時のグレイ伯爵の「計算」とは，議会解散時の選挙に関する計算と見られる．実際，グレイ伯爵は，(小) ピット政権が1784年に庶民院で不信任議決された時の議会解散で，当時の国王ジョージ3世が推した (小) ピットが総選挙に大勝したことを書き，これが先例となり，庶民院で採決に敗れた政権は議会を解散して総選挙に打って出なければならないことになったと書いた．また，こうした解散総選挙を事実上ジョージ3世が主導したことから，「君主は，大臣たちの手中で受動的な道具となるべきではない．君主への助言に対して君主の判断を行使することは，単に君主の権利というだけではなく，君主の義務である」(80) とグレイ伯爵は書いた.

他方，グレイ伯爵は，枢密院 Privy Council が実質的に数ある委員会で構成されており，その委員会のなかから，内閣が最も重要なものと成長してきたことを述べたが (272)，内閣よりも，君主の大臣たち Ministers of Crown という

表現を多く使った．首相に関してはわずかに数回出てくる程度であった．1806年まで幾度か政権を担った（小）ピットも，首相とは当時公式には呼ばれていなかった事情が，グレイ伯爵の表現に反映されていたといえる．

ほぼ同時代に，議院内閣制 parliamentary government について書いたウォルター・バジョットも，グレイ伯爵と重なる部分が多い．非常に有名な部分であるが，バジョットは，「イギリス憲法の効率的秘訣は，執政権力と立法権力の緊密な統一であり，ほぼ完全に近い融合である」（Bagehot 1867: 12）と述べ，この時期のイギリス憲法の考え方の「必要な本質」として，「内閣は，一つの混合型委員会である―国家の立法部分と執政部分が合わさるハイフンであり，両者を結びつけるバックルである」（Bagehot 1867: 15）と述べた．この部分は，グレイ伯爵の認識と大きな違いはない．

しかし，解散権の行使を含めた君主の権限については，バジョットは異なった認識を示し，イギリス君主においては既に解散権限を失ったとして次のように言う．「原理が示すところでは，議会に支持された政権を解任する権限，そしてその議会を解散して民衆に信を問う権限は，それを長期的に見て行使できる一つの通常の世襲君主の権限ではない」（284），「女王は，無敵の時代で，首相の同意なく解散できた時と比べると，解散のチャンスを首相に対してほとんど行使できないように今日なっている」（287）．こうしたバジョットの認識は非常に有名で，影響力はあったが，後のイギリスの憲法学者からいくつかの重要な批判を受けており，そのことは，後に詳しく検討する．

グレイもバジョットも，後のイギリスの憲法学者と比べると，比較的議院内閣制 parliamentary government の本質について議論してきた．そのなかで，たしかに，バジョットは既にイギリス君主から，解散権を含む権限がなくなっているという記述をしている．しかし，こうした傾向，とくにバジョットのように，君主に権限がないという「本質」論が，その後，イギリス憲法学で共有されたり，当然視されたりという形跡は，後に見るように，存在していない．先述のルネ・カピタンや樋口陽一は，後のイギリス憲法学者の所論において，バジョットと同じ理解が共有されていたのかどうかに関しては，必ずしも検討していない．

グレイ，バジョットの時代からおよそ20年を経過すると，アルバート・ヴェ

ン・ダイシーの『憲法序説』 *The Introduction to the Law of the Constitution*
が1885年に刊行される．2017年1月のイギリス政府のEU離脱宣言をめぐって
行われた最高裁判決においても引用された重要な研究である．この『憲法序説』
における議院内閣制 parliamentary government の議論を確認しておく．『憲
法序説』における parliamentary government の翻訳は，これまで3度行われ
てきたが，一貫して，その訳語は「議会政治」という訳語が使われており，議
院内閣制とは一度も訳されていない．1899年の高田早苗・高若誠太郎訳，1933
年の高塚謙訳は，宮沢俊義の議院内閣制 parliamentary government 理解以前
であったが，それよりも以後の1983年の伊藤正己・田島裕訳においても，
parliamentary government は「議会政治」と訳された．

　ダイシーは，『憲法序説』において，議会，内閣に関してどのように考えたか．
また，それらの相互の関係に関して，どのように考えたかについてかなりの記
述を残している．例えば，以下のような記述は，ダイシーが議院内閣制に関し
て「本質」らしきものを考えていたことを示す．

> 　議院内閣制 parliamentary government は，執政府のメンバーが議会の
> 支持において政権を保持しない限り，またはその時まで，この用語の全面
> 的な意味において，存在しない．政権の保有が議会の支持に依拠するとき，
> 議院内閣制 parliamentary government はその十分な発展に至ることがで
> き，議会によって政府へと変えられる（Dicey 1982［1885］: 332）．

「全面的な意味」という表現を，レズローブの「正規」，樋口陽一やカレ・ド・
マルベールの「本質」と重ね合わせて考えることもできる．あるべき議院内閣
制像をダイシーは，持っていたということもできよう．しかし，ダイシーは，
他方で，以下のように，議院内閣制の本質主義的理解を否定する考え方も述べ
る．

> 　議会主権と議会執政府の組み合わせは，本質的ではなく，偶然的なもの
> である（332）．

この点は，古くはレズローブ以来指摘されているし，後に見るように，今日
的にも考察されている．イギリス憲法の考え方には，本質主義的理解と，価値

136 第Ⅱ部 イギリスにおける内閣の「自由な解散」論と一元型議院内閣制の再検討

に基づかず先例にのみ基づく経験主義的理解とがあるという点は，イギリス憲法に関して常にある議論である．

これら，19世紀の parliamentary government に関する議論において共通することは，これが「システム」ととらえられる一方，具体的には，「用法」usage や「実践」practice と見られてきたことである．現代の憲法学者たちの議論でも，parliamentary government は「実践」としてとらえられている（Bradley et al 2015: 14）．グレイ伯爵やバジョットの議論においては，「本質」は議論されたが，それでも先述したように，グレイ伯爵はバジョットと異なって，君主に実権があることを認めていた．政権が議会の信任を得て，議会に対して責任を持つという原則は明らかなものの，「本質」に関する議論は，それ以上には進まなかった．それどころか，戦後においてはフィリップスとジャクソンが，「議会自体は，統治する能力がなく，単に議会に対して責任を持つ執政府の一般的指揮を監督しているに過ぎないので」，「議院内閣制 parliamentary government という表現は，幾分かミスリーディングである」（Phillips and Jackson 1978: 27）と述べたように，「本質」や「原理」を議院内閣制に求めようとする議論を見い出すことは困難な状態となってきた．

どちらかと言えば，議院内閣制 parliamentary government は，政治学者によって議論されてきた．政治学者の場合の特徴は，それを比較研究のために，最小限度の定義を優先しようとしたことである．例えば，レオン・エプスタインは，議院内閣制 parliamentary government を，「執政府の権威が立法府から生じ，立法府に対して責任を負う憲法的民主政という形式」（Epstein 1968: 419）として定義した．アレンド・レイプハルトは，議院内閣制 parliamentary government を，執政府が立法府から選出され，立法府の信任に依拠するという二つの条件の組み合わせとして分類した（Lijphart 1984: 70）．ステパンとスカッチの定義は，日本あるいはフランスの上記の憲法学者と似た定義をしている，なぜならば，彼らは議院内閣制が，立法府の不信任投票と執政権力による解散という相互依存関係という要素として把握できると考えたからである（Stepan and Skach 1993: 3）[1]．彼らの特徴として言えるのは，この議院内閣制という用語を，大統領制などの他の政治制度と区別して使うために，定義しているのであって，その背景に読み込まれている「本質」というものを想定して，それを明ら

かにしようとしているわけではない，ということである．政治学者たちは，比較研究のために「最小限定義」(Strøm et al 2006: 10) を選択することが多い．そこに，「本質」という発想があることは，多くはない．

上記のように，議院内閣制 parliamentary government に関して，憲法学者，政治学者がどのように見てきたかを概括してみた．19世紀のグレイ，バジョットを除けば，「本質」に関して積極的に議論しようとする学者たちは多くなかった．また，「本質」という言葉を使った場合でも，日本の憲法学者やカレ・ド・マルベール，カピタンのように，その「本質」を深く探求しようという姿勢ではない．君主にはもはや実権がないということに本質を断定したかのように読めるバジョットの論も，首相の解散権が本質であるか，内閣の責任が本質であるかなどを，深く掘り下げようとしたわけではなかった．なぜ，そうであったのかに関しては，後節で詳しく検討することにする．

ここでは，イギリスにおける内閣による自由な解散論，イギリスにおける一元型議院内閣制という二つのテーゼを当然視してきた先述の日本の憲法学者たちの学説にもかかわらず，議院内閣制理解のなかでも最もイギリス的といえる「責任政府」という見方が，日本憲法学では（政治学でも共通していることであるが），抜け落ちていたということを，確認していく．

まず，「責任政府」という言葉であるが，その意味は，しばしば論者によって異なるところもあるが，その内容は，議会から信任を得て，議会に対して責任を負う政権を意味する点で，議院内閣制 parliamentary government と基本的に同じである．

実際，歴史的に見て，議院内閣制 parliamentary government と責任政府 responsible government は，時として相互互換的に使われてきた．例えば，グレイ伯爵は，「代表制を持つ全てのイギリス植民地に，『責任』Responsible 政府という名前で一般的に知られるが，『議院』Parliamentary あるいは『政党』政府ともいうべきものを性急に拡大すること」(Grey 1864: 335-36) に警告を発した．また，カナダの議会事務官アルフィウス・トッドは，「『責任』responsible あるいは『議院』parliamentary 政府 government の機能を明らかにしようとした」(Todd 1867: viii)．

いわゆる「ダラム・レポート」において，イギリス政府がカナダの安定のた

めに責任政府を導入するべきだと勧告したときには，この「責任政府」という用語は，イギリス連邦の国々に対して典型的に使われていた(Durham 1839)．アーサー・ベリデール・キースは，「諸自治領における責任政府は，イギリスの責任政府とは異なった基礎に依拠している」と観察した．ただ，その違いは，諸自治領における責任政府は，制定法を基礎としているが，イギリスの責任政府は，コモン・ローから導き出されているというものであった（Keith 1912: 59）．戦後になると，A. H. バーチが，主としてイギリス政府の経験に基づいて，代表および責任政府の関係に関する歴史的かつ包括的な見方を示した．バーチは著書の中で，責任政府こそがイギリス政府の「本質的特徴」（Birch 1964: 20）であると指摘した．

　これらの論者の見解は，「国王は誤りを犯さない」という格言から引き出されており，国王の大臣たちが政治的諸問題に関して効果的な責任を負い，国王は名目上の元首であると言う共通点があるが，厳密な定義は簡単ではない．R. A. W. ローズ，ジョン・ワンナ，パトリック・ウェラーが述べるところでは，責任政府に関して「不文憲法が前提とするところの，一つの説得的な定義や合意された諸原理を，ほとんど誰も規定していない」（ローズ他著，小堀・加藤訳 2015：146-48；Rhodes et al 2009: 123）．「責任政府」という用語によって描かれる政治現象は，一つの厳密な概念というよりは，トッド，キース，そしてバーチらがいうように，一つの「用法」usage と言った方が良いかもしれない（Todd 1867: 53, 68; Keith 1912: 59; Birch 1964: 19）．

　日本において，最初に責任政府という言葉を紹介したのは，尾崎行雄が Alpheus Todd, *On Parliamentary Government in England* の翻訳を，アルフュース・トッド著『イギリス議院政府論』（首巻，第一巻，第二巻，第三巻，第四巻，第五巻，第五巻の二，第六巻）として1883年に出版したときである．このとき，尾崎行雄はまだ国会開設前でまだ衆議院議員とはなっておらず，25歳でジャーナリストであったが，この responsible government を「責任政府」と正確に訳した．後，1888年には，Henry Duff Trail の *Central Government* がトレール著・勝山信三郎訳『責任内閣イギリス行政綱要』として出版されたが，書名にも明らかなように，responsible government は「責任内閣」と訳された．この「責任内閣」という言葉は，特に，当時勢いを増していた自由党の政治家たちや

ジャーナリストたちによって，積極的に使われた．例えば，1889年の『朝日新聞』「社説」では，「天皇は何処までも神聖にして侵してべからず行政上の事について総て国務大臣の責に任ずる」ということが，「学者仲間や政治仲間で責任内閣と唱へるもの」であると書き，その責任は，各国務大臣のただ天皇に対する責任と，それだけではなく，国会に対する責任と二種類があると述べた（「社説」『朝日新聞』1889年3月6日1頁）．その後も，大同倶楽部会，立憲自由党，進歩党などの政治家たちが熱心に「責任内閣」（事実上の政党内閣）を提唱することが多かった（例えば「責任内閣実行宣言」『東京朝日新聞』1889年（明治22年）11月20日1頁，「進歩党大会宣言」『東京朝日新聞』1909年（明治42年）10月29日3頁）．

　しかし，こうした「責任内閣」という言葉の使用は，昭和に入ると大きく減少し，戦後においては，ほとんど新聞紙上などでも出なくなっていく[2)]．こうした中で，憲法学者の一人である高見勝利の理解は，日本における「責任政府」理解の一つの象徴ともいえる．高見は，「イギリスにおいては，各国務大臣の議会に対する責任，ことにその共同責任（collective responsibility）から議会ひいては国民の多数派に支持された責任政府（responsible government）の概念が導き出される」とその発展について述べる一方，結論的には，「この 'responsible government' の概念は，19世紀中葉 'parliamentary government' という新たな概念にとって代られるまで，'representative government' と一対をなすものとして，イギリス議会政の形成に大きな役割を果たしてきた概念である」と述べた．この記述では，責任政府という考え方が19世紀中葉までしか使われていないかのような印象を与える．実際のところ，上記にように，19世紀のダラムやトッドだけでなく，20世紀にはキースやバーチ，今世紀においては，R. A. W. ローズらによって，イギリス及び英連邦諸国の「責任政府」は論じられてきた．さらに，イギリス憲法の有名な基本書の中で，今日においても必ず説明されてきた（Bradley, Ewing and Knight: 2015: 96; Bradley, Ewing and Knight 2018: 104）．

　そして，その重要性は，2018・19年のイギリスのEU離脱論の紛糾の中でも，発言された．メイ首相は，万一，何の具体案もなく離脱してしまうシナリオにおいても，国と国民生活に損害を与えないため，非常措置を，「責任政府」として提案した．それに対する野党議員からの質問に，彼女は以下のように答え

た．

　　　責任政府は，非常措置が機能することを確認しています．それが，この
　　状態において政府が行う責任ある事柄です．つまり，私たちが具体案を持っ
　　て離脱するのか，持たずに離脱するのか，結果を知り，確かめるまで，非
　　常措置が機能することを確認するのです．私たちは，これら非常措置をと
　　る必要があります．これが行うべき正しいことです（HC Deb 2018: 17
　　December, Vol. 651 col. 537）．

このように，今日においても，「責任政府」は，イギリス政治の中心部にお
いて使われる考え方である．無視してよい程の細かい話などではない．筆者の
管見の限りでは，「責任政府」という表現は，イギリスと英連邦諸国以外にお
いて使われる例を知らない．おそらく，議院内閣制のイギリス・ヴァージョン
の呼称といってよいであろう．いわゆる「自由な解散」論や一元型議院内閣制
だけではなく，この「責任政府」に対する理解においても，日本における「イ
ギリスの」議院内閣制論が，実際にはイギリスの議論にはあまり依拠してこな
かったということが，よくわかる一つの事例であるといっても過言ではないだ
ろう．

　この論点の最後に，やはり日本の議院内閣制は，イギリスの parliamentary
government とも responsible government とも異なると言わざるを得ない諸点
があることを指摘しておく必要がある．そもそも parliamentary government
を議院内閣制と考えてよいかどうかは，日本の憲法学でも議論されたが，その
際，イギリスの parliamentary government における内閣 cabinet の位置につ
いて十分に議論されたとは言いがたい．

　「内閣政府」cabinet government という表現がバジョットとジェニングスに
よって使われたことは，有名である（Bagehot 1867; Jennings 1936）．バジョットは，
「内閣政府」を，「行政権力と立法権力の融合」として描いた（Bagehot 1867:
24）．ジェニングスは1936年に『内閣政府』Cabinet Government という名の著
作を発表し，彼は，「その定義は，要するに，一つの歴史の遺物である．実質
においては，内閣は国の政策の指揮機関である」（Jennings 1936: 174）と述べた．
彼は，また，1918年の政府資料に基づき，議会に提出する法案の最終的決定，

議会によって決定された政策に対する最上位執政としてのコントロール，各省間の調整と区分の三つが明文化されていることを，ジェニングスは指摘した（Ministry of Reconstruction 1918: 6 ; Jennings 1936: 177）．さらに，ジェニングスは，内閣で共有された情報は，公的秘密法によって漏洩することが禁止されていると書いた（Jennings 1936: 175）．

　しかし，この内閣が厳格な意味で，政策執行を集団として指揮していたとは言いがたい側面が，ジェニングスが『内閣政府』を書いた1930年代からあった．本書でも後に見るように，議会の解散権限は，イギリスでは1918年以降内閣にあると見られてこなかった．内閣における情報共有は，実際には，全ての情報が閣僚全員に共有されるわけではなく，首相と内閣の数人にしか知らされず，重要決定が（特に外交面で）数人でなされることが多かった．時には，内閣で議論することが求められた案件に関して，ローズベリー首相が拒否したことがあった．また，外務大臣エドワード・グレイの秘密主義によって，内閣での情報共有がなされないことに対して，ロイド・ジョージ（当時蔵相）が「普通の新聞読者と比べて」内閣のメンバーは良く知っているわけではないと不平を述べたりしたこともあった（Jennings 1936: 185，ロイド・ジョージについては Lloyd George 2017 [1938]: 1011）．また，内閣委員会として知られるようになるような，かなりアドホックな面も含んだ諸委員会が，20世紀初頭から，首相と内閣の数人，そして官僚たちで形成され，そこで政策が決定されていたが，それらの存在が公式に明らかにされたのは，1992年のメイジャー政権の開示決定からだった（Turpin and Tomkins 2012: 423）．内閣自体は，1937年閣僚歳費法が制定されるまで，制定法のなかで言及さえされてこなかった．この1937年法も，名前のとおり，閣僚歳費が定められているだけであった．内閣の権限や役割，機能などに関しては，1939年に，アーサー・ベリデール・キースが述べたように，「慣習」（Keith 1939: 2）であり，『内閣マニュアル』Cabinet Manual が発行されるようになった今日でも，そのマニュアル自体は，政権が書くものであり，法律ではない．内閣の存在が慣習に依拠している点は，今日においても変わっていない．

　戦後になると，「内閣政府」という考え方に，多くの疑問が呈されるようになった．内閣での意思決定を重要視していたと評されるアトリー首相も，核兵器開発に関して閣僚内に反対メンバーがいるとわかるや否や，内閣委員会 GEN163

142　第Ⅱ部　イギリスにおける内閣の「自由な解散」論と一元型議院内閣制の再検討

を作り，閣議に諮らず秘密裏に核兵器開発を進めたことは有名であった（Brookshire 1995: 199; Bew 2016: 8127）．また，ハロルド・マクミラン首相が1950年代に，歴史家たちが「内閣は知的で規律正しく，個々の案件を整然かつ論理的に議論し，一つの整理された正確な結論に到達する」と書く傾向を批判して，「あなた方が考えているようなものではない」と述べた（Mallaby 1965: 17）．1974-79年の労働党政権においては，米国からのポラリス・ミサイルの購入問題が，内閣全体には知らされずに行われた．1984年には，政府通信本部 GCHQ の職員に労働組合結成を許さない決定がハウ外相によって明らかにされたが，これも閣議では議論されず，サッチャーと外相を含め数人のメンバーで決めたことであった．サッチャー政権では，内閣全体よりも，そのなかの数名及び外部のアドヴァイザーで政策決定や重要な意思決定を行うことが多く，内閣政府は大きく損なわれたと言われた．その後のメイジャー政権は，内閣政府を復活させようとしたと言われているが，その後のブレア首相は，さらに数名の閣内メンバーとアドヴァイザーたちとの間で政策決定を行い，閣議自体を軽視する傾向が強まった（Turpin and Tomkins 2012: 416）．

　1963年に，バジョット『イギリス憲政論』の序文を書いた労働党の政治家リチャード・クロスマンは，こうした歴史的経緯を評し，「戦後期においては，内閣政府から首相政府への最終的変化が見られた」（Crossman 1963: 51）と述べた．また，1987年に，政治学者マーティン・バーチは，ほとんど重要なことは，首相の支配下で，内閣の外で決まっており，その決まったことが内閣に持ってこられる．その度合いは年々増しており，内閣が最高の決定作成機関であるという考え方は，もはや支持できないと論じ，「イギリスの中央政府を内閣政府として描くことは，誤解を招く」と述べ，最終的に「内閣政府の死」（Burch 1987: 33）と結論付けた．さらに2000年に，政治学者マイケル・フォリーは，「内閣政府は，一つの不適切な名称であり，フィクションにさえなりえる」（Foley 2000: 325）と述べ，「事実上のイギリスの大統領制が，法的な議会―内閣フォーマットのなかに出現してきた」（352）とさえ述べた．

　ただ，こうした内閣政府の終焉という議論に対しては，有力な反論もある．パトリック・ウェラーによれば，「首相が強力になり，内閣は影響力を『失った』というゼロ・サム・ゲームがあるという仮定を，私たちは避ける必要がある」

（Weller 2003: 703）．また，大統領化という議論に関しては，ローズらは，それは単に「集権化」が進んでいるのであって，「大統領化」という表現は相応しくないと指摘している（ローズ他著，小堀・加藤訳 2015: 101; Rhodes et al 2009: 86）．

　こうした議論の経緯を整理して，憲法学者のタービン＆トムキンスは，内閣政府という立場でも，首相政府という立場でもない，コア・エグゼクティヴ（中枢的執政）という立場を比較的支持する立場を取っている．このコア・エグゼクティヴとは，「首相，内閣，内閣諸委員会及びその構成員を含む制度，ネットワークそして諸実践の複雑な網をカバーする，機構の中核であり，インフォーマルな大臣『クラブ』や会合，二者による交渉，省間の委員会などである」(Rhodes 1995b: 12)．ここで述べられているコア・エグゼクティヴは，首相を中心としながらも，ある分野では特定の閣僚たちとアドヴァイザーたち，官僚たちを含みながら，逆に，それ以外の閣僚たちが排除される形で，意思決定が行われることを想定しており，内閣というフォーマルな組織の会議を想定していない．イギリスの場合でも，閣議 Cabinet Meeting は「ゴム印」rubber stamp の会という位置づけで描かれることも多い（Lawson 1993: 125; Thomas 1998: 192）．そうしたフォーマルな会議よりも，もっと柔軟でインフォーマルな会合による意思決定が想定されており，それは時に内閣よりもはるかに小さい時もあるが，時にはある分野の閣僚以外のアドヴァイザーや官僚が入る．

　このように見てくると，イギリスの parliamentary government は，日本における議院内閣制，特に日本国憲法と内閣法によって位置づけられたフォーマルな存在としての議院内閣制とは，かけ離れている．内閣というフォーマルな位置づけがそもそもなく，彼らのメンバーシップを首相のリーダーシップの下で柔軟に使っていくイギリスの parliamentary government を，日本的な理解を前提にした議院内閣制に分類することは，恣意的すぎると言ってもよいだろう．いやいや，規範としての，（政治的にはともかく）法的な内閣の権限はあるはずだと主張したい論者も出てくるかもしれない．しかし，それを規定する制定法もなければ，内閣の権限に関する権威ある文書もない．それなのに，それを議院内閣制と読みこんだのは，日本の学者の主観であったということは，否定しがたいだろう．

　ただし，後に第九章第一節に見るように，そうした恣意的な分類は，社会科

学のなかにおいては，たびたびある傾向であるとも言える．本書は，ここで新たな用語を創り出して議論を展開するのではなく，とりあえず，その人間たちが作り出してきた主観的分類としての「議院内閣制」に乗ることで，議論を進めておきたい．

　ちなみに，日本における議院内閣制という理解は，すでに日本の憲政の実態からも外れているかもしれない．閣議が既にサイン（あるいは花押）会となっていた点に関しては，元内閣総理大臣菅直人（1998: 26-29）が以前に指摘したところである．その一方，毎回初入閣組が問題を起こしながら進んでいくことが日常風景となった日本の政権が，実際には，総理大臣と官房長官，財務大臣，総理大臣補佐官などのコア・メンバーによって動かされているという報道も多い．この実態を，果たして議院内閣制という言葉で捉えられるのか．日本においても，内閣政府は既に空洞化しているのかもしれないという問題意識で，実証的な分析が待たれるところである．

第二節　イギリスに「内閣の自由な解散」論はあったのか．

　2011年固定任期議会法 the Fixed-term Parliaments Act 2011までは，1715年七年法を除けば，イギリスの議会解散に関する制定法は存在しなかった．1715年七年法には，議会任期は7年で，議会は「陛下によって解散される」とのみ書かれていただけであった（議会任期の7年は1911年議会法で5年に変更された）[4]．したがって，2011年までは，イギリス君主が議会を解散することができ，総選挙を行うことができた．しかしながら，イギリスの憲法学者たちの間でよく知られたように，議会の解散権限は首相の要請に基づいて君主によって行使された．君主は，首相の要請なしに解散することができなかった[5]．また，君主は，通常，首相の議会解散要請を拒否することもできなかった．これらの点に関しては，多くのイギリスの憲法学者たちが，この諸実践が確立された慣習であるということを受け入れてきた．したがって，先に見た日本の憲法学者たちがこれらの諸実践から，「イギリスの内閣による自由な解散」という原理を導き出してきたとしても，不思議はないであろう．

　しかしながら，日本の憲法学者たちのイギリスにおける「下院解散」に関す

第六章　イギリス憲法学の理解から見た「自由な解散」論と一元型議院内閣制の再検討　　145

る理解と，イギリスの憲法学者たちによる「議会解散」の理解の間には，いくつかの違いを指摘できる．なお，イギリスの憲法学の表現において「下院解散」という表現は極めて稀であり，きわめて多くの場合「議会解散」the dissolution of Parliament という表現が用いられる．上院貴族院は解散とともに休会し，日本国憲法下でいう「緊急集会」のようなものは行われない．総選挙後には再び開会されるが，その時には新たな貴族院議員の任命などが行われる．論理的には，「下院解散」の方がある意味正しいであろう．この点で，イギリス憲法の考え方は，論理的ではない．しかし，その「経験」が共有されてきたという実態を見る必要がある．

　具体的には，両者の理解の第一の違いは，先述の芦部信喜『憲法』での記述に見られるように，日本の憲法学者たちが内閣の解散権限行使であると考えてきたことに対して，イギリスにおいては，1918年の実践例以来，事実上首相の解散権行使という理解に至っていた点である．

　20世紀中葉まで業績を残してきた憲法学者アイヴァー・ジェニングスによれば，「1841年から1910年までは，全ての解散権行使の決定は，内閣によって行われてきた」(Jennings 1959: 417)．しかし，1918年に，当時庶民院院内総務であったアンドルー・ボナー・ローによる下院での発言が，先例を作ってしまった．ボナー・ローは，「この問題に関してどのような助言を君主に与えるのかは，内閣の問題でなく，首相の問題である」(HC Deb 1918: 07 November, Vol.110 cc. 2425) と述べた．それ以来，ジェニングスによれば，「ロイド・ジョージ以後の全ての首相は，そうした助言を与える権利を前提とした」(Jennings 1959: 419)．A. W. ブラッドリーは，「首相が解散を求める前に閣議決定は必要ないということが，1918年以来確立された実践であった」と断言した (Bradley 1977: 226)．なお，イギリスが成文憲法を持っていないことは知られたことであるが，先述のように内閣の存在さえも1937年閣僚歳費法まではいずれの制定法においても言及されておらず，純粋に慣習的な存在であった (Jennings 1959: 118)．したがって，この問題が発生した1918年に，首相か内閣か，どちらに解散権限があったかということは，制度としてあったというよりも，それ以後に，ボナー・ローや他の政治家たち，そしてジェニングスやブラッドリーなどの憲法学者たちに共有されたビリーフとしてあった，という方がよいだろう．

146 第Ⅱ部 イギリスにおける内閣の「自由な解散」論と一元型議院内閣制の再検討

　したがって，第一の違いは，イギリスにおける内閣の解散権限自体が，もう存在しなくなって百年が経過した一方，日本の憲法学者の中では，いくつかの例外はあるものの，まだ十分に認知されていなかった，ということである．

　第二の違いは，先述した日本の憲法学者たちの理解においては，宮沢の明言をはじめとして，一切，イギリス君主の権限の余地を認めてこなかったのに対して，イギリスの憲法学者たちの理解においては，程度の差はあれ，君主は全ての状況において自動的に解散を認めなければならない，とは考えられてこなかったことである．この点に関して，ジェニングスは次のように言う．「この数百年の間，内閣によって助言されたとき，国王は一度も解散を拒否した事例はない．にもかかわらず，必要な事情が生じた場合，彼がそれを拒否できるというのは，一貫した伝統である」(Jennings 1936: 317-18, see also Jennings 1966: 108-109)[6]．

　また政治学者であり，憲法史家としても有名であるヴァーノン・ボグダナーは，「解散の承認が民主的諸権利の表現ではなく，それに対する侮辱となりそうな場合のみに限って，君主は解散を拒否する権利を持っている」(Bogdanor 1995: 162) と観察した．また，憲法学者であるスタンリー・ド・スミスとロドニー・ブレイジャーは，「首相がもし不適切に解散を要請してきたら，女王は，少なくともそれを拒否する権利を認められると同時に，それを拒否する義務を負っている」(de Smith and Brazier 1998: 124) と述べた．また，ブレイジャーは，「もし憲法の民主的基礎を恒久的に掘り崩す政府法案」が提案されたなら，君主は「解散に固執」することも正当化されるとも論じた (Brazier 1999: 195)．

　もちろん，これに対する反論もあった．同じく憲法学者であるロバート・ブラックバーンが有名な学術雑誌 Public Law において，ジェニングス，ボグダナー，ブレイジャーを批判した．ブラックバーンは，結論として，二つのことを書いた．①ジェニングス，ボグダナー，ブレイジャーのような理解は，古すぎる認識をもとにしており，現在は政治的には存在し得ない，②しかし，君主は憲法的義務を負っており，首相の違憲的な解散要請を，個人的裁量なしに拒否しなければならない．

　なお，このブラックバーン論文の理解を初めとして，『法律時報』2019年5月号において，岩切大地がイギリス憲法学の解散権行使に関する議論を手短に

紹介しているが，いくつかの点で，誤解を招く理解が示されているので，ここでも取り上げておきたい．岩切は，「女王が解散を拒否することもできるという考え方も有力であった」と述べている．正確には，憲法的義務として君主の権限を認める説は，その説以外には，なかなか発見することができないくらいのスタンダードな説であるといっても過言ではないだろう．ただ，それは評価に関わることだからよい．しかしながら，岩切は，ブラックバーン論文の556頁を参照して，ブラックバーンが「現代民主政治の下でそのような権限行使はあり得ない」と理解しているかのように書いた（岩切 2019: 33）．引用するときは，少なくとも同じ頁に正反対のことが書かれている時は，それも引用すべきであろう．彼の記述では，ブラックバーンの意図が改変されることになる．ブラックバーンは，明瞭な違憲的助言があった場合には，個人的裁量によってではなく，憲法的義務として拒否すべきであると書いている．長くなるが一段落を引用すると，以下のとおりとなる．ブラックバーン論文は，この段落で終わっているので，しっかり読めば，読み落とすはずのない部分である．

　　事実において，現代において首相の要請に対する拒否はなかった．解散に関して政府に反した君主の最後のケースは，1834年である．本当のところは，解散問題と総選挙時期を決定する君主の個人的大権・裁量的権力を促す全ての学問的理論はアナクロニズムであり，政治的現実として存在しない．今日，君主は，首相の助言と指示に基づいて行動する義務を負う．ただし，助言が明白に違憲であり，慣習に違反する場合を除いて．例えば，首相が総選挙に敗れ，野党が過半数を獲得したならば，その首相が再び総選挙に訴えることは明白に違憲であり，君主はその解散要請を拒否し，彼を罷免するだろう．さらに，首相の助言が違憲的である場合には，君主は，個人的裁量なしに，それを拒否する義務を負う（Blackburn 2004: 556）．

　岩切は，ブラックバーンの議論を元に，イギリスでは，「自由な解散」論とそれを批判する「対抗」があるようにも読める書き方をしているが，その「自由な解散」支持論は，作り出されている．イギリスの議論にその対立図式があるというならば，誠実な引用によって証明してみてはどうであろうか．筆者は，本書において，日本の憲法学者が（非常に長きにわたり）イギリスの文献的議論を，

英語で言う an elephant in the room（無視し得ないものの無視，触れてはいけない話題）にしてしまっているという点を問題にしている．ブラックバーン論文のこの使い方も，善意にせよ何にせよ，日本憲法学の伝統の踏襲のために文意を変えて使われているのではないだろうか．

　結局，君主の解散拒否権を最も狭く限定しようとするブラックバーンと，必要な時には君主が解散に固執できるとするブレイジャーとは，イギリスの君主が憲法的な義務を負っているという点では，一致している．この君主の憲法的義務論は，イギリスの憲法学における「通説」と言っても過言ではなく，少なくとも日本の法学的な意味での「有力」説ではない．この点で，日本の憲法学者の言う「自由な解散」論の支持者はイギリス憲法学にはいない．

　先述したが，君主の大権が通常の状況であれば大臣たちの助言に従って行使されるが，例外的な状況においては，君主の憲法的役割の範囲を，イギリスの憲法学者たちは，完全に排除しようとはしなかった．この両面の説明が，イギリスのほとんどの憲法学者の間で踏襲されてきた．1951年の宮沢のイギリス君主大権に対する断言のように，大権行使に関する君主権限に否定的な一部分を，引用することは簡単だろう．しかし，イギリスの学者の断片的な引用で，それを日本の従来の理解に不自然に埋め込むことを，これから先も続けるつもりであろうか．

　また，イギリスの憲法学者たちが，君主の解散権限に関して共通で依拠する先例もある．一般的に触れられる事項は，1950年のラッセルズ原則，1974年の少数政権による解散権行使の是非，英連邦諸国の諸解散例の三つである．

ラッセルズ原則

　ラッセルズ原則とは，1950年5月に，当時の国王ジョージ6世の秘書のペンネーム投書という形で，『ザ・タイムズ』 The Times 紙に発表された見解である．それは，秘書の名前を取り，「ラッセルズ原則」と呼ばれた．副題に「国王の選択要素」と記載されている．そこでは，①現在の議会がなお生きており，目に見えて，職務を行う能力があり，②総選挙が国民経済に悪影響を与える可能性があり，③一定期間，庶民院において過半数をもつ政権を運営できる別の首相が見つかる場合においては，君主は議会の解散を拒否することもある

と明らかにしている（Lascelles 1950）[7]．

　戦後最初のイギリス総選挙は，ベルリン陥落直後の1945年7月に行われ，労働党が過半数を大幅に上回る議席を獲得した[8]．その次の総選挙は，労働党政権による議会解散で，1950年2月に行われた．ラッセルズの投稿が『ザ・タイムズ』に掲載された時は，2月の総選挙で労働党政権が議席を過半数割れ寸前に減らした直後で，議席増を求めて近々再び解散が検討されていることが話題に上っていた．しかし，同時に，前回総選挙から間もない解散の是非も問題になっていた[9]．結局，その年の解散はなく，翌年1951年10月に解散された．

　1951年総選挙において，保守党へと政権交代して以後，1955年，1959年と約4年ごとに議会は解散されたが，イギリス議会の任期が5年であることからすると，決して意外なものではなかった．1964年は，ほぼ任期切れの時期での解散であった．1966年の議会解散・総選挙は，前回1964年総選挙から17か月あまりで行われており，外見上は，首相の自由度をかなり生かした我侭な解散ではないかと疑うこともできるだろう．実際，直前のハルでの補欠選挙で労働党が前回より票差を拡大して勝利したことが，ウィルソン首相が解散を決断した理由だったと書いた論者もいた．しかし，後にウィルソン自身が書いたところによれば，解散は補欠選挙前から決断していて，それは庶民院における過半数議席がわずかであったからであったと述べている．それこそ，もしハルで負けても，「総選挙をしなければならなかっただろう」（Wilson 1971: 199）と述べている．当時の有名な政治学者バトラー＆キングの評価でも，「たった5議席から，少ないときではたった1議席の，保守・自由党議席に対する過半数で，17か月も統治に成功した」（Butler and King 1966: 1）と，当時の少ない野党との議席差のなか，解散は意外ではなかったと書いている．

　過半数議席の少なさが解散理由になることは，それまでのイギリスの議会解散事例から見ても，決して予想はずれでも意外でもなかった．選挙タイミングに関して詳しい政治学者アリステア・スミスも，過半数議席の減少は総選挙タイミングの重要な要素であることを指摘している（Smith 2004: 100）．安定多数を持つ政権が，安定多数のために行う解散が当然視される，何でもありの日本の「自由な解散」とは，事情を異にする．

　4年後に総選挙が行われた1970年は，スミスによれば，年後半には経済指標

150　第Ⅱ部　イギリスにおける内閣の「自由な解散」論と一元型議院内閣制の再検討

が悪化するという予測が，ウィルソン首相をして5月解散・6月総選挙に踏み切らせたと述べられている（183-87）．貿易黒字などの経済指標は1969年秋から改善が現れ，1970年4月下旬には多くの新聞社が解散総選挙の観測を流しだした．そして，5月18日に解散総選挙が発表された．何人かの専門家によれば「6月の選挙は意外だった」（Butler and Pinto-Duschinsky 1971: 138）けれども，野党保守党は，党の支持率でリードしている時期が多く，むしろ総選挙を強く求めてきた．その報を聞いた保守党党首ヒースは，「準備は出来ている」（同上）と語った．

1974年の少数政権による解散の是非

　首相による解散権が論点になった次の事例としては，1974年には，当時少数政権であった労働党政権の解散権行使が認められるか否かが問題となった．

　まず，前回1970年6月総選挙から，およそ4年ぶりの時期となる1974年2月5日にヒース首相は，女王の許可を得て，議会解散と27日投票の総選挙を発表した．この2月の総選挙自体は当初予想されていないものであった．多くの政治家たちは，その年の秋か翌年を想像していた（Butler and Kavanagh 1974: 27）．しかし，時は，まさに第一次オイルショックの最中であった．1月末から2月の初めにかけて，全国炭鉱労働組合のストライキ決定が不可避であること，それにより電力不足が一層深刻になることを受けて，この国を統治しているのは，労働組合か，それとも国民によって選ばれた政府なのかを問うべきであるという議論があった．新聞各紙も，解散総選挙が近いという報道を多数行っていた．そのうえ，将来的な経済予想もよくなく，その意味でも総選挙を伸ばすのは得策ではないという保守党内観測があった（Smith 2004: 192-94）．こうした状況に取り囲まれたヒースを評して，バトラー＆カヴァナーは，解散権行使に関して「ヒース氏が真の自由を失っていたことは明白であった」（Butler and Kavanagh 1974: 44）と書いた．そして，2月5日の全国炭鉱労働組合のスト決定を受けて，ヒースは，当時オーストラリアに滞在していた女王にテレグラムを送り，解散の助言を行い，承認され，上記のとおり，解散・総選挙を発表した．

　この1974年2月総選挙で，ヒース政権は議席数を前回の330から減らし，297議席と過半数を割り込んだ（過半数は318議席）．しかし，ヒースはすぐには辞任

第六章　イギリス憲法学の理解から見た「自由な解散」論と一元型議院内閣制の再検討　　151

せず，自由党との連立を模索した．自由党はこれを受け入れず，ヒースは，この時になって首相としての辞任を女王に伝えた．これを受けて，女王は，労働党党首ハロルド・ウィルソンを首相に任命した．ウィルソン政権は少数政権として３月４日に発足した．労働党は総選挙で301議席を獲得して第一党であったが，過半数に17議席足りず，野党が協力すれば，政権を不信任できる可能性があった．実際，議会開会時の「女王スピーチ」（政権施政方針演説の女王による代読）後に，この施政方針が否決される可能性が，保守党議員から語られた．それに対して，労働党側は，もし仮にそうして否決されるならば，女王は連続解散に近いような時期の解散でも拒否しないのではないかと語った．労働党と保守党は，解散の可能性をめぐって，様々な観測を流した．しかし，結局，保守党は，３月18日の施政方針をめぐる採決には棄権し，それが否決されることはなかった（HC Deb 1974: 18 February. Vol. 870 cc. 803-11）．当時，多くの観測では，総選挙に敗れたヒース保守党が，自らが辞職直後に労働党政権の「女王スピーチ」を否決して解散すれば有権者の怒りを買って，総選挙では労働党が勝利する可能性が高いといわれていた．「女王スピーチ」が可決された後も，ウィルソン政権は，当初５月あるいは６月の解散を検討していた（Watt 1974: 346-55; Butler and Kavanagh 1975: 20）．

　この問題に関しては，結局，労働党議員からの問い合わせに対して，５月11日に当時の枢密院議長エドワード・ショート（労働党副党首）が，「憲法学者たちの明確な意見」において，「君主が常に解散を認めるように拘束されているわけではないという点で一致している」（Clark 1974）と述べた．その後，ウィルソン政権は，何度も庶民院での採決に敗北し，ついに，９月18日女王に議会解散を助言し，認められ，総選挙が宣言された（Butler and Kavanagh 1975: 29）．

　このように，1974年２月に過半数を持つ政党が出現しなかった状態の下で，ウィルソンが女王に議会解散の助言を求めた場合，どのような結果になるのかに関して，様々な議論があった．何でも認められる，自由な解散という共通認識があったとはいえない．なお，この1974年の２回の総選挙の後は，1979年３月に庶民院で，保守党提出の政権不信任案が可決され，当時のキャラハン政権は女王に解散を助言し，解散された．そこでサッチャー保守党が勝利し，政権が交代したことは周知のとおりである．サッチャー政権における1983年・1987

年の総選挙はいずれも4年目の総選挙であり，大方の予想と一致するところであった．1992年は任期が終わる直前の総選挙であり，1997年総選挙も同じであった．2001年総選挙・2005年総選挙とも，4年目に行われており，これも大方が予想した時期であった．2010年総選挙は任期切れ直前の解散であった．そして，2011年には固定任期議会法が成立し，首相の解散権は，当時の副首相ニック・クレッグの提案の言葉を借りて言えば，「除去」された．2011年法が成立する前でも，首相が好きな時期に解散できるという日本的理解とは逆に，かなりコンセンサスのある時期に解散してきたことが多いことが分かるであろう．

英連邦諸国の事例

さらに，イギリスにおける憲法基本書は，英連邦諸国の例に言及することが多い．例えば，1926年のカナダでは，自由党キング首相の解散要請に対して，君主任命のバイング総督が拒否をして，その結果，キング首相が辞任して，総督は次の首相メイヘン（保守党）を任命し，その新首相が議会で不信任された後，議会解散を認めた．しかし，総選挙でメイヘンは敗れ，キングが首相に返り咲いた．この時の解散要請に対する総督の分かれた判断は物議をかもした．なぜキング首相の解散要請が拒否され，メイヘン首相の解散要請は受け入れられたのかが，議論となった．1939年の南アフリカでは，ダンカン総督が不信任案可決後のヘルツォーグ首相の解散要請を拒否し，首相は辞任し，新首相にスマッツ将軍を任命し，その首相は10年近くの長期政権を務めた．

上記の1950年のラッセルズ原則，1974年の少数政権による解散権行使の是非，英連邦諸国の諸解散例の3つは，ウェイド＆フィリップス（Wade and Phillips 1955: 92-93），マーシャル＆ムーディー（Marshall and Moodie 1971: 44-49），ブラッドリー（Bradley 1977: 226-28），ブラックバーン，ブレイジャー（Brazier 1999: 183-97），ターピン＆トムキンス（Turpin & Tomkins 2007: 354-66），ユーイング（Bradley, Ewing and Knight 2018: 242-52）など，戦後イギリスを代表する憲法学者たちが多く言及した一方，宮沢，樋口，芦部，高橋，そして長谷部ら日本の有力な憲法学者がことごとく言及してこなかった事例である．いずれも，君主あるいは総督が解散権の行使に影響をもたらした事例であった．

第六章　イギリス憲法学の理解から見た「自由な解散」論と一元型議院内閣制の再検討　　153

　このように見てくると，要するに，最もイギリス君主の権限を狭く限定して理解しようとしたブラックバーンにおいてさえも，例外的状況においては君主の解散権限と首相からの要請の拒否権を，憲法的義務として認識した．したがって，これら憲法学者たちの間では，少なくとも例外的状況においては，イギリス君主に，首相からの解散権限要請の拒否権を認めてきたという共通の認識はあったといえるであろう．そして，そうした認識は，既にみてきた日本の憲法学者の間での「イギリスにおける内閣による自由な解散」とは異なるものであった．

　おそらく，こう書くと，君主による解散拒否権は一度も行使されていない，そんなものはなかったのだと言い切りたい論者が出てきても不思議ではないだろう．それは，非常に日本的なこれまでの伝統を裏切らない発想である．ただ，非常に高い教育を受けた賢明な君主を想定して見て欲しい．わざわざ，あからさまな拒否権行使まで指をくわえて待っているであろうか．舞台裏での圧力や牽制という手段に予め訴える方が，はるかに賢い方法である．ヴィクトリア女王は何度も舞台裏で解散権に関して権謀術数を考えた．1910年エドワード7世は，議会法案通過をさせるための貴族院議員増員の要求を願い出たアスキス首相に，二度目の解散を迫りながらも，増員の約束に関しては権謀術数をめぐらせた（Jennings 1959: 436-37）．ジョージ6世は，連続解散の可能性があったアトリー政権に対して，先手を打って *The Times* で秘書に見解を発表させた．こうした状況の下で，どんな首相が，君主の「眼」を気にせずに，「自由な解散」ができるであろうか．できると思うためには，イギリスの憲法史に触れないことが合理的であった．その道を，先述の日本の憲法大家たちは歩んできた．

　ところで，こうした自由な解散論の最初の例でもあった，先述の宮沢の1951年論文に立ち戻りたい．既に，宮沢が「国王の意思が実際に少しでも作用すると見るのは，まちがい」と述べた論拠は，当時のイギリスの歴史家アグネス・ヘッドラム－モーリーに依拠していたことは見た．ここでは，その彼女がどのような根拠に基づいていたのかを検討していきたい．

　先の『比較法雑誌』の論文では，ほとんどの箇所の引用はフランス語文献であったが，解散に関して君主の意志が全く作用しないと断じた部分の根拠は，イギリスの歴史家ヘッドラム－モーリーの次の部分であった．

154 第Ⅱ部 イギリスにおける内閣の「自由な解散」論と一元型議院内閣制の再検討

　　注目されるべきことは，憲法実践によれば，彼自身の選択をするイング
ランドの国王の権利は，非常に狭い範囲においてさえも，減少しているよ
うに見える．彼は首相を選ぶのではなく，多数党で決められた人を任命す
るのである．もし，だれがその政党の党首かに関して疑義が生じた場合で
も，その決定は，党全体の集会によってか，リーダーたちの会合かによっ
て行われるのであって，国王によって行われるのではない（Hedlam-Morley
1929: 210）．

　このヘッドラム－モーリーの文献は，『ヨーロッパの新しい民主的憲法』
The New Democratic Constitution of Europe という書名の通り，ヨーロッパ
各国の憲政制度に関する比較が主題であり，それに関する豊富なエビデンスが
提示されており，大変説得的なものであった．しかしながら，上記のイギリス
の政治制度に関する引用部分，および，その前後に関して言えば，一切の注が
なく，彼女個人の見方を示したに過ぎない．宮沢の1951年論文は，その文言か
らしても，先出の宮沢『比較法雑誌』論文の「現在のイギリスでは，下院の解
散について，国王の意志が実際に少しでも作用するとみるのは，まちがいであ
る」は，「イングランドの国王の権利は，非常に狭い範囲においてさえも，減
少しているように見える」と，いくつかの点で類似している．

　樋口陽一は，これまでイギリスに関して「自由な解散」論を決して述べてい
ない．しかしながら，国王が儀礼的な存在でしかないという認識は，イギリス
の君主に一切の解散権限がないということと同じになる．この点に関して，樋
口の分析はその多くをフランスの文献に依拠しており，イギリスの文献に対す
る参照は非常に限られたものであった．イギリス議会の解散権に関してそれは
内閣が持つということに関しては，樋口は主として1933年のルネ・カピタンの
論文に依拠していた．その論文でカピタンは，「国王の手から，解散は大臣た
ちの手に落ちたのである」（Capitant 1933: 54）と述べた．しかしながら，カピタ
ンはこの部分に関して，どのイギリスの議会解散に関するものであるかは，述
べていない．また，当時，イギリスで話題となっていたヴィクトリア女王とグ
ラドストーン首相（首相在任期間1868-74年，1880-85年，1886年2月-7月，1892-94年）
との間での闘争に関しては言及していない．後に見るように，1907年にヴィク

トリア女王の手紙が出版されて以来，ウィリアム・アンスンは，大急ぎで自著の第三版の序章に女王の手紙の出版に関する記述を挿しこんだ（Anson 1907: xxx）．多くのイギリス憲法学者にとって，女王の手紙の出版は，ヴィクトリア女王が舞台裏で政権や政権幹部に対して，強力な関与をしていたことが明らかにされた点で，注目の書であった．これに全く触れていない点で，カピタンが当時の英国の議論，とくに君主の権限に関する議論を良く知る論者ではなかったことは，明瞭である．

　また，フランス語文献に依拠してきたという点では，高橋和之の議論に関しても同じことが言える．高橋は，1994年の著作で「日本国憲法は，通説のとくように内閣が自由な解散権をもつと解すれば，カダールのいう真の議院内閣制を採用しているということになる」（高橋 1994：395）と書いた．彼の場合も，フランスの学者の議論に依拠し，イギリスの解散権限行使事例に関するエビデンスを挙げていたわけではなかった．

　本節の最後に，イギリスの憲法学者たちは，解散権の濫用というとき，古くから，君主の濫用と首相による濫用の両方に注意してきたことを書いておく．グレイ伯爵は，先にも引用したように，「大臣たちの政党の目的のために君主の権威が濫用されている場合」（Grey 1864: 6）というように，首相らによる解散権の濫用と，1784年の議会解散のような君主による濫用（79）とを挙げて，両方の濫用に対する警戒感を示している．

　そして，その見地に関して，ギリシャ生まれで，イギリスで学んだ憲法学者B. S. マルケシニスは，次のような興味深いコメントを残している．

　　　20世紀の残りの数十年における憲法法律家たちは，この問題（誰が君主大権を動かしているのか）を悩む必要はない，しかし，その代わりに，首相権力を統制する新しい原則を定式化すべきである．首相だけが究極的に解散のタイミングと理由に対して責任を持つという事実に，その特定の危険が存在している（Markesinis 1972: 121）．

　上記のように述べてきたイギリスの憲法学者たちの共通の見方は，イギリスの君主の留保的権限の範囲を否定していたわけではなかった．それとは逆に，過去において，首相権限の濫用の可能性を注意深く，用心して観察をしてきた．

彼らは，カレ・ド・マルベールや樋口陽一のように，権力分立の対極に議院内閣制を見ていたわけではなかった．常に，民主主義によって権限が集中する首相による権力濫用の可能性に注意してきたのである．

イギリスでも，日本と同じく，一院型議院内閣制論と「自由な解散」を事実上保持してきたはずだと考えると，そこから2011年に「固定任期議会法」で首相解散権を廃止してしまうという展開が，非常に唐突に見えるかもしれない．しかし，上記のように，イギリスの憲法・政治議論は，一貫して，解散権の首相による濫用の可能性を考え，君主による最終的な介入の余地を認めてきた．それは，決して君主の利己主義的介入ではなく，むしろ，憲法的義務としての介入を想定していたのである．

つまり，「自由な解散」論は，イギリスではなく，日本で生まれた．それは，1949年に，イギリスの憲法慣習を誤解し，そこに戦前の日本の解散慣習を重ねることで，宮沢俊義によって発想され，1954年に芦部信喜が定式化し，1993年に，その定式化がさらに固められて，「神話」として確固たる地位を築いた．「自由な解散」論に対する警戒感を著書で明確に述べてきた芦部信喜自身が，その定式化を固めてしまったのは，一つの「意図せざる結果」であったと言えよう．

この節の最後に，「自由な解散」論ではないが，同じく，フランス志向の強い日本憲法学理解ならではの論点をもう一つ指摘して終わりたい．それは，解散という手段と，レファレンダムという手段のアナロジーである．これは，イギリス憲法学にはない．しかし，日本の憲法学者の議論においては，たびたび，イギリスにあるものとして，当然視されて議論が進められてきた．例えば，深瀬忠一は，「現代イギリスに於て，解散制の頻度の多くかつ正常な運用によって，一種のレファレンダム制が機能していると評しうる所以である」（深瀬 1962：173）と述べ，長谷部恭男は，「イギリスにおいて，解散がレファレンダムの役割を果たしているとの考えは広く流布して」いると述べた（長谷部 1984：259）．長谷部は，この理解を基礎として，今日でもレファレンダムの代用としての解散の役割について述べている（長谷部 2018：397）．

深瀬の場合でも，長谷部の場合でも，1924年のカレ・ド・マルベールの「解散が，レファレンダムと類似的な役割を果たす」（Carré de Malberg 1922: 375）という部分に依拠している．しかし，このカレ・ド・マルベールのテーゼに依拠

して，イギリスにおける議会解散のレファレンダム的意味を理解することは，もともと困難であったが，カレ・ド・マルベールの時代から百年近くが経過し，さらに困難になってきている．

　イギリスにおいて，レファレンダムを提唱した初期にして有名な例は，ダイシーである．しかし，ダイシーは，アイルランド自治に反対する立場から，庶民院の選挙と貴族院の抵抗に失望し，レファレンダムを提起した．ダイシーは，『憲法序説』第三版への序文（日本語翻訳はない）において，レファレンダムという言葉はスイスから来たと述べた後で，その原理について，「庶民院と貴族院が可決した法案を，有権者の投票の前に提出し，その問題に関する有権者の過半数の承認あるいは是認を受けるまで法律にすべきではない」(Dicey 1982 [1885]: cix) と述べたのである．法案可決から君主の同意 Royal Assent までの間に，レファレンダムを入れようという提案であり，これは一般論としての導入ではなく，特定の法案，つまりアイルランド自治法案を想定してのことである．総選挙を行っても，また自由党が勝ってしまい，アイルランド自治法案が止められない．解散とのリンクを敢えて断ち切る，これがイギリスのレファレンダム論の始まりである．

　1910年に二回の総選挙をイギリスのアスキス政権は実施した．一回目は貴族院による歳入法案（通称「人民予算」）の否決を受けて，信を問い，二回目は，事実上，議会法案の信を問うた．たしかに，当時の議会は，庶民院においても，貴族院においても，レファレンダムを要求する議論も，総選挙を要求する議論もあった（例えば，HC Deb 15 May 1911 Vol. 25, Col. 1658-783; HL Deb 04 July 1911 Volume 9, Col. 100-92）．この議論を聞き及んで，総選挙とは一種のレファレンダムであるとカレ・ド・マルベールが考えたのかもしれない．争点を強く明示して総選挙を行うことで，たしかに，争点の是非を問うレファレンダムと，客観的に見れば同じだという主観を持つことは可能である．

　レファレンダムは，その後，ボールドウィン政権で1930年に食料税に関わって考えられたが，実行には移されなかった（Bradley and Ewing 2011: 542）．次にレファレンダムは，第二次世界大戦直後に舞台裏で問題となった．1945年にチャーチルが総選挙を延期するために，その延期の是非を問うレファレンダムを持ち出したと言われる．しかし，後に首相となるクレメント・アトリーは，

レファレンダムというイギリスにとってなじみのない方法を導入することはできないし、それは、むしろナチズムやファシズムの方法であったと指摘し、拒否した（Boyer 1991: 43）. この時は、解散を回避するために、チャーチルはレファレンダムを使おうとした.

もっとも、1974年10月総選挙に向けてのマニフェストのなかで、ウィルソン労働党は、政権を獲得するならば、総選挙以後12か月以内に「投票箱を通じて」（Dale 2000: 211）、EC加盟維持か、脱退かについて、イギリス国民に最終的決定権を与えると書いた. つまり、この時、レファレンダムは、総選挙に対するアナロジーとして、確かに使われた. しかし、結局、この後、1975年に初めて国民投票を行った理由は、労働党自身がこの件に関して分裂しており、また、この時の労働党の過半数はわずかであり、議会において決着をつけられなかったからであった（労働党の分裂状態に関しては、力久 1996が詳しい）. すなわち、実際には、党のまとまりを前提とした解散総選挙と、党が分裂していたからこそ決定権を国民にまる投げするレファレンダムとの、機能の違いが露骨に現れた.

1992年には、マーストリヒト条約の批准に関わって、国民投票にかけるべきだという批判が相次いだ. そのなかで、メイジャー首相は、次のように反論した.

　　　レファレンダムの結果は、フランス議会の意思を乗り越えることができる、というものである. そういうことは、私たちの国で、これまで受け入れられてきた憲法的措置ではないし、下院にとっても、この国の良い統治の利益にとっても、一般的に受け入れられるものであると信じることはできない（HC Deb, 3 June 1992, Vol. 208 Col. 833）.

ここでも、議会の意思とレファレンダムの意思を混同するようなことを、イギリスの首相は述べなかった.

レファレンダムの意味を掘り下げれば様々に出てくるのは間違いないが、イギリスに関して行われたレファレンダムに関しては、1975年のECレファレンダムを初めとして、一貫して政党の分裂回避のために事実上行われたという評価が一般化している（Qvortrup 2005: 102; House of Lords Select Committee on the Constitution 2010: 17）. この場合、総選挙とレファレンダムの重要な違いがある.

それは，前者は政党としてマニフェストを発行し，各政党がそれぞれまとまっ
て行動しなければならないと見られているが，後者のレファレンダムは，1975
年，2011年，2016年のいずれの全国的レファレンダムでも，政党には一致した
行動が求められず，各政党は分裂していてもよいと考えられていたからである．
また，この3回の全国的レファレンダムでは，閣内一致も必要とされず，内閣
のメンバーが互いに異なる態度でレファレンダム運動に関与することも許され
た．

　実際のところ，総選挙でもレファレンダムでも争点があることは当然のこと
であり，強い争点を持った総選挙をレファレンダムと見ることは，主観的には
可能である．しかし，その主観が，管見のかぎりでは，イギリスでは非常に少
なかった．憲法学者でそうした論を述べたのは，マルケシニスくらいしか見当
たらない（Markesnis 1972: 40, 236）．

　カレ・ド・マルベールのテーゼと同じ論理が，イギリス憲法学やその他にお
いて，共有されてきたとは言い難い．逆に，党が分裂しても行えるレファレン
ダムと，党が分裂していてはできない総選挙とでは，性格は大きく異なるとい
う理解の方がイギリスでは共有されつつあるように考える[10]．

第三節　日本における一元型議院内閣制論とイギリスにおける　　君主の「個人的大権」論

（一）　「留保的権力」あるいは「個人的大権」論

　検討すべき第二のビリーフは，一元型議院内閣制であり，この理解の下では
全ての行政的権力が，立法を代表する所の内閣に集中されると言われる．1994
年に，先述の四人の憲法学者たちの一人である高橋和之は，「議院内閣制に一
元型と二元型とを区別すべきだと考える点ではほぼ異論がないようにみえる」
（高橋 1994:392）と書いた．この章では，この一元型議院内閣制という考え方が，
イギリスの憲法学や政治学で共有されていたかどうかを検討する．

　その最初の作業として，一元型議院内閣制とは，どのような理解かというこ
とを見ていきたい．これに関して，最もクリアな記述を示しているのが，樋口
陽一であり，彼は以下のように述べた．

160　第Ⅱ部　イギリスにおける内閣の「自由な解散」論と一元型議院内閣制の再検討

　第二次大戦直後の西ヨーロッパ諸国の統治機構には，憲法典のないイギリスを含めて，ひとつのはっきりした特徴があった．すなわち（a）君主または大統領は実質的権限を否定されて名目的元首となり，（b）行政権は内閣の手にうつり，その内閣のなかで首相は単なる「同輩中の首席」以上の指導的地位を保障され，（c）内閣は議会にだけ責任を負い，（d）議会の内部では下院の優越が明瞭となる，という下院優越の一元型議院内閣制である（樋口 1979：16）．

　「一元型議院内閣制」monistic parliamentary government というフレーズ自体でいうと，ダイシー（Dicey 1982［1885］），アンスン（Anson 1907），ジェニングス（Jennings 1936; 1959），ウェイド＆フィリップス（Wade and Phillips 1948; 1955），マーシャル（Marshall 1971; 1984），ブラッドリー（Bradley 1977），ブラックバーン（Blackburn 2004; 2006），ボグダナー（Bogdanor 1995），ブレイジャー（Brazier 1999），そしてターピン＆トムキンス（Turpin and Tomkins 2007; 2012），ユーイング（Bradley and Ewing 2011）などのイギリスの憲法学者たちのなかで発見することは困難である．それどころか，先述のように，イギリスの憲法学者たちは，ほとんど parliamentary government の定義を厳密には行なってこなかった．

　それでは，正確な表現を別とすれば，樋口陽一が上記に述べたようなものと同じ意味の表現を使ってきたか．樋口陽一は，1973年に「議院内閣制の母国イギリスでは19世紀中葉以後，フランスでも19世紀末以後，元首（君主または大統領）の権限が名目化して行政権は内閣にうつり，内閣は議会の信任のみに依存するという，一元型の議院内閣制が確立するのである」（樋口陽一，1973b：166）と述べた．ヴィクトリア治世において代表的な憲法学者としては，もちろん A. V. ダイシーが知られる．ダイシーは，議会主権の原理を明らかにした．ダイシーは「主権者（the sovereign すなわち君主）」と「国民」の恒久的希望の違いを解消しようとして，以下のように述べた．

　　この相違を救う方法は，権力を国王から国会の両院に移すこと，そして，その欲求を，庶民院を通じて表示される国民の意思と一致させることを，その立場上せざるをえないような支配者を王位につけることのうちに見出された．主権者の意思と国民の意思との間の違いは，真実の代議政治体制

第六章　イギリス憲法学の理解から見た「自由な解散」論と一元型議院内閣制の再検討　　161

の創設によって終わらしめられた（Dicey 1982［1885］：34；ダイシー著，伊藤・田島訳1983：76-77）．

　こうしたダイシーの議会主権理解は，樋口が提唱した一元型議院内閣制と共鳴し合うかもしれない．しかしながら，同時に両者の違いも見ておかなければならない．

　第一に，ダイシーが指摘したように，イギリス議会は「女王，貴族院，及び庶民院」の三者からなる．議会主権の原則は，「このように定義される議会が，イギリス憲法のもとで，いかなる法をも作り，または廃止する権利をもつこと，さらに，いかなる人も機関も，イギリスの法によって，議会の立法をくつがえしたり，排除する権利をもつとは認められないこと，これ以上のことを意味しないし，これ以下のことを意味するものでもない」（Dicey 1982［1885］：3-4；伊藤・田島訳 1983：39-40，伊藤・田島訳の「国会」を「議会」に変更して記述している）．したがって，たとえ庶民院への権力の移行があったとしても，議会主権の意味は，君主が保持する実効的な権限の存在を排除するものではない．

　さらに，この三者による議会のシステムは，理念的には，君主制，貴族政，民主制からなる混合政体 mixed constitution からきているものであり，その考え方は，チャールズ１世が1642年に明らかにした『19の命題に対する陛下の答え』にさかのぼることができるし（Charles I 1965［1642］），さらに，その『答え』では，アリストテレスの混合政体の理解が示されていた[11]．すなわち，イギリスの parliamentary government は，正確には，モンテスキューが論じた権力分立というよりも，はるか以前から存在する混合政体理解に基づいている（Blackstone 1966［1765］）．モンテスキュー流の権力分立論は，それがイギリスを参考にして述べられたことが知られていても，イギリスでは，「名望あるどの著者も，それが（モンテスキューの権力分立論が［筆者挿入］）現代イギリス憲法の中心的特色とは主張しないだろう」（de Smith and Brazier 1998: 18）と断言されていた．むしろ，タービン＆トムキンスによれば，「イングランドでは，この理論（モンテスキューの理論［筆者挿入］）は，混合ないしは均衡政体の原理に18世紀の時点で反していた」（Turpin and Tomkins 2012: 125）と論じられている．

　樋口陽一，あるいは，カレ・ド・マルベール及びルネ・カピタンは，権力分

立の対極に議院内閣制を見出そうとしたが，そもそも，その権力分立という発想自体がイギリス自体にあった理解とは異なっている．すでに，この議論自体に，フランスの憲法学者のビリーフが下敷きとして置かれていた．権力分立の対極に議院内閣制を議論したとしても，それでイギリスの議院内閣制の性質を議論したことにはならない．なお，混合政体と権力分立の区別は，英語文献では，既に明確であり，多くの文献がある（例えば，有名なものとしては，Vile 1967; Marshall 1971: 100-03がある）．

第二に，ダイシーは，1783年のフォックス－ノース連立政権の国王ジョージ3世による罷免，1834年のウィリアム4世によるメルボーン政権の罷免などを念頭に置き，次のように述べる．

　　庶民院の投票により少数派の地位におかれた内閣が，承認された諸原理に従って，議会の解散を要求する権利を持っている．他方，諸情況が結びついて，そこでは，国王が議会の多数を支配する内閣を辞職させ，内閣を支持している議会を解散させる権利をもつことが確かにある．要するに，解散の大権は，代表機関，あるいは，それが普通呼ばれているように，「国民の人民議院」の意思を無視するよう使うことが憲法上許されている．これは，一見したところ，一定の場合には，国民の意思を無視するように大権が行使されうる，と言っているように見える．しかし，現実には，それは，全くその逆である．国王の裁量権は，しばしば既存の庶民院からその権限を奪うように使われうるし，憲法上の諸先例に従ってときにはそうされるべきである．しかし，なぜその議院は憲法に従って権力と存在を奪われうるかの理由は，その議院の意見が選挙民の意見でないと考える公正な理由が存在する状況が生じているということである．解散は，本質的には，法的主権者から政治的主権者への訴えである．立法部の願望が国民の願望と異なる場合，あるいは，公正にそうであると推定できる場合には，つねに解散が許される，あるいは必要である（Dicey 1982 [1885] : 288; ダイシー著，伊藤・田島訳 1983 : 408）．

ここで，ダイシーが「国王の裁量権は，しばしば既存の庶民院からその権限を奪うように使われうるし，憲法上の諸先例に従ってときにはそうされるべき

第六章　イギリス憲法学の理解から見た「自由な解散」論と一元型議院内閣制の再検討　　163

である」と書いていることは重要である．ルネ・カピタンや樋口の言うように，19世紀中葉において，イギリス君主は名目的な存在になっていたわけではなかった．

1907年の『ヴィクトリア女王の手紙』の出版の後，女王自身が議会解散や大臣役職選定をはじめとして様々な問題において，政治介入を行っていたことは，先にも書いたように，イギリスでは大きな話題となっていた．1846年にヴィクトリア女王は，「議会解散の権限を最も価値ある，一つの強力な道具であり，それは君主の手中にあると認識した」（Benson and Esher 1907: 108）状態であったし，1851年に，女王は外務大臣の内閣による人選に抗議して，それを別の人物に変更させた（Benson and Esher 1907: 419）．

1880年代から90年代にかけて起こった，アイルランド自治法案をめぐる解散権限行使に関するヴィクトリア女王とグラッドストーン首相との闘争は，有名となり（例えば，Jennings 1936: 253-57），多くの学者たちは，これを見て，「個人的な大権 personal prerogatives」（ジェニングス），「留保権力 reserve powers」（ブレイジャー）という見解が発表されてきた．樋口陽一の一元型議院内閣制論は，こうしたイギリスでこの百年培われてきた議論の蓄積をほとんど参照せずに，フランスの憲法学者，とくにレイモンド・カレ・ド・マルベールとルネ・カピタンに主として依拠して，このビリーフを作り上げてきた．

上記のように，イギリスでは19世紀の中葉も，それ以後も，君主の実効的権限に関して，それがなくなったとか，名目化してしまったという認識は，当時の文献などから発見することができない．君主の実効的権限は，例外状況においてしか想定されていないが，しかし，それは1950年，1974年，そして英連邦諸国の現実例を見た上で想定されていた．イギリス憲法の基本書は，多くの場合，首相任免，閣僚任免，議会解散の３つの権限を中心に君主大権を，先例を忠実に追いながら，検討することが多かった（Bradley 1977: 223-29; Alder 1989: 295; de Smith and Brazier 1998: 122-26; Blackburn 2006: 79-107; Turpin and Tomkins 2007: 356-66; Bradley and Ewing 2011: 238-43）[12]．また，イギリスの憲法的な制度においては，原則として，首相は政治案件に関して週に１回君主と会談しなければならない．その席上において，君主が首相に対して政治的な見解を伝えることは，君主の個人的大権を極力否定しようとする（しかし，憲法的義務は先述のように否

164　第Ⅱ部　イギリスにおける内閣の「自由な解散」論と一元型議院内閣制の再検討

定していない) ブラックバーンも, 是認している (Blackburn 2006: 101).

　なお, 一元型議院内閣制を導き出す際に, 樋口陽一も, また彼が依拠したル
ネ・カピタンも, 共通して依拠したイギリス文献がある. それがウォルター・
バジョットの *The English Constitution* である. 日本語では,『イギリス国制論』
と翻訳されることが多い[13]. バジョットは, イギリス君主が大臣の罷免権限と議
会の解散権限の両方を失ったと強調した. しかし, このバジョットの1867年の
認識は, その後多くのイギリスの憲法学者によって批判されてきた. 例えば,
ウィリアム・アンスンは,『ヴィクトリア女王の手紙』が刊行された1907年に,
彼の著作の序文で, バジョットは「憲法の機能をただ半分だけ理解し, おそら
く全体として誤解していた」(Anson 1907: xxx) と論じた. また, 1936年に, ジェ
ニングスは「イギリス政治における君主の影響を軽視することは間違いだろう.
今日利用できる諸文献が示すところでは, 前世紀中葉に盛んで, バジョットが
詳しく論じたホイッグ的な君主の見方は全体として事実に沿っていない. 君主
は, 最後の手段として, 政府の諸決定を受け入れなければならないが, 彼はそ
の諸決定にかなりの影響力を行使することができるのである」(Jennings 1936:
250). このジェニングスの著作は, 樋口が依拠するルネ・カピタンの著作 (1933
年) とほとんど同時期であり, カピタンあるいは樋口がこれらの文献を読んで
いれば, 少なくともイギリスにおいて19世紀中葉に「一元型議院内閣制」が成
立したとは言えなかっただろう. バジョットの著作と, アンスン, ジェニング
スの著作の間には, 一読すれば, 非常に明らかな違いがある. バジョットの著
作には注が全くなく, しかし, その弁舌は鮮やかである. アンスン, ジェニン
グスは学者らしくしっかりと根拠を示し, その根拠に関わるたくさんの注があ
る. 少数の例外を除き, 戦後日本の憲法大家が前者だけを読み, 後者をほとん
ど読まなかったことは, 文献学的に明らかである.

(二)　「君臨すれども, 統治せず」という理解をめぐって

　「一元型議院内閣制」論という像は, 全ての行政的権力が, 内閣に集中し,
その結果, 君主は儀礼的役割しか果たさないという統治像でもある. この統治
像に関しては,「君臨すれども統治せず」という格言が日本で有名であった.
この格言が普及された経緯に関して, 検討したい.

第六章　イギリス憲法学の理解から見た「自由な解散」論と一元型議院内閣制の再検討　　165

　宮沢は，1951年の『比較法雑誌』論文において，フランスの政治家ティエル
の残した有名な言葉「国王は行政せず，統治せず，君臨する」Le roi
n'administre pas, ne gouverne pas, il règne という言葉を，デュギの著作を典
拠にして引用した（Duguit 1928: 891, 宮沢は654頁からの引用であったが，筆者が見るこ
とができたのは第3版のみで，891頁が該当頁と考えた）．宮沢は，同時に「イギリス
流の議院内閣制あるいは，イギリス憲法における国王の地位を表現する言葉と
して，これがひろく引かれることは，人の知るところである」（宮沢 1951：109）
と書いた．しかし，この言葉の経緯は，少し複雑である．

　ティエルがこの言葉を残した1830年初頭は，ルイ・フィリップを国王に据え
た七月王政直前の時期で，もともとフランスの憲政を念頭に置いて言われた言
葉だと言われる．この点は，ほぼ全ての研究者が，一致する．宮沢は，上記の
ように，そうした格言が，イギリスの君主の地位の表現であると述べた．

　まず，そのティエルの言葉を検討して見よう．宮沢とデュギによれば，1830
年1月の新聞『ナショナル』Le National 創刊号に掲載されていたとあったが，
1830年2月4日付け1頁から見つかった．その前後を引用する．ティエルは，
憲法上規定された国王の権利に関して，以下のように述べた．

　　　　この権利（国王の大臣指名権［筆者挿入］）は，千回繰り返して言うが，絶
　　　対的な方法で行使されることは，ならない．成文法によって，この条項の
　　　意味は，この条項のみからは決して生じず，他の条項との組み合わせから
　　　生じる．しかし，大臣たちを選ぶ（国王に属する）権利が，大臣たちを拒否
　　　する（議院に属する）権利と組み合わされ，大臣の選任において一つの闘争
　　　不可能な参加が生じてくる．

　　　　したがって，いかなる政権も，元首の選択に従わなければならない．

　　　　私たちは正しい．戦争時においては，政権はそうであらなければならな
　　　い．懸念のケースは，一つが予想されるのみである．

　　　　国王は行政せず，統治せず，しかし，君臨する．Le roi n'administre
　　　pas, ne gouverne pas, il règne 大臣たちは行政し，統治し，彼らの意思に
　　　反する一人の部下も持たない．しかし，国王は，彼の意思に反する大臣を
　　　持つかもしれない．なぜならば，繰り返すが，彼は行政せず，統治しない，

彼は君臨する.

　君臨することは，非常に崇高で，王子たちにとってそれを知ることは難しい．しかし，イングランドの国王たちは，完全に理解している．国王は，王国の第一の紳士であり，彼は，最高の程度において，全ての条件を兼ね備えたイギリス人である（*Le National* 1830: 1）[14].

　前半部分は，1829年のポリニャック政権の国王による任命に対する反発から，七月王政に向かおうとする1830年初頭のフランスにおける国王と議会との権力バランスについて述べたものであろう．後半部分では，戦争などの非常時を除いて，ティエルは，国王は君臨すれども統治せずとなるべきだと述べる．そして，それがイギリスの例に学んだものであることを強調する．しかし，このティエルの理解は，イギリスで共有されたのであろうか.解釈主義アプローチは,「客観的な」事実だけではなく，誤解や神話も含めて，その理解を追う.

　その後，イギリスでは，後に庶民院事務官となるアースキン・メイが自らの著書で，「国王は君臨するが，彼の大臣たちが統治する」The king reigned, but his ministers governed. とイギリスを念頭に書いた（May 1862: 20）[15]. イギリス史研究家として著作の多い君塚直隆は，バジョットが「君臨すれども統治せず」を理想としたと書いているが，典拠は定かではない（君塚 2010: 31）[16]. 他方，ダイシーは，以下のように書いている.

　　国王の名のもとに行われるぼう大な数の措置には国王が実際には関与することはないけれども，ヴィクトリア女王以前のいずれの国王も，また女王自身も，そうであると考えられるように，ティア（ティエルのこと［筆者挿入］）によって作られた「国王は君臨すれども統治せず」という格言に基づいて行動してきたか，行動するふりをした国王は一人もいない，あるいは，いたと推定することはできない（Dicey 1982 [1885]: 308；ダイシー著，伊藤正己・田島裕訳 1983: 432）.

　ダイシーは，この格言をイギリスのものとすることを拒絶したわけである．その後の英語圏の研究は，「君臨すれども統治せず」を一貫してフランスの考え方として述べてきた．1879年に合衆国で，ティエルの遺稿を発掘・収集し，

書かれたル・ゴフ著・スタントン英訳（Le Goff 1879）の書籍が発行された．この書籍のなかで，識別できるだけでも 8 か所「君臨すれども統治せず」という表現が使われたが，全てがフランスに関する記述であった．ジャーナリストにして歴史家であったシドニー・ローは，1904年に，ティエルの名はあげないものの，「国王が国を統治していないことは知られているが，彼は政府支配の一部をなお持っている」と述べ，それは「実質的」であると，ティエルの理解を事実上否定した（Low 1904: 261）．1916年には，合衆国の雑誌に「ルイ・アドルフ・ティエル」という論文が掲載され，そのなかでこの格言も言及されたが，七月王政時のフランスに関するものとして書かれた（Schaffer 1916: 205）．ボグダナーは，「君臨すれど支配 rule はしない」（Bogdanor 1995: 1）が立憲君主制の考え方であると書いたが，彼の著書全体はイギリス君主が戦後にいたるまで賢く，そして政治に強く関与してきたことを述べていた．現代フランス憲法学の大家の一人であるフィリップ・ロヴォーは，もともと，それをティエルが繰り返し用いた言葉としながらも，ベルギーの原理であると述べた（Lauvaux 2011: 81）．イギリスの憲法学者が「君臨すれども統治せず」という考え方をイギリスの国王に関して述べた例は探しても出てこない．そういう歴史的経緯を見た場合，「君臨すれども統治せず」という格言が，イギリスにおいて少なくとも自国の考えとして共有されてきたとは言いがたい．

　日本で教育を受けた人々は，筆者も含めて，少年期からイギリスの議院内閣制を「君臨すれども統治せず」という格言において教えられてきた．しかし，そこでは，英仏は同じだという簡便な理解が共有されていた可能性が，やはり否定できない．もっとも，そうした議院内閣制像が宮沢によって広められたと言うつもりはない．それは，時系列的に言って事実とは異なる．宮沢が『比較法雑誌』論文を書く以前の戦後の帝国議会での審議においても，新憲法での天皇の地位をめぐって，「君臨すれども統治せず」という格言は飛び交っていた．金森徳次郎は，「天皇は君臨すれども統治せずと云ふ原理は，恐らく日本の歴史の多くの期間に亙つて實際的に尊重せられたものであらうと思ひます」（第90帝国議会帝国憲法改正案特別委員会1946年 7 月 1 日）と，彼の国体論のときと同じく，ここでも「君臨すれども統治せず」という戦後の天皇制はむしろ日本の長い歴史のなかとあまり変わらないと論じている[17]．また，当時の貴族院議員であった

南原繁（政治学者）が「君臨すれども統治せず」という言葉をイギリスで使われているものとして発言している（第90帝国議会帝国憲法改正案特別委員会1946年9月4日）．

　さらに古い例では，1896（明治29）年穂積八束『憲法大意』において，その格言は日本の天皇制には適用できないと否定する文脈で，既に言及されていた（穂積 1896：16）．その時既に，日本ではこの格言が各界で流通していた可能性が伺える．その格言は1883年に発行されたアルフィウス・トッド著・尾崎行雄訳『イギリス議院政府論』には出てこないが，トレール著『責任内閣英国行政綱要』（原著 1881年，1888年邦訳発行）には，「君臨すれども統治せず」に近い言葉が出てくる．ただ，それは「今日に於てすら吾人の国君は単に君臨するのみで実務に鞅掌するに非らずと想像するは大なる誤謬というべし」（トレール著，勝岡訳 1888：78; Trail 1881：75）と述べる．つまり，トレールが書いた19世紀後半のイギリスにおいて，君主は君臨すれども統治せずと想像するのは間違っていると述べられていたのである．

　（一）（二）の両方の議論を含めて，戦後日本における議院内閣制論においては，フランスの議論が，イギリスでの議論と区別されることもなく，紹介されてきたことを，見てきた．このように見てくると，君主が実質的権力もなく，名目的な存在となっており，内閣にすべての行政権力が集中されたとする一元型議院内閣制という理解が，その名を使わない考え方の場合も含めて，イギリス憲法学者たちの間で共有されてきたと考えることは，非常に困難である．

　もちろん，イギリスにおいて，一元型議院内閣制の対極としてフランスで議論される二元型議院内閣制という議論もない．カレ・ド・マルベールは，「平等な二元論」が実質的にイギリスではなくなったと述べたが（Carré de Malberg 1922：86），イギリスにおいて君主と議会が対等であるという議論も，官憲の限りでは存在しない．一元なのか，二元なのか，そうした二分法自体がイギリスの憲法学や政治学において，全くと言ってよいほどに議論されなかったということが言える．

　それでは，ほぼ同じ政治現象を見ながら，なぜ，英仏の間で，こうした違いが生じたのか．また，日本の上記の有力な憲法学者たちは，イギリス・モデルを意識しながら，なぜフランスの理解を理論化したのか．この論点については，

次で検討したい.

注

1） ステパンとスカッチは，parliamentary government ではなく，parliamentary regime という表現を使っている.

2） 明治期までさかのぼることのできる新聞検索データベースでは，朝日新聞の『聞蔵Ⅱ』で調べたが，明治から大正にかけて頻出ワードであった「責任内閣」は，昭和以降激減し，戦後においては，1件のヒットすらなかった.

3） ほぼ，同じ時期，野党労働党党首ジェレミー・コービンも，「責任政府」という言葉を使い，こう述べた.「具体案なき離脱は，我が国にとって災難で，どんな責任政府さえそれを認めないだろう」（HC Deb 2018: 19 December, Vol. 651 Col. 788）.

4） 2011年固定任期議会法によって，1715年七年法は廃止された.2011年法の附則にそのことは記載されている.なお，1715年七年法は，1716年に成立したものであるが，公式に1715年七年法 the Septennial Act 1715と呼ばれているので，本書でもそう呼んでいる.

5） 君主は，首相が議会解散に反対している場合，その首相を罷免し，他の人物を首相に任命し，彼に議会解散の助言をさせるという手段でしか，君主主導の解散はなしえないと言われていた.なぜならば，解散の宣言 proclamation は，枢密院総裁 Lord President of the Council が慣習的に招集する枢密院において，君主から大法官に対して命令され，大法官が国璽の下に宣言を告示するという手続きで行われるからである.枢密院総裁も大法官も閣僚であり，首相が実質的に選んでいる.議会解散に反対する首相をそのままにしては，議会解散は理論上できないことになる（Brazier 1999: 192-93）.

6） Ivor Jennings, *The British Constitution*, 1947は，榎原猛，千葉勇夫訳『イギリス憲法論』として日本語版が出ている.

7） この1950年のジョージ6世秘書の投稿における考え方は，日本で話題となってきた「保利見解」に通ずるところもあり，重要な内容だと考えるが，日本の憲法学でこれに言及している文献は，小松浩 2012：近藤敦 1996以外には発見できない.

8） 本論で述べるのは，流れ上適当な箇所がないので，第二次大戦前のイギリス議会解散例を「自由な解散」的視点で見ることができるかどうかを，書いておきたい.

　　1911年議会法で議会の任期が5年とされて以降，1914年に第一次世界大戦が勃発し，イギリス議会は立法を行い，総選挙を延期することを決めた（Jack 2011: 144）.その後に行われた最初の総選挙は1918年総選挙である.この総選挙は，第一次世界大戦の休戦を受けて行われた.この時の政治家たちの理解によって，イギリスの解散権が内閣から首相に事実上動いたことは，本論で書いている.また，第一次世界大戦後に延期していた総選挙が行われることになったこと自体は，予想されたことである.

170　第Ⅱ部　イギリスにおける内閣の「自由な解散」論と一元型議院内閣制の再検討

　その次は，1922年総選挙であったが，この過程において重要な点を指摘しておきたい．1918年から22年10月19日までは，保守党・自由党などからなるロイド・ジョージ連立政権であった．この10月になって，ロイド・ジョージは，当時の国王ジョージ5世に解散したい旨の手紙を送っていたが，国王の返事は，「あなたが首相として留まることを信じている」（Nicolson 1952: 370; Jennings 1959: 425）という内容であった．つまり，ロイド・ジョージをジョージ5世は説得していたわけである．結局，ロイド・ジョージは解散を思いとどまったが，10月19日に保守党がロンドンのカールトン・クラブで行った議員総会で，連立離脱を決定し，それを聞いたロイド・ジョージは，国王に辞職を願い出て，国王は後任として，保守党のボナー・ローを任命する．ボナー・ローは，直ちに議会の解散を国王に助言し，1922年総選挙が行われ，保守党は，議席を減らしながらも過半数を大幅に上回る344議席を維持した．ただ，ボナー・ローは，健康状態が悪く，1923年に首相は同じく保守党のボールドウィンに交代した．

　ボールドウィンは，国内産業を守るために，関税導入が必要と考えていたが，ボナー・ローは1922年にそれを導入しないと述べて選挙に勝利していた．このため，ボールドウィンは，関税導入のためには総選挙を行って有権者のマンデイトを得なければならないと考えていた．結局，一年後の1923年12月に国王に議会解散の助言を行ったが，国王は，当時のヨーロッパ国内情勢を説明して，十分な議席差があるにもかかわらず，総選挙を行うことは得策ではないと，説得を行った（Nicolson 1952: 380; Jennings 1959: 425）．しかし，結局，国王も折れ，1923年総選挙は行われたが，これに保守党は敗れ，過半数を割り込み，ボールドウィンは辞職しようとした．しかし，これをまた国王が説得して留めた（Nicolson 1952: 382）．

　結局，1924年1月にボールドウィン政権は庶民院で不信任議決され辞職し，前年総選挙で野党第一党に躍進していた労働党が，（連立ではないが）自由党の支持を得て，初の労働党政権が誕生した．ただ，この労働党政権は失敗を繰り返し，結局，その年に不信任案が可決され，10月に総選挙となった．この選挙に保守党が大勝し，過半数を得て，その次の総選挙はほぼ5年後の1929年5月に行われ，今度は，労働党が過半数に届かないものの第一党となり，二度目の労働党政権が発足した．この労働党政権も，世界恐慌の中，危機に陥り，1931年に国王ジョージ5世の薦めで，挙国一致政権が発足し，保守党・労働党・自由党が政権を形成した．1931年総選挙は，事実上その信任を問うものであったが，労働党と自由党の反連立派が分裂して選挙を戦い，保守党が大勝した．この挙国一致政権の下で，1935年総選挙が行われたが，再び連立派が大勝し，次の総選挙は，第二次世界大戦のため1945年の終戦後まで延期された（Jack 2011: 144）．

　このように見るならば，深瀬（1962）が書いたように，イギリスで「党利党略の為の解散」は行われてこなかったことは，正しかったわけであるが，他方，本論で見たように，宮沢が「現在のイギリスでは，下院の解散について，国王の意志が実際に少しでも作用するとみるのは，まちがいである」と書いたことの影響力が日本では強かっ

第六章　イギリス憲法学の理解から見た「自由な解散」論と一元型議院内閣制の再検討　　171

たことも，もはや否定できない．「自由な解散」神話は，歴史を振り返ることなく，いつまで続くのであろうか．

9) エリザベス女王も，父と同じく，言論を巧みに利用してきた．儀礼的な存在でしかないと言うことが事実ではないのは，エリザベス女王に関しても言える．最近の例で言えば，スコットランドの独立を問う住民投票の投票日を数日前に行った声明であろう．女王は，「人々が将来を非常に注意深く考えることを希望します」と述べた．この声明の意図するところは明瞭であろう．スコットランドの住民投票において，独立は退けられた．この女王の声明を，マイケル・アシュクロフト貴族院議員は，「一つの注意深い，最後の瞬間の，介入だった」(Ashcroft & Oakeshott 2015: 7811) と表現した．

10) フィリップ・ロヴォーは，これをイギリス憲法に対するフランス流の解釈であることを，明示していた (Lauvaux 1983: 391)．そこに英仏の混同はない．彼の説明によれば，ほぼ同時期に，カレ・ド・マルベール以外にも，レオン・デュギが「イギリス政府は，なお，真のレファレンダムを起こすために解散を実践している」(Duguit 1924: 573) と述べている．なお，1970年には，ジョルジュ・ブルドーが同様の点を指摘している (Burdeau 1970: 261)．まさしく，フランス憲法学では普及された考え方かもしれない．

11) チャールズ1世が依拠した部分のアリストテレスの邦訳は必ずしも良い訳ではないので，英語文献から，筆者の翻訳を記しておきたい．「上記の形態のうち，逸脱は以下のとおりである．君主制に対しては，専制が逸脱であり，貴族制に対しては寡頭制が逸脱であり，constitutional government（憲政）に対してはデモクラシーが逸脱である．専制にとっては，君主の利益しか見ていない君主制の一種であり，寡頭制は富者の利益しか見ていない，デモクラシーは貧困者の利益しか見ていない．このうちどれも，全ての人々の共通善を見ていない」(Aristotle 1996: 71)．

12) 閣僚の任命に関しては，1945年アトリー首相の提案内容を見て，ジョージ6世が蔵相と外相をスイッチさせたのではないかと言われている (Brazier 1999: 69)．

13) なお，筆者は，バジョットの The English Constitution を『イギリスの国制論』と翻訳することは，有害無益であると考えている．日本の翻訳者は，constitution という言葉を，言語の明記もせずに，いとも簡単に「国制」という言葉に訳してしまう傾向がある．英語の世界において，constitution は明確に，積極的意味を持つ単語であり，いわば理想的な政府の形を意味している．それに比べて「国制」という言葉は，単なる国の制度を連想させ，そうした原語の constitution の積極的意味を取り去ってしまう．バジョットの著作に関しても，それを『国制論』と訳した段階で，彼が憲法に関して議論しているということは，日本語の読者には伝わらず，彼がダイシーやジェニングスなどの憲法学者にどのように評価されてきたのかという関連議論は，読者は想起しがたくなってしまう．

14) フランスの Gallica（フランス国立図書館が運営するデジタル図書館）にある，この文書の表示に，かすかに鉛筆らしきもので Thiers と書かれている．筆者は，これをもっ

て，これがティエルの記事であると判断した．

15) 時期的に見て，メイがこう書いたことが，ティエルの言葉からの影響であったとしても不思議はないだろう．ただ，メイの文章にティエルも登場しなければ，それを匂わす記述もない．さらに，メイの記述では，国王は君臨しながら，責任だけを大臣たちに負わせ，大臣たちが失敗した場合，その批判は大臣が背負うということを強調している．そのなかで，「国王は誤りを犯さない」the king can do no wrong が使われている（May 1862: 19）．したがって，国王は統治しないことを，メイは強調していないと読むこともできる．

16) 君塚は，この格言に疑問を感じる形で問題提起しており，実際，君塚は，国王や女王の外交力に関する著作を次々と出してきた．もっとも，「君臨すれども統治せず」という格言を使っていなかったとしても，バジョットの場合は，ヴィクトリア女王に力がほとんどないと論じた点で，「君臨すれども統治せず」に近い理解であった，と言えるだろう．『イギリス憲政論』のなかで，バジョットは，ティエルの言葉を直接引用していないが，「『君臨』と『統治』の難しい相違」には言及している（Bagehot 1867: 40; バジョット著，小松訳 2011: 315）．

17) 「天皇を憧れの中心とする國民の心の繋りと云ふことでございます，それを本として國家が存在して居ることを，國體と云ふ言葉で言つて居るものと思ふのであります，此の點に付きましては絶對に我々は變つたことはない」（第90帝国議会貴族院本会議8月26日）．この言葉は，金森徳次郎の国体理解として有名であるが，ポツダム宣言の受諾が天皇から国民への権力移行であるという「変化」（「八学革命説」）に着目した宮沢俊義とは対照的である（宮沢 1967b：375-399）．

第七章

日仏英における議院内閣制アプローチの違い

　戦前日本の憲法学者の巨人であった美濃部達吉は，ドイツとともに，イギリス憲法の発展に極めて詳しかった．1912年に彼は，1911年議会法の重要性に関して，著書で比較的詳細に論じた（美濃部 1912：182-84，260-62）．当時の通信技術や出版物の流通の詳細を知ることは筆者の専門ではないが，驚くべきスピードであることは間違いない．しかしながら，戦後となり，日本国憲法の下で「議院内閣制」が統治機構として採用されたと理解されながらも，イギリス憲法に関する理解は掘り下げられなかった．

　先述の1951年の宮沢論文以後，イギリス君主の実効的権力についても深く掘り下げられなかった．もちろん少数例であるが，イギリスの議論が紹介された場合もある．先述の深瀬忠一の1962年論文は，戦前の解散例と議論のみを対象としたが，「党利党略の為の解散」はイギリスでは行われてこなかったことを正確に指摘した（深瀬 1962：173）．

　しかし，イギリスにおける先述のブレイジャーやブラックバーンなどとのやり取りに関しては，文献を見る限りでは，日本の憲法学者の間で十分に認識されてきたとは言いがたい．戦後日本における議院内閣制論が実質的にフランス憲法学者の見地から多くを見ることになった結果は，なぜ起こったか．

　その第一の要因は，非常に偶発的な点を指摘することができる．それは，やはり，宮沢俊義の存在といえるだろう．宮沢俊義の議院内閣制論及び憲法学に関する研究は，多くの蓄積がある．高見勝利によれば，宮沢俊義は，東京大学法学部卒業直後の最初の研究論文においてすでにフランス法学を専門としていた（高見 2000：57）．また，そうした宮沢の方向性は，清宮四郎によれば「当時の憲法学界では，美濃部先生をはじめとして，ドイツ流の法学が主流をなしていた」ことに対する「新風」（清宮 1977：100）であったと受け止められていた．

174 第Ⅱ部 イギリスにおける内閣の「自由な解散」論と一元型議院内閣制の再検討

戦後日本における議院内閣制論において，フランス憲法学研究が主流になる条件として，宮沢俊義の存在という，まさしく偶発的な，しかし，重要な要因があった．

ただ，その一方で，第二に，論理内在的な要因もある．イギリスの議院内閣制 parliamentary government が極めて自国の慣習に依拠した展開を見せたことにより，非常に他の国々からすれば学び取りにくいものであったということも，日本の憲法学者たちがフランス憲法学者たちの理解に傾いていったことの要因といえるだろう．そして，その過程は，ミルキヌ－ゲツェヴィチがイギリス憲法の展開を論理的に学び取り，論理的に広げようとしたことと重なる．

この点に関して，重要なインサイトを与えてくれるのが，高見勝利の宮沢・芦部憲法学に関する研究である．高見によれば，宮沢門下の一人である小島和司は，1935年ごろ「憲法の研究は，イギリス憲政から着手するのが王道だよ」と語ったとされる（高見勝利 2004：24）．しかし，その小島は，1953年の論文では，イギリスの議院内閣制の歩みは極めて緩やかな慣習の発展の結果であり，理論から導き出される熟慮の産物ではなかったと理解し，議院内閣制を探究するうえでの「手がかりを見出しがたい」とし，「それを理論的に追求し，その基礎原理解明について貴重な成果をおさめたのは，19世紀前半欧州で最初にこの制度を採用したフランスにおいてであって，本稿ではフランス学界の権威に従って立論することとする」（小島 1953：52）と述べた．

小島のこの論文の目的の一つは，解散権を持つ内閣と不信任権を持つ議会との相互作用を検討することであった．言い換えれば，小島は，先述の四人の日本の憲法学者たちと同じく，また，先述のフランスの憲法学者たちと同じく，議院内閣制の本質を明らかにしようとした．彼らは，立法府に対する解散権限が議院内閣制の本質にあるか否かを探求しようとした．レズローブ，エスマン，カレ・ド・マルベール，そしてカピタンは，それぞれの表現の違いは様々ではあったが，共に立法府に対する解散権限が本質としてあると論じた（Redslob 1924: 186; Esmein 1914: 749; Carré de Malberg 1922: 376; Capitant 1933: 53; Capitant 2004: 331）．さらに，上記のフランスの憲法学者たちと日本の憲法学者たちは，共通して，議院内閣制の本質は，フランスだけではなく，他の国々にも適用可能であると認識していたといえる．実際，エスマンの著作の書名は，『フランスと

比較憲法の要素』であり，当初から国際比較が意識されているし，カレ・ド・マルベールの著作の書名は，『国家の一般理論への貢献』である．つまり，日仏の学者のアプローチは，一つの法則のような一般化を目指した試みといえる．

　他方，先に論じたように，イギリスの学者たちは，君主か議会の両院か，どちらの権力が本質的であるかという議論を避けてきた．その代わり，イギリスの学者たちは，君主の大権が通常の状況であれば大臣たちの助言に従って行使されるが，例外的な状況においては，君主の個人的大権の範囲を完全に排除しようとはしなかった．憲法学者のコーリン・タービン＆アダム・トムキンスは，次のように言う．「このような諸権力の行使は，それが起こらない限り，また起こるまで，違憲か否かを言うことはできない．これが，慣習の本質である」(Turpin and Tomkins 2007: 366)．ブラッドリー，ユーイング＆ナイトによっても，同じく「個々の場合におけるこうした問いに対する解答は，その時の政治的事情に依拠するだろう」(Bradley, Ewing and Knight 2018: 252) といわれる．この立場は，論理主義を突き詰めないという立場でもある．有名なのは，J. A. G. グリフィスの言葉であり，彼によれば，「起こったこと全てが憲法であり，何も起こらなかったら，それも憲法である」(Griffith 1979: 19) と述べた．ここにも，論理を突き詰めず，「起こったこと」に左右されることを前提とした理解がある．

　したがって，イギリス憲法学のこれまで見てきた様々な議論を見た限りでは，事が起こる前に，君主か，議会のどちらが，どの程度，議院内閣制の本質を形成しているのかについて，あらかじめ決定できるということにはならないはずである．ダイシーが指摘したように，イギリス「憲法は，そのそれぞれの部分およびすべての部分が議会の意思に従って変わりうるから，決して成文ないし制定法的形式にまとめられることがなかった」(Dicey 1982 [1885]：38：ダイシー著，伊藤・田島訳 1983：89，「国会」を「議会」に筆者が変更した) のであって，その逆ではない．つまり，形式が決まっていないので変わるということではない．その逆で，変化が予期されているので，形式を決めないのである．イギリス憲法それ自体に，こうした見解が当てはまるのであれば，このことは，当然，イギリス憲法の一部を構成している議院内閣制にも当てはまると考えてもよいはずである．つまり，君主がどの程度君主大権の行使に実質的影響を持っているのかも，イギリス憲法のなかで変化しうるものであり，予め先天的な決定論で考え

ることはできないはずである.

イギリス憲法学者たちの議論の中で,君主大権行使における君主権力の実効性に関しては,いかなる決定論もされていなかったことは,既にみてきた[1]. その実効性は,個別の状況の中で変化しうる.このことの方が,イギリス君主の憲法的役割に関する(いわば)一つの「本質」であるともいえよう.一元型ないしは二元型の議院内閣制ということを,予め決めてしまっては,後には変えられなくなってしまう.そういう意味では,日仏の憲法学者が,議院内閣制のなかで君主か議会か,内閣か議会かのどちらに権限があるのか,それは均衡なのか,議会で事実上選ばれる内閣のみにあるのか,を確定しようとする議論の方法自体が,イギリス憲法学者が考えてきた方法と,根本的に異なるといえるのではないだろうか.日仏の学者たちは,あえて君主には何の実権もないと決しようとし,イギリスの憲法学者たちは,あえて,それを決しようとしなかった.そこには,誰がどう考えていたのかなどということは本質とは関係なく,事実上君主には何の権限もないだろうという外的視点(カレ・ド・マルベール及びルネ・カピタン)と,いや,誰がどう考えていたのかという内的視点は重要である,というイギリス的視点の違いも垣間見られる.

日仏の議院内閣制に関するアプローチとイギリスの憲法学者たちのアプローチにおいては,このように明らかなコントラストが見られる.この点に関する歴史的な議論という点では,私たちは,ロベール・レズロープの1924年の議論に帰らなければならない.このレズロープは,カレ・ド・マルベール,カピタン,宮沢,樋口に一貫して批判されてきた学者であるが,同時に,この英仏のアプローチの違いに関しては,重要な洞察を残してきた.レズロープは,1924年に次のように書いた.

> フランスとイングランドにおける憲法思想の違いは,究極的には合理主義と経験主義というアンチ・テーゼに落ち着く.デカルトがその片方の傾向を支配し,ジョン・ロックがもう片方を支配する(Redslob 1924: 261).

レズロープはまた,フランスにおいては,「法は,全体として抽象的な本質をもち,それは,ただ算術的な形式であるのに対して」,イギリスにおいては,法は「経験によって進められ」,「人々の歴史によって変容させられる」(261)

と述べた.

　もちろん，イギリスにおける経験主義の伝統とフランスにおける合理主義の伝統という議論は，既によく知られたことであり，多くの論者が指摘してきた．レズローブは，その一人にすぎないかもしれない．しかし，およそ100年前に，彼は，議院内閣制の理解にかかわっても，こうした英仏の違いを見て取り，イギリスにおける経験主義とフランスにおける合理主義という違いを指摘した．そして，この違いは，必ずしも後の日仏の学者たちには重要視されなかったのである．

　なお，ここで「経験主義」という用語に対して，少し説明をしておきたい．社会科学において発展してきた思想的表現に関してはよくあることであるが，同じ言葉を使っていても，その意味が180度異なる場合がある．この「経験主義」という言葉に関しても同じことがいえる．この文脈で使われる「経験主義」と，ビーヴァー＆ローズが使う「近代主義─経験主義」と指摘される場合の「経験主義」の意味は異なる．

　レズローブがここで使った「経験主義」は，彼が書いているようにジョン・ロックに由来する．ロックが，「心は，言ってみれば文字をまったく欠いた白紙（white paper）で，観念はすこしもないと想定しよう．どのようにして心は観念を備えるようになるか．（中略）これに対して，私は一語で経験からと答える．この経験に私たちのいっさいの知識は根底をもち，この経験からいっさいの知識は究極的に由来する」（ロック著，大槻訳 1999：81）と述べたのは有名である．このようなロックの考えをレズローブが前提にしたのであれば，先の引用文における経験主義は，過去の経験に則ることを第一に考え，それが何かの原理からみて合理的に説明できるかどうかを考えることはしない，という意味に解釈することができるだろう．レズローブは，そういう意味で，イギリス憲法の「経験主義」をとらえたと見ることができる．

　こうした「経験」を，一つの国単位で見るならば，様々な経験がありうるし，それが先例として積み重ねられていき，それによって，憲法の形が作り上げられていく．まさしく，イギリスの議院内閣制がしばしば自然の営みの中で作られていくと述べられたことと重なる．その経験は，様々な経験を含み，必ず調和するとは限らない．したがって，後に見るように，そうした経験主義理解で

あれば，原理を価値的に経験の中に読み込むというよりも，価値にかかわらず，経験から判断するという態度になりえる．

　しかし，逆に，近年の科学の進歩や学問の進歩の中で，そうした様々な経験から諸価値を導きだしたり，その諸価値を経験（あるいは実験）によって実証したりしようとすることさえも，経験主義といわれる場合がある．そうすると，ロック的な経験主義とは正反対の立場となる．ところが，本書で依拠したビーヴァー＆ローズが述べる「近代主義─経験主義」という場合の経験主義とは，その意味であり，つまり経験主義＝数量・史料などによる実証重視ということを意味している．ビーヴァー＆ローズが，ポジティヴィズムと同じ文脈で「経験主義」を批判するのは，そういう文脈においてである．

　ところで，こうしたレズローブの英仏憲法論の違いは，日本の憲法学者たちの中で，どのように評価されたのであろうか．あまり，大きな議論とはなってこなかったようである．ただ，自らケルゼニアンを自称する宮沢俊義は，このレズローブのポイントに注目している．ここでも，宮沢は，フランスの憲法学に依拠しながら，あくまでもイギリスの憲法学には別のアプローチがあるかもしれないと考えた形跡を残している．宮沢は，「イギリス人は経験的真理を求めるが，フランス人は絶対的真理求める」と整理したうえで，以下のように述べた．

　　　まずイギリス型は，伝統的な威厳に囲まれた，しかし政治的にはまったく無力な国王の存在を容認していることが注意される．これも経験主義あるいは伝統主義の結果と考えられよう．これに対して，フランス型は，そういう君主──まったくノミナルな権能しか持たず，したがってその役割がきわめて不明確な世襲君主──をみとめることをよろこばない．これは，フランス的な合理主義の結果であろう（宮沢 1951: 119）．

　ここで，宮沢は，レズローブの先の引用部分に対して注目しながら，まったく「無力な国王の存在」に言及しているが，レズローブは,「無力な国王の存在」という理解をしていない．実際，宮沢もこの1951年の『比較法雑誌』論文において，「解散権は，イギリスで国王が自らの意志によって行使すると考える人がある．レエズロオブもそう考え」たことを述べているし（宮沢 1951：106），[2]

その見解を批判している．したがって，レズローブのイギリス憲法に関する「経験主義的」理解は，「無力な国王の存在」を前提にしたものではない．むしろ，レズローブは，君主の権力の範囲を憲法理解の中であらかじめ定めようとしないイギリス憲法学を理解したからこそ，それを「経験主義」と論じたといってよいだろう．つまり，その後の「経験」によって決まるかもしれないものを，あえてレズローブは決めなかったのであり，それはレズローブがフランス憲法学とは異なるイギリス憲法学のアプローチを理解していたからであると見ることができる．

　ここ20年においても，レズローブのように，英仏の憲法理解や政治理解に関して，両国研究者の間での対照的な像を指摘する研究がある．例えば，フランスの歴史家ピエール・ロザンヴァロンもその一人である．彼は，「法と自由との関係は，フランスとイギリスとでは同じものではない」（Rosanvallon 2002: 688）と論ずる．彼によれば，イギリスにおいては，自由（法の支配）と権力の制限が代表政府を通じて歴史的に不可分に結びついてきたのに対して，フランスにおいては，「善なる政府の確立は，合理的な政府であり，科学に基づいた」．対して，「政治は，観察の芸術であり，演繹の科学である」（688）と述べた．つまり，科学的かつ合理的な法から，政治は演繹されなければならない．

　そうした科学的真理や法則に基づいた合理主義的な法学志向に対して，イギリスの法学理解は対照的である．イギリスの法学者スチュアート・ラーキンは，ダイシーの議会主権論の中に二つの主張を読み込んだ（Lakin 2008）．一つは，構造的な主張であり，全ての国家や憲法において主権は存在しなければならないというもので，二つ目は経験主義的な主張であり，主権は国家や憲法の偶然的な財産である，ということであった．いうまでもなく，イギリス憲法の仕組みは，経験主義のみですべてが説明できるわけではない．実際，ラーキンは，ダイシーの論理の中に構造的主張を読み込んでいる．しかし，同時に彼が指摘するように，経験主義がイギリス憲法の構成部分であることは疑いがない．ここでの彼の理解に従って，イギリス憲法における経験主義に関する理解をみるならば，それは，「誰が主権的権力をふるうのかという問題は，単に『何が起こったか』ということによるものである．それらの物事にどんな価値があるかは，問題ではない」（Lakin 2008: 720，傍点は，原文どおり）．ラーキンの理解は，明ら

180　第Ⅱ部　イギリスにおける内閣の「自由な解散」論と一元型議院内閣制の再検討

かに，ジェニングス，ボグダナー，ブレイジャー，そしてブラックバーンの理解と共鳴する．それに対して，カレ・ド・マルベールやルネ・カピタンは，内閣だけが主権的権力をふるうことを決定的に断ずる．この点で，イギリスとフランスのアプローチは，きわめて異なっていて，対照的である．

　こうした違いをわきにおいて，フランス憲法学の視点から，イギリスの憲法学理解を参照せずに，イギリスの議院内閣制を検討することは非常に困難であるはずである．しかしながら，上記に見たとおり，日本における先述の四人の主導的な役割を果たしてきた憲法学者たちは，そうしようと努力してきた．

　なぜ，こうした英仏憲法学における差異が検討されなかったのであろうか．一つの理由を挙げることはできる．それは，日本の憲法学の中でしばしば前提とされる「西洋近代」（樋口陽一 1979：6）あるいは「西洋民主主義」（高橋和之 1994：211）のような表現が好んで使われてきた経緯である．彼らは，いくつかの欧州諸国とイギリスや英連邦諸国の憲法学を，同一のものとして考えてきたと，上記のような分析から見ると判断せざるを得ない．樋口は，1979年の著作の中で，以下のように，「西洋近代」について語った．

　　「つねづね私は，日本の読者や聞き手を相手にものをいうときは，日本の憲法状況が西側先進資本主義諸国のなかでどれだけ特異なものかを強調し，外国の人達を相手にするときは，反対に，日本の憲法が比較の尺度ではかることのできる一般性をもつことを説明する」（樋口 1979：10，傍点は，原文どおり）．

　樋口陽一は，たびたび，こうした一般性と特殊性について語ってきた．しかしながら，英仏の憲法学者たちの間の「特殊性」について，樋口は見落としてきたと指摘せざるを得ない．

注
　1）　イギリスの憲法に関する研究をつぶさに見ていけば，君主には何の実権もない，と結論付ける研究がないわけではない．例えば，ネヴィル・ジョンソンの研究などは，それにあたるだろう．彼によれば，「結論は，以下になるに違いない．厳格な信任やプライベートな生活における時でさえ，君主の政治的役割は，全ての実効的意味を喪失しているのである」（Johnson 2004: 61）．彼も，バジョットの分析を留保なく，批判論

の提示なく，受け入れている点は，興味深い．また，彼は憲法に関する多くの文献を残しながらも，*The Times* の弔辞によれば，政治学者であった（*The Times*, 13 July 2006）．ただ，ジョンソンの場合も，様々なイギリスの行政機関を一つのまとまりを保つためのクラウン Crown（王室）の役割は非常に重視している．日本国憲法1条で「象徴」とされる日本の天皇の場合，7条に規定された国事行為以外には，行政機関に対する役割は乏しい．しかし，イギリスの場合，今日でも様々な機関が Royal や Her Majesty などの冠でくくられており，庶民院と貴族院も事実上そうである．ジョンソンは，クラウンに，こうした行政上の実質的役割を置いている．その点は，憲法上規定されるが，「象徴」として留まる日本とは，かなり異なる理解がなされている．この他，民主主義に対して非常に楽観的で，君主から庶民院への進歩的な権力移行という像を描いている著者としては，エリザベス・ウィックス（Wicks 2006: 195-201）を挙げることができるだろう．ただ，彼女の著作は，大部分が概説の域を出ていない．彼女の像が，日本で理解されているイギリス憲法に最も近いかもしれない．

2）「国家元首が（解散を）拒否できるのは確かである」（Redslob 1924: 4）のように，レズロープが英国君主の実権を認めていた個所は多い．

第八章

結　　論

　上記のように，第Ⅱ部では，イギリスにおける「自由な解散」論と一元型議院内閣制の再検討という日本憲法学において，多くの場合当然視されてきた二つのテーゼを検討してきた．しかし，この二つのテーゼは，イギリスの憲法学においては保持も共有もされていなかった．

　この結論は，いくつかの意味において重要であると考える．なぜならば，第一に，日本においては，憲法学，政治学，そして政治家，官僚たちの間で，この二つのテーゼは，強く共有されてきた．そういう意味では，この二つのテーゼは，日本の憲法学，政治学，そして政治家，官僚たちの間でのビリーフとして始まったが，既に，解釈主義のタームで表現するならば，「伝統」となっていたといってもよいであろう．既に第四章でも指摘したが，政治学の中でも重要な研究文献が，この二つのビリーフを前提として，議院内閣制という「制度」を議論している．「制度」のなかに多くのビリーフがあり，ビリーフこそが制度そのものであるという理解は，解釈主義の理解であるが，客体としての制度を前提とするポジティヴィズムの立場からすると，どのように評価すべきであろうか．

　第二の重要性は，少なくとも議院内閣制を論理的かつ合理主義的に把握しようとしたという点では，ミルキヌ－ゲツェヴィチが進めた「議院内閣制の合理主義化」と同じ側面を指摘することができる．日仏独は，ともに，きわめて経験主義的に作られたイギリスの議院内閣制を導入する際に，イギリスの政治家や憲法学者が持った「内的視点」は捨象し，それを外側から合理主義的に理解して，制度として輸入した．また，それ以外には，方法はなかったかもしれない．その苦悩は，先にも引用した小島和司の『法律時報』論文にも表れていたといえよう．ただ，研究的には，英仏の議院内閣制にかかわるアプローチの違

第八章　結　　論　183

いは理解されてしかるべきであった.

　第三には，こうした二つのビリーフと立憲主義とのかかわりでの重要性である. 先述したように，A. W. ブラッドリーらは「議院内閣制と立憲主義は互いにライバル関係にある」と述べた. しかしその一方で，近年の日本の憲法学においては，立憲主義を称揚する議論が極めて強くなってきている. 多くの憲法学者が立憲主義に関する本や論文を書いてきた. 樋口陽一も，その一人である [1]. もっとも，樋口も，憲法制定権力と立憲主義との対抗関係を認めている点で（樋口 2017：54-55）議院内閣制と立憲主義の対抗関係を認めていると言える. 同じく民主主義の名の下に，憲法制定権力も議院内閣制も位置づけられる. 樋口陽一の表現を使えば，選挙民を源泉とした落水型で現れる. ただ，先述したとおり，樋口は，権力分立論を批判的に評価してきたカレ・ド・マルベールの理解を受け継ぎ，権力分立論の意義をヨーロッパでは，（君主制が実質的力を持っていたと彼が考える）19世紀までしか認めず，日本においても，大日本帝国憲法時までしか認めていない傾向がある (36-37). つまり，対君主制との関係でしか，権力分立制の意義を基本的に認めていない. 樋口が日本について「『立憲』と言いながらもその意味が同じだったとは限らない」(36) というように，立憲主義は多義的な言葉であるが，権力分立が立憲主義の一つの構成部分であるという見解は多い. 結局，「国民」に依拠した「憲法制定権力」，それと極めて近い「議院内閣制」の両方が立憲主義と対立する（もちろん，立憲主義も憲法制定権力も議院内閣制も「国民」に依拠する局面があるのだから「補完」の関係もある）局面を，樋口は事実上認めながら，カレ・ド・マルベール以来批判されてきた権力分立に頼る道も絶ち，「立憲」と「民主」との対抗と補完という緊張を支えるのは，「『市民』の自己陶冶」(55) しかないと述べた.

　既に，イギリスの議会主権は，権力分立を前提としているのではなく，混合政体を前提としていることを，筆者は先述した. 樋口は，管見の限りでは，混合政体には言及していない. その代わりに，「身分制国家の特権身分層相互間の制限」などには「権力相互間の制限」(184) という表現を使って，意図的に，それらに対して「権力分立」という表現を使わないようにしているようにも読める [2]. いずれにせよ，君主制，貴族制，民主制を内在する混合政体は，モンテスキューの権力分立論以前から，デモクラシー暴走を警戒して作られたもので

184　第Ⅱ部　イギリスにおける内閣の「自由な解散」論と一元型議院内閣制の再検討

ある．このなかに，君主の憲法的役割という理解も存在してきた．

　そして，今日，戦後直後とは全く異なり，日本においても，イギリスやアメリカ合衆国においても，デモクラシーの出した結論を楽観視できない，いわゆるポピュリズムの問題が提起されている．それを多かれ少なかれ止めている考え方が合衆国の権力分立であることは明らかであろう．

　ジェームス・マディソンが国民から選ばれた連邦議会下院の権限を抑えるために，1787年合衆国憲法に，上院や大統領との均衡を構想したことは有名である．当初州議会で選ばれた上院が1913年から有権者の直接選挙となり，大統領制に関しても当初は州代議員が2名に投票する仕組みが，その後早くに一名の大統領と一名の副大統領を選ぶ仕組みへと変えられ，今日では米国の連邦政治は，3種類の微妙に異なる民主主義が互いに牽制しあう形となった．これも，民主主義に対する一つのチェックであり，民主主義と民主主義との間の均衡であろう．

　もともと，イギリスの混合政体論が依拠したアリストテレスの混合政体論が，ポピュリズムへの警戒思想を持つものであったことは，意外にもあまり指摘されない．アリストテレスが今から2000年以上も前にデモクラシーと呼んでいたものは，民衆が自分たちのことしか考えずに，君主や貴族を批判すると言うものであった．この「貴族」の部分を，「EUエリート」や「公務員」「官僚」などに換えれば現代的なポピュリズムと共通するイメージになる．アリストテレスは，こうしたデモクラシーを理想的な政体に換えるために，むしろ君主，貴族政治と並べてデモクラシーを位置付ける混合政体を提唱した．

　混合政体という点では，近年，貴族院の役割にもたびたび注目が集まってきている．2010年には保守党・自民党連立政権の下で，上院への選挙制の導入の具体案も検討されたが，その道は頓挫した．ただ，1999年に世襲議員を92名にまで削減した貴族院は，それ以後，政党所属議員の比率で言えば，庶民院の得票率を比例代表的に反映するようになり，それに加えて，政党に所属しない様々な分野の専門家が任命されている．貴族院研究の業績を重ねる政治学者メグ・ラッセルの表現を借りると，「今や，貴族院を通じて，執政府の政策形成に対しての重要なチェック・アンド・バランスがある」（Russell 2013: 292）．筆者は，この貴族院の法案修正実績に関しては，いくつかの論文で触れた（小堀 2013a:

第八章　結　　論　185

2015）．イギリスの EU 離脱法案審議に際しても，貴族院は十数回にわたって政府案を敗北させた．今や，政治学者にして貴族院議員のジュリー・スミスによれば，「法案修正は，貴族院の通常的仕事の一部である」（Smith 2019: 2144）．かつて小島和司や大石眞が評したような「一院制型両院制」という像はイギリスで共有されていない（小島・大石 2005: 169）[3)]．逆に，ラッセルは，「1999 年以来，ウェストミンスターにおける二院制は復活した」（Russell 2013: 292）と述べた．

　なお，権力分立の対極に議院内閣制を考える理解への警告としては，先述の小島和司の1953年『法律時報』論文において，極めて示唆的な言及があった．彼は，議院内閣制を「フランケンシュタイン」のような怪物に比類した．そして，以下のように警告を発した．

　　　それは，他人事ではない．わが国において「議院内閣制」運営が問題となるとき，必ずイギリスの制度—フランスのではない，イギリスのであることに注意—が模範として論ぜられ，わが憲法が「議院内閣制」を採用しているという把握がイギリス制度導入の唯一の正当化理論となるのである．その結果，実はわが憲法が意識的に阻止しようとしているところがかえって助長せられ，憲法が原理的に歪められることはいうまでもない（小島 1953: 33）．

　議院内閣制が民衆の支持から導出され，怪物として立ち現れた時，もはや，それをイギリスから学んだという正当化理論では，それに対抗する理屈は見出しえない．この小島の焦りは，今日の立憲主義議論と共通するところであろう．ただ，上記のように，イギリスの混合政体は，デモクラシーを当初から相対化してきた．アリストテレスも，チャールズ 1 世もデモクラシーを恐れて，混合政体に言及したことを忘れてはならないだろう．君主と貴族院の役割にも，当然限界はある．ただ，デモクラシーはただ賛美するだけではうまく回らない，という認識は，混合政体論の根底にはあったと言えるだろう．

　最後に，「内的視点」の重要性について書きたい．本研究は，議院内閣制の一つの現象をめぐって，日仏とイギリスとの間では，考え方やアプローチに大きな隔たりがあることを指摘した．まず，これは憲法学研究，政治学研究にとって重要なポイントであると考える．法学における「内的な視点」の重要性は，

先にも書いたように，H. L. A. ハートが指摘してきた．「イギリスにおける内閣の自由な解散」論と一元型議院内閣制という二つのテーゼは，ビーヴァー＆ローズが言うビリーフと見ることができるが，ハートの「内的視点」とも重なる．

　他方で，そういうことを指摘したところで，日本国憲法においては，天皇は「国政に関する権能を有しない」ということから，もともとイギリスで君主が果たしたような機能を，日本の憲法学者が正しく認識していたとしても，実益がない，政治に対する影響はない，したがって無意味である，という論が出てきてもおかしくないだろう．

　さらに，この二つのテーゼに関していえば，日本でもイギリスでもほぼ首相や内閣が選んだ時期で総選挙をやっているから事実上客観的には大きな違いはない．憲法学者の理解は，それに大きな影響を与えていない．という論が訴えられるかもしれない．

　まず，日本国憲法第4条「国政に関する権能を有しない」との関係を見て見よう．たしかに，イギリス君主の政権に対する影響力を，イギリスの事例やイギリスの憲法学の考え方に照らして日本の憲法学者が論じ，政治家が知っていたとしても，権限上は影響を与えないかもしれない．ただ，既に見たように，日本の政治家たち，特に政権を指導する立場にあった政治家たちは，皆，政権党の利益極大化とイギリスの事例を同じものと考えていた．これに対するアンチ・テーゼを出すとすれば，憲法の専門家しかいなかったであろう．

　次に，憲法学の見地がどれほどまでに政治家に影響をもたらすのか．これに関しても，既に見たように，指導的な政治家たちは憲法学の「通説」に注意を払ってきた．もし，仮にそれが影響力を持っていなかったとすれば，議院内閣制に関する膨大なほどの本質議論が政治家に対して影響力を持ってこなかったということになる．筆者はそう考えない．日本の戦後の憲法学者の努力は，非常に効果があり，その後，多くの政治家が憲法学者の「通説」や「イギリスの先例」に言及して，日本の衆議院解散事例を作ってきた．これらのビリーフは，非常に強い影響力を持ったと評価できるだろう．イギリスもきっと日本と同じくらいに政党の極限的利益を徹底的に追求する政治スタイルなのかもしれない，という連想を，日本の政治家の中に作り出すに足りる誘因を，「自由な解散」

第八章　結　　論　　187

論は持ってきたと言えるだろう．それだけに，その総括を求めることは，学問上価値のあることであると考えている．

　ローズによれば，「ウェストミンスター諸政府に関するビリーフは，古式めいていて，日々の実践からすると不正確な描写であるが，これらのビリーフ（すなわち神話）は，政治的諸実践を形作り続けている」（Rhodes 2017: 299）．同じことは日本の議院内閣制に関しても言うことができ，日本の憲法学者たちのビリーフは，日本の政治実践を形作る影響を与えてきたと考える．

　もちろん，既に書いたように，他方，戦後の憲法学者たちは，政権が衆議院解散権限を濫用しないように，習律によって政権を抑制しようとした．長谷部恭男は，ジェニングスの習律論から，憲法習律の成立要件を，① 先例の存在，② 当事者の規範意識，③ 合理的な基礎の存在に整理している（長谷部 2018: 405）．筆者の強調する当事者たちのビリーフは，まさに②であった．「イギリスにおける内閣の自由な解散」論と一元型議院内閣制という二つのビリーフは，イギリスにはなかったにもかかわらず，「イギリス式」のものだとして日本の当事者の規範意識に大きな影響を及ぼし，それは，当然①の形成に対して決定的となった可能性を否定することはできないであろう．つまり，日本の有力な憲法学者たちは，一方で，政権が解散権限を濫用しないように，習律を強調して政権を抑制しようとし，他方で，イギリスでは自由な解散が行われていると述べることで，解散権限行使において首相・政権党の利益極大化論拠を提供してきた．

　これほどの強い影響力を持つ主観的なものが，学問上問われるべきではないとは，筆者は考えない（また，単なる主観という意識だけのものではなくて，膨大な出版物であった）．むしろ，イギリス製だと皆から信じられ，しかし実は，フランス生まれ日本育ちだった二つのテーゼは強力であった．したがって，憲法学的あるいは政治学的診断の対象となるべきであったと考える．

注
1 ）　この点に関して，芦部信喜著・高橋和之補訂『憲法　第七版』のはしがきが興味深い．高橋は次のように述べた．「立憲主義は政治が憲法に従って行われることを求める．それは憲法という『営為』を基礎づける憲法にとっての根本的な原理である．しかし，

188　第Ⅱ部　イギリスにおける内閣の「自由な解散」論と一元型議院内閣制の再検討

それは，国民の支持なくしては生気をたもちえない営為である．立憲主義を護れという呼びかけは，したがって，憲法と現実の乖離を説明し指針を与える理論なくしては，虚ろにしか響かないだろう．その理論を求めて，憲法学は苦悩してきた」（芦部・高橋2019：vi）．ここでは，次のことが言われている．まず，憲法に従って政治が行われるべきであるとする立憲主義の定義，そして，国民はそれを支持していない，そして前二者の乖離を埋める憲法理論は現在のところない，という３つである．民衆の意思を根拠に内閣に全権を与えるという議院内閣制の枠組みの欠陥が露呈している状態であるが，本論にあるように，イギリスはその欠陥をグレイ伯爵のころから今日の憲法学者に至るまで自覚していた．合衆国は，大統領制という異なる制度を用いたが，そこに「多数者の専制」への対処法があったことは，改めて論ずる必要はないだろう．日本の憲法学者が依拠したフランスでは，議院内閣制は大統領制の下で異なった形となった．

2）　樋口は常に「権力分立」という言葉を回避してきたわけではない．ただ，権力分立に関して議論する際でも，その限界を強調することになる．樋口の1984年の記述は一つの典型であろう．樋口は言う．「行政権をひきいる政治部門の首長が『民意』と直結して強力な指導性を発揮する場合，とりわけ議会多数派と行政府が同じ政党ないし政党連合によって緊密に結ばれているときには，大統領ないし内閣に対する議会の関係では，行政権優位のもとで権力の分立は実質上機能しなくなる」（樋口 1984：464）．そこで，西欧においては上院，日本においては野党，革新自治体の役割に注目する．訴訟という受動的な契機が与えられないと発動しないという特異性はあるが，司法に関しても，重要だとされている．

3）　「一院制型両院制」も，イギリスの政治史と憲法学者の議論に対する参照をほとんど行わずに唱えられたことは，かつて示した（小堀 2015）．ただ，英語圏の研究においても，1999年の改革より前には，経験的な研究を踏まえた上でも，大幅な影響力の格差が両院の間で存在したと理解されてきた（Sartori 1994: 188; Bogdanor 1997: 103）．

第Ⅲ部

「正解」という名の「解釈」

第九章

締めくくりといくつかの関連論点

　第Ⅰ部・第Ⅱ部を通して，解釈主義アプローチの検討と，それを使っての日仏英の議院内閣制論を試みた．その第Ⅰ部・第Ⅱ部で得た知見をまとめることで明らかにできるいくつかの点を述べて，本書全体の結論としたい．

第一節　家族的類似性としての議院内閣制

　上記のように，解釈主義アプローチを使って日本の議院内閣制論を読み解いてみた．第六章でも示した通り，「イギリスにおける内閣による自由な解散」というビリーフは，イギリス本国では共有されていなかった．むしろ，「イギリスにおける内閣による自由な解散」という固有な表現自体は，日本発の理解であった．ただ，その起源をたどっていくと，宮沢俊義や樋口陽一が非常に多く依拠したフランスの憲法学者，レイモンド・カレ・ド・マルベールとルネ・カピタンという二人の分析にほとんど行きつく．これらフランス憲法学の大家の見解が，どの程度フランス憲法学の歴史や今日を代表するのかをここで論じることは，筆者の力量を超える．しかしながら，ピエール・アルベルティニ，ジャン・クロード・コリャ，フィリップ・ロヴォーなど，戦後の代表的憲法学者においても，一元型・二元型という区別がなされた議院内閣制 le régime parlementaire が論じられていることは，先述のように確認した．

　イギリスと，日本・フランスの議院内閣制論の違いは，既に本書で述べてきた．繰り返しは避けるため簡潔に述べるが，両者の異なる点は，次の点に最も根本的である．イギリスにおいては議院内閣制 parliamentary government を決して深く理論化しようとせず，また，英連邦諸国を超えて普遍化しようとはしなかった．それに対して，日本・フランスにおいては，その普遍化された「本

192　第Ⅲ部　「正解」という名の「解釈」

質」像を追い求めてきた.

　さらに，第Ⅰ部と第Ⅱ部の論点の交差する点で考えると，議院内閣制を，制度と見るのか，ビーヴァー＆ローズが考えたように，ビリーフが作り出した一つのパターン化された実践として分解できるのかも，議論しなければならない. ここにも，本質主義と関わる重要な論点がある.

　第二章第一節でも触れたように，彼らは，成文化された法律を「制度」として見ているが，その物象化も彼らの「分解」の対象である. そうした見地から，法律としての制度的力がどれほどあるのかを検討して見よう. その一例は，イギリスの2011年固定任期議会法をめぐる2019年の動きである. 2011年法によって，政権不信任の手続きは明確化された. 2011年固定任期議会法2条4項で要求される「この院は女王陛下の政府を不信任する」という文言の入った政権不信任案が庶民院で可決された後，2週間以内に新政権が庶民院で信任されなければ，議会解散となる. 新政権が庶民院で信任される場合には，事実上の庶民院による「選出」の手続きが法律上決められた. ただし，それは政権不信任案可決の場合だけであって，首相が辞任した場合，つまり2016年国民投票後にキャメロンが首相を辞任した後のようなケースでは，それ以前と変わらず，君主が次の首相を任命した.

　この2011年法による成文化によって，イギリスの政権不信任の手続きは，どうなったであろうか.

　固定任期議会法が2011年にできるまで，重要法案で敗れた首相は解散総選挙するか，辞任しなければならないという慣習があった（Norton 2015: 8）[1]. もっとも，何が重要法案なのかに関しては議論があった. しかし，それでも，自国の浮沈がかかるEU離脱協定案の採決で2019年に何度も敗れたメイ政権は，2011年法制定以前であれば，総辞職か解散総選挙を選んでいたであろう（もっとも，離脱期限の3月末の目前で総選挙になることは逆に国益を損ねることになり，また総辞職しても適当な次の候補がいなかったという事情もあった）.

　しかし，慣習が制定法化されたと理解されたことで，意図せざる結果が生じた. 以下，経緯を見ていきたい.

　2011年法に関する議論の過程で，当時の保守党・自民党連立政権は，その法は，首相の解散権の除去を除けば，慣習の制定法化であり，政権不信任の慣習

には影響しないと説明した（the Minister for Political and Constitutional Reform: para. 56）．当初は，重要法案採決で敗れた場合に政権不信任と見てきた経緯を考えて，その法案採決の政府敗北を政権不信任と見るかどうかの判断は庶民院議長が行うということが，政府提案（2条）であった．しかし，それでは，議長の行為が訴訟の対象となってしまうという可能性があると庶民院事務官 Clerk of the House of Commons から意見があった（Political and Constitutional Reform Committee, 2010: 17）[2]．この庶民院事務官の意見は，庶民院での法案審議のときにも重大視され，結果として，政府は，議長の裁量に関する規定を法案から削除し，政権不信任が法的に認められる場合を，2011年法2条で定める特定の上記書式のみに限定した．それでも，2018年の下院特別委員会での聴聞に対して，憲法学者ブラックバーンは，2011年法2条に該当しない場合の政権不信任の慣習は，「政治的に」残っていると述べた（Public Administration and Constitutional Affairs Committee 2018: 19）．

ところが，2019年のEU離脱協定案採決においては，離脱強硬派の保守党議員たちは，メイ政権の不信任案には反対し（その結果不信任案は否決され），メイ首相の離脱協定案に関しても反対・棄権した（その結果，何度も協定案は否決された）．加えて，メイ首相は，2011年法以前であれば，かつてのメイジャー首相と同じように，政権の信任投票をかけて反対派議員を押さえ込むという手段も取れたが，2011年法の下では，彼女が自発的に協定案採決に信任をかけても，それが敗れたところで，解散・総選挙はできない．結局，2011年固定任期議会法は，首相による解散権を除去しただけでなく，他の諸慣習までも除去してしまったと言えるだろう[3]．

ここでは，確かに成文化の力（すなわち，制度の力）を認めないわけにはいかないだろう．ただし，結局，2011年法2条4項を作成したのも，起草者の意図である．その意図が物象化しているという視点を忘れてはならないだろう．人の意思が「制度」という外見によって物象化されていることを，冷静に見ておきたい．

しかし，それでは，こうした「制度」，すなわち人間のビリーフが作り出したパターン化された議院内閣制という実践を，どう理論的に評価すべきであろうか．既に見てきたように，イギリスと日本・フランスの，この問題に関する

194 第Ⅲ部 「正解」という名の「解釈」

「像」は大幅に違う．パターンと考えたとしても，各国例をつぶさに検討もする前から，パターンの共通性があるとはいえないだろう．しかし，少なくとも，世界各国の例を，日本の研究者たちは議院内閣制と呼んできた．

また，筆者も，本書においてたびたび，議院内閣制という用語を，日本，イギリス，フランスに対して使ってきた．これは，一つには，宮沢俊義以来の日英仏三国の議論を検討素材にするための便宜的な部分もあった．しかし，それだけではない．むしろ，宮沢が，この三国を例にあげたこと自体をむしろ検討素材として，筆者は，別の意味での理論化を提示したいと考えている．

それは，「家族的類似性」としての議院内閣制論である．「家族的類似性」family resemblance というのは，哲学者ルードヴィヒ・ウィトゲンシュタインの言葉である．解釈主義の理論においては「家族的類似性」という言葉は，ビーヴァー＆ローズを初めとして度々使われてきたし，ポスト構造主義の理論家たちも，その概念を積極的に使ってきた．

その意味を端的に述べるためには，まず，そのウィトゲンシュタインの言葉を引用したい．

　　こうした類似性を特徴付ける際に，「家族的類似性」という表現以上に，巧い表現はないと考える．一つの家族のメンバーの間では，様々な類似性がある．すなわち，体格，目の色，歩き方，気性などであり，それらが重なり，交わる．そして，私は，それらの「ゲーム」が一つの家族を形作っていると言うだろう．

　　例えば，数という種類が，一つの家族を同じ方法で形作る．なぜ，私たちは，それを，一つの「数」と呼ぶのか．おそらく，それが，これまで数で呼ばれてきたいくつかの物事と（直接的な）関係をもち，そして，このことが，それに，（同じ名前で呼ばれる）他の物に対して一つの間接的な関係を与える．そして，私たちは，その数の概念を，繊維と繊維をあんで一つの糸を紡ぐように拡張する．その糸の強さは，一つの繊維がその全体の強さを確保すると言う事実に依拠するのではなく，多くの繊維が重なると言うことに依拠する．

　　しかし，誰かはこう言いたいかもしれない．「これら全ての構成物には，

何か共通なものがあります．すなわち，それら全ての共通点のいずれかがあります」．その時，私はこう返すべきだろう．あなたは，言葉遊びをしているだけである．誰かが同様にこう言うことができるだろう．「糸全体を通じる何かがある，すなわち，それら諸繊維の継続的な重なり合いがある」（Wittgenstein 1953: 32e）[4]．

　ここで言われる「家族的類似性」という言葉で，ウィトゲンシュタインは血縁的関係を表そうとしているのではない．類似性 resemblance という言葉自体が，翻訳したときには非常に曲者であるが，この「類似性」という言葉は，「似ている」resemble ということのみを表現しており，実際に共通の本質があるなどという意味ではない．むしろ，ここでウィトゲンシュタインが言おうとしていることは，一見すると，家族のように似ているだけで，実際にそれ以上のものではないということである．むしろ，似ていると人々が感じて，考えているだけである，ということである．

　「似ている」と考えているのは，人間であり，本書の内容との関係で言えば，研究者である．具体的には，日本の議院内閣制，フランスの le régime parlementaire，イギリスの parliamentary government を「似ている」と考えて，議院内閣制の名の下に統一したのは，宮沢俊義であった．しかし，その議院内閣制は，本書が検討してきたように，単に宮沢が似ていると考えただけで，個別の国々の具体性が検討されたわけではなかった．また，個別の具体性が検討されていない段階で，そこに，樋口陽一を初めとした憲法学者たちが考えたように「本質」を見出すことは，論理的には困難であったと言えるだろう．ただ大家の「権威」によってそれを「正解」にしてしまった．また，「議院内閣制」は，科学的認識による「科学学説」（樋口 1994：23；宮沢 1968a：90）であるという議論は，少なくとも歴史的個別事例に関する研究が（特に決定的にイギリスにおいて）少なく，成り立ちえないと考える．むしろ，そのとき下敷きとなっていたのは，科学的認識などでは全くなく，格言「君臨すれども統治せず」に見られるようなビリーフであったのかもしれない．既に見てきたように，日本国憲法制定へといたる第二次大戦終結直後の日本では，その格言は多くの政治家によって唱えられ，既に真面目にイギリスのものと考えられていた．制度が導入

196　第Ⅲ部　「正解」という名の「解釈」

され，議院内閣制と認識されたのではなく，フランス発の「君臨すれども統治せず」という議院内閣制のビリーフが，イギリスでも共有されていると信んじられ，この種類の制度を創り出したのではないだろうか．

ウィトゲンシュタインが「家族的類似性」という言葉で表現しようとした人間の作為は，まさに，そうしたものであった．社会科学上の概念に限らず，人々はそうした簡便な当てはめをしているのではないか，ということであった．つまり，日本における議院内閣制論は，ウィトゲンシュタインの言う「家族的類似性」の一つであると考えるのであるならば，非常に好例であるといえるのではないだろうか．日本における戦後の憲法学の議論において作られた議院内閣制像で，日英仏独を，特にイギリスに関しては個別事例や憲法学者の議論をあまり参照もせずに，一つにまとめて分類したと見ることができる．

このように述べてくると，いやいや，日仏英を初めとして議院内閣制には実体的共通性があるはずだという議論が出てくることも承知している．実際，先述したように，政治学者は多数の国の事例を扱うために「最小限度」の定義のみを行う傾向があることは指摘した．しかし，そうした最小限度の定義においても不一致が見られること，そして，その精度を高めるために最小限度の定義を追求すればするほど，（定義そのものの意味よりも，物差しに純化して比較していくという態度はあるにせよ）定義そのものの意味（それが一体何を意味しているのか）は低下していくのではないだろうか．そして，そこで得られている共通性というものもまた，人間の（意識的にせよ無意識にせよ）選んだ基準で当てはめている「家族的類似性」の一つであるという見方もできる．

実際，英連邦諸国が，君主や総督を位置づける議院内閣制を採用し，旧フランス植民地の多くは，半大統領制を取る国々を採用し，カナダを除くアメリカ大陸諸国の多くは，権力分立を徹底した合衆国型の大統領制を採用してきた（Shugart, 2005）．自然で合理的な政治制度選択ではなく，宗主国や周辺有力国の事例が思想的伝統となり，その影響力を受けた人々が，「共通性」を持つ制度を主観的に創り出してきたと見る方が説得力を持っている．

第九章　締めくくりといくつかの関連論点　197

第二節　憲法文化としての議院内閣制の「本質主義」的把握

　第二に，「本質」主義の問題点と政治文化の重要性について触れたい．ここでいう「政治文化」とは，個々の国民が持つ国民性のような，抽象的で何とでも取れるものではない．それは，政治家や学者たちの偶発的で具体的なビリーフである．

　日本の有力な憲法学者たちによって，議院内閣制の「本質」として議論されたのは，内閣の責任や，国会と内閣の均衡であった．内閣と国会の関係，イギリスで言えば，内閣と議会との関係，これらに関しては豊富な事例がある．それらを十分に研究して，そこから責任か均衡かのいずれかに本質があるのかが議論されるならば，それなりに豊富な教訓を得られたと考えるが，あまりそうした事例研究がなされた日本の論文・著作を発見することができなかった．

　たしかに，1911年議会法などのいくつかの限られた条文の中身は議論になった．しかし，現実の政治と憲法の関係は，条文の中身を超えることになるはずで，そこに向き合わない形で議論がなされることに，どれくらいの意味があるのかは，考える必要があるのではないだろうか．条文を中心とした論理から，実際の政治に論点を移すことは，憲法学の範囲を超えると考えるのかもしれない．実際，日本の憲法学の文献では，日本の国会やイギリスの議会議事録は決してといっていいほど参照されてこなかった．この点も，イギリスの憲法学者のスタイルとは非常に異なる．イギリスの憲法学者は，議会議事録や政治家の伝記，そして『アースキン・メイ』のような議会先例集を必ず研究した．

　現実の政治とは関係しない形で，議院内閣制の責任に本質があるのか，均衡に本質があるのかの議論をすることは，私たちの生きる政治社会を説明したり，理解したりする上で，有効であるのだろうか[6]．もちろん，筆者は，そうした責任本質論，均衡本質論の議論の意味を否定するつもりで書いているのでは一切ない．むしろ，それは逆で，その議論をするのであれば，実際の議院内閣制の豊富な事例を，同時代であれ，歴史であれ，フランスであれ，イギリスであれ，日本であれ，しっかりと研究することによって，深い意味のある議論ができるのではないかと述べているつもりである．

しばしば，憲法学の文献では，議院内閣制であるから，内閣に下院の解散権が認められなければならない，という「制度説」（代表的なものとして，清宮 1969: 188; 伊藤 1995: 465が挙げられることが多い）の理解は，議院内閣制にはなぜ下院の解散権があるといえるのかということを追求してトートロジー（循環論法）となってしまう，ということがよく言われる（野中他 2012: 214; 佐藤 2001: 170）．しかし，これなども，議院内閣制と内閣の解散権の関係がどのようになっているのかということについて，実際のイギリスの解散事例をつぶさに追いかけるようになれば，筆者が本論で指摘したような1950年のジョージ6世秘書の投稿や1974年の少数政権解散に関する議論，英連邦諸国での総督による解散事例などがイギリス憲法学の文献では必ず議論の対象となっていることが分かり，責任本質・均衡本質という二分論の限界が，より一層鮮明となっていたはずではないかと考える．重要なことは，こうした本質論争を，論理から現実・歴史に一歩踏み出すことではないかということが，筆者の述べたいことであった．

ただ，そうやって，本質論争を活発化させたとしても，そこに「本質」を見出すことで，失われるであろうことも多いだろうということも，指摘しておきたい．

結局，日本の憲法学における責任本質・均衡本質の議論は，実際には，イギリスの憲法学の，少なくともこの百年の議論（特にジェニングス以降の議論）をほとんど追えていなかったことは，既に指摘した．この結果を招く一つの要因が本質主義にあったのではないかと筆者は考える．結局，本質主義とは，研究者が本質ではないという部分に対する軽視につながりかねない．

議院内閣制に関する場合で言えば，内閣の責任が本質だと言うことになれば，その他は追求しなくてもよい，ということになったのではないだろうか．内閣の責任が議院内閣制の本質であり，君主の役割などは現代の議院内閣制には全く不要のものだ，ということになれば，上記の1950年のジョージ6世秘書の投稿や1974年の少数政権解散に関する議論，英連邦諸国での総督による解散事例などは，「不都合な真実」になってしまう．取り上げてはいけない，取り上げられない事象となってしまう．本質主義は，それに見合った現実しか見ない傾向を増大させる．この研究を通じて，筆者が強く感じた事柄の一つである．実際，フランスの議院内閣制の大家であるロヴォーは，議院内閣制に関する二つ

の著作があり，1950年や1974年のイギリス政治に言及しながらも，ラッセルズ原則や枢密院議長発言などに全く触れていない（Lauvaux 1983; 1987）．日仏ともに，君主権力の実効性は，そもそも本質主義の関心から外されていたと見る方があたっているであろう．

　解釈主義が，そうした本質主義を批判するのは，本質主義が，自らが本質と考える事柄以外の，人間の様々な諸行為を対象からはずしてしまい，その結果，人間が持つ豊富な思想的・思考的営みを反映しない像を作り上げてしまう傾向があるからである．議院内閣制の本質論においても，同じことが言えるのではないであろうか．

　政治学においては，シーダ・スコッチポルが，行動論政治学のなかで軽視されてきた「制度」を再び重要な分析概念として導入する際に使ったのが，彼女の有名な論文のタイトルにもなった「国家を取り戻す」'Bringing the State back in'（Skocpol 1985）であった．これに対して，ビーヴァー＆ローズが2010年の著作『文化実践としての国家』State as Cultural Practice において対置したのが，「人々を取り戻す」Bringing the People Back In であった．

　人々の諸行動や諸思想を変数にして分析すると言う場合，その変数という言葉が内在する分析方法からすれば，なるべく少ない独立変数と従属変数を抽出し，独立変数・従属変数間の関係に他の変数が影響をもたらすことを制御したり，他の変数を捨象したりして，なるべく独立変数と従属変数との因果関係をクリアに説明せざるを得ない．そこにおいて，独立変数と従属変数という「本質」以外の事柄は分析から捨象せざるを得ない．これらの捨象された事柄に，人間の豊富な諸行為・諸思想がないとは言えないだろう．ビーヴァー＆ローズが「人々を取り戻す」と言明したのは，人々の諸行為・諸思想を変数と見ることによって失われる人々の諸行為・諸思想が持つ豊富な内容への着眼があったからであった．

　本書が対象とした議院内閣制論に関して，その本質主義的見方によって落とされた重要論点があるとすれば，その一つが，本書で取り上げた議院内閣制における君主の「憲法的役割」であった．その内容と意義に関しては，既に本論で述べているので再論しないが，民主的に選挙された代表からなる議会から選出された内閣に責任を認めるものとして，議院内閣制を端的に理解するのであ

200　第Ⅲ部　「正解」という名の「解釈」

れば，この君主の憲法的役割は落ちるだろう．

　もちろん，筆者は，現在の日本の天皇にも，イギリスの君主と同じように最終的な「憲法的役割」を認めるべきだと言うつもりは一切ない．その態度は逆に君主制に関する別の意味の「本質」論に囚われるものだろう．日本の戦後の歩みと，今日の歴史性を完全に捨て去り，日本の「本質」を措定することはできない．ただ，憲法4条を初めとする諸規定では存在しないとされたはずの「国政に関する権能」がなければ，天皇が望んだ退位を実現できるはずはない．政権も野党も，国民の大多数が賛成したとしても，憲法の規定を天皇が乗り越えたという現実を見過ごすことはできないはずである．そういう意味では，日本の「憲法制定権力」は，天皇が憲法の諸規定を乗り越えることに賛同したともいえるだろう．イギリスとは全く異なる成文憲法の国で，やはり君主は，イギリスと同じく巨大な権限を行使して，政治的に目的を達成した．ほぼ全ての政治勢力と大多数の国民の主観の力は，成文化された「制度」の力を乗り越えたのである．そして，乗り越えたということ自体を論点化することも，この主観の力は消し去った．この点は，直視しておかなければならない[7]．

　もちろん，他方で，本書が批判した「本質主義」的把握自身も，戦後の憲法学者たちの重要な把握であり，それ自体を本質主義的に見るのではなく，偶発的なものとして見る必要がある，つまり論者たちの思想の文化としての個別的重要性を把握する必要があると考える．

　実際，戦後日本の議院内閣制論において，責任本質論的把握への収斂のような傾向が強まったことは，やはり，選挙民→議会→内閣という落水型の把握によって，天皇の統治権の下で行われた軍部独裁への回帰を完全に断ち切るという，当時の歴史的問題意識があったと筆者は考えている．そして，議院内閣制に対するそうした一種の論理的把握は，同じく，ワイマール期に議院内閣制を合理的に把握することでその発展を促していこうとしたボリス・ミルキヌ−ゲツェヴィチと重なる．ミルキヌ−ゲツェヴィチは，デモクラシーを否定した第一次世界大戦とロシア革命の後，日本の戦後の憲法学者たちは，第二次世界大戦の後，ともに，一旦失敗したデモクラシーを再確立させるために，それを徹底して合理主義的に考えようとした．実際，宮沢俊義とミルキヌ−ゲツェヴィチは，ともに友人であったし，宮沢は，小田滋とともに，ミルキヌ−ゲツェヴィ

チの著作を翻訳して公刊している（ミルキヌ－ゲツェヴィチ著，宮沢・小田訳 1952）．ミルキヌ－ゲツェヴィチは，日本語版への序文で「デモクラシーは真理であり，未来はデモクラシーのものであります」(iv) と書いている．樋口陽一もまた，それから約10年後に同著を翻訳した（ミルキヌ－ゲツェヴィチ著，小田・樋口訳 1964年）．

第三節　論理主義とイギリス憲法

　カレ・ド・マルベールとルネ・カピタンの考えた議院内閣制論は，ミルキヌ－ゲツェヴィチが進めた合理主義的理解と共鳴し，かつ極めて論理主義的であった[8]．イギリス憲法の考え方は，その論理主義を過度に受け入れないということは，外観的にも明瞭であった．論理的に突き詰めれば，君主政と民主政は矛盾する．論理的に突き詰めれば，国教会・君主という政教一致と信教の自由は矛盾する．その矛盾を論理的に敢えて突き詰めずに共存させてきた．それが，彼らの経験主義であった．議院内閣制に関しても同じことが言えるだろう．

　先にも見てきたように，社会科学上の様々な考え方や概念は，物象化を引き起こす．それは，構造，制度，法など，様々な考え方やシステムに関しても言えることである．物象化を引き起こす考え方は，こうした社会レベルのシステムだけではなく，嘘をつかないことというような単純な論理においても，同様に言うことができる．嘘をついてはいけないという単純な論理であっても，人を縛る．人は，それに拘束されて生きるよりほかない．解釈主義は，そうした全ての物象化を対象にし，冷厳にそれらを分解し，物象化のもつ魔力に自らが陥らないようにしなければならない．

　しかし，論理自身が力を持ち，物象化することで現実を作り上げていくことを無視してはならない．論理を突き詰めないことによって，その論理が物象化してきた時には本当に矛盾して相容れないかもしれないことを，イギリス憲法は受け入れてきたのかもしれない．それが，議会主権とレファレンダムの矛盾である．

　本書では，議院内閣制の本質主義的把握を批判してきたが，厳密には，それと論理主義を切り分けるべきであると考える．論理が物象化し，人々を拘束す

202 第Ⅲ部 「正解」という名の「解釈」

る罠を見破る必要性がある一方，論理矛盾の放置が破綻に至ることを明示することには，意味がある．カレ・ド・マルベールが1931年の短い論文のなかで，指摘したことは，まさにレファレンダムと議院内閣制（議会主権）の論理矛盾であった．カレ・ド・マルベールは，次のような論理的に鋭い問いで，その論文を締めくくった．「議院内閣制 le régime parlementaire とレファレンダムの組み合わせ」は，選挙で分断された政党と一般民衆との間で，「果たしてうまく効果を持つのであろうか」（Carré de Malberg 1931: 24）．カレ・ド・マルベールのこの問いは，フランスへのものであった．しかし，今，イギリスは，この二つの間の矛盾に苦しんでいる．

　イギリスにおいて，レファレンダムを最初に提唱したと言われるダイシーは，無知な大衆に実権を渡すのかという批判に，実権を渡すのではない，渡すのは，議会が可決した法案が君主の同意を得るまでの間の，それに対する「拒否権」だけだと反論した．庶民院で通過しないことを，レファレンダムで強制はしないと述べた（Dicey 1982 [1885]: cviii-cxiv）．

　しかし，2016年レファレンダムの結果は，イギリスのＥＵ離脱を事実上議会に対して強制している．ほとんど全ての政党の政治家たちは異口同音にレファレンダムで示された民意を実現すると述べてきた．ダイシーの考えたのとは逆の順番で，2019年の議会の議論が拘束されてきた．レファレンダムと議会主権との関係に明瞭な論理矛盾を指摘し，議会に立法せよという判決を下したのは，2005年憲法改革法で貴族院から分離された最高裁だった[9]．法的にはレファレンダムの限界はきっぱりと認定されたのに，政治家たちは，なお，レファレンダムの結果に精神的に拘束された．必ず矛盾する論理を突き詰めずに来たデモクラシーのあり方が問われていると言えよう．

　しかし，これは，私たちから遠くはなれた国の問題というわけではない．今日は，デモクラシー追求の時代ではない．そのあり方が問われる時代である．デモクラシーを疑うことは，デモクラシーをより良いものにするためにも，必要な視点であると考える．本書が，議院内閣制という，戦後当然視された偶像を改めて問い直すきっかけとなることを，期待したい．

第九章 締めくくりといくつかの関連論点 203

注

1） 政治学者でもあり，貴族院議員でもあるフィリップ・ノートンは，2011年固定任期議会法以前の政権不信任に対する慣習を，政権自ら提出した信任投票の否決，野党第一党提出の不信任案可決，重要法案・財政法案採決での敗北の三つに分ける．この三つ目の何が重要法案であるのかについては，必ずしも合意された基準があるわけではない．1974年2月から10月までのウィルソン少数政権では，17回の法案採決での敗北があった．1974年10月から，1979年の政権交代まで，ウィルソン・キャラハン政権では実に42回の法案採決での敗北があったが，解散や総辞職は行われなかった（Kelly 2019: 16）．

2） 庶民院事務官は，庶民院における議会慣習の専門家であり，議長を支援し，議会先例集『アースキン・メイ』の執筆も行う．当時の事務官であったマルコム・ジャックによれば，議会と裁判所との関係は，「礼節」comity からなっており，議院内の言論の自由を認めた1689年権利章典9条を根拠として，内的問題の処理は議院に委ねられてきたと，理解された．しかし，制定法によって議長に裁量が与えられると，それはもはや議院の内的な問題となりえず，訴訟の対象となりえ，過去何度か類似例があったことをジャックは指摘した（Political and Constitutional Reform Committee 2010: Ev 1 -22）．

3） ド・スミス＆ブレイジャーは，1911年議会法や1931年ウェストミンスター憲章が当時までの慣習の制定法化であるという説明に異を唱えている．彼らによれば，「それは，慣習の中身を具体的に表現するが，他方，意味を加えている」（de Smith and Brazier 1998: 46）．このことは，2011年固定任期議会法に関してもいえるだろう．

4） ここで，「いずれか」と筆者が訳しているのは，通常哲学では「選言」と訳されてきた disjunction である．選言とは，形式論理学の用語で，あるものがAかBかのいずれかであるという意味となる（谷沢 1998: 1300）．意味的にみて，「選言」という哲学用語よりも，分かりやすいので，「いずれか」という訳を当てはめた．

5） この点で，小島和司が le régime parlementaire と議院内閣制との間の差異に疑問を持った点は深い洞察をはらんでいる（小島 1982：162）．ただ，正確には，私たち日本の議論が議院内閣制という「種類」を創り出したのである．それは客体として存在していたものではなかった．数十年を経て，それがもし条文などの形で―それもやはり人間が作っているわけであるが―客体として存在するのであっても，それはそれで自然に存在したというより，当然のことながら，私たち日本の議論が仮想イギリスをフランスの大家から学び，創り上げたといえるだろう．

6） もっとも，そうした問題指摘は，長谷部恭男によって，1984年の段階で行われている．長谷部は，「一元論・二元論のいずれも，その経験的願意は驚くほど狭小で」あり，「経験的事象を説明する理論としての両説の能力よりも，むしろ無能さを明らかにしている」と述べている（長谷部 1984：6）．しかし，結局のところ，この二分論はしっかりとセメント化されて，依然として，憲法を学習する際の重要なポイントとなり続け

204 第Ⅲ部 「正解」という名の「解釈」

ている.

7) 日本国憲法第4条,天皇は「国政に関する権能を有しない」という規定と平仄を合わせるのであれば,あくまでも退位は,名実ともに内閣から出てくる提案として理解されなければならない.天皇(当時)がまず望みを伝えて,内閣が動いて有識者会議・法案提出が行われたということになれば,実質上は,天皇が「国政に関する権能」を有したことになるだろう.初発が天皇からであったことは,既にマスコミ各社が一致して報道している(例えば,井上 2019;大久保 2019).

8) ミルキヌ-ゲツェヴィチの合理主義的理解は,もちろん,当時のフランス憲法学の議論の中から起こってきたと,フランス憲法学のなかでも論じられている.そして,また,それは極めて本質主義的でもあった(Pinon 2007; De Bujadoux 2013).

9) R (Miller) v Secretary of State for Exiting the EU [2017] UKSC 5, [2017] 2 WLR 583.

あ と が き

　本書を書くために，大学院後期博士課程以来，約25年ぶりにフランス語の文献を読むようになって分かったことは，日本語の表現で言えば議院内閣制と称される，同じ政治現象に関して書かれたものでありながらも，英仏の文献ではこれだけの違いがあるのかという驚きの連続であった．筆者が院生のころから25年以上も経過してから，曲がりなりにもフランス語の文献を読めた理由の一つには，やはり，単語や文法レベルでの英仏語の重なりがある．ほぼ同じつづりの単語が多いことは，両言語を学習した経験を持つ人ならば分かると思う．しかし，その単語や文章の発話は全く異なる．驚くほど異なる．その驚きと同じものを，英仏の議院内閣制論に関して感じた．そして，この違いが，議院内閣制理解の一つの大きな落とし穴であったのだと感じた．このことは，主題の内容ではないので，このあとがきに書かせていただいた．

　また，もう一つ，必ずしも主題の内容ではないことを書いておきたい．本質主義を批判し，憲法の歩みを歴史性で捉えると言うことになると，いわゆる戦後の護憲の立場や思想とは異なるのではないかという感想もあるだろう．たしかに，筆者は，人権や民主主義を，普遍的原理であるとか，本質であるというつもりはない．いわんや，「天賦人権」などという明治時代の日本発の議論を「普遍」だということはできない．それは，本論でも強調したように，そうした見方が一つの個別的で偶発的な見方でしかないからである．個別的なものを本質であると言うことはできない．

　しかし，そういう本質主義に頼らなくても，人権と民主主義，そして平和主義は守ることができるし，そうしなければならないと考えている．あくまでも，昔の理由を「本質」として今もなお語り継ぐことによっては，今日の理由にはならない．昔はそうだったということは，昔においてしか理由にはならない．西洋の理由は，西洋においてしか理由にならないし，西洋のなかの英仏を区別する研究も少ない中で，西洋を理由にできるであろうか．近年のイギリスでは，むしろ憲法をシンギュラリティ（個別性）で把握すべきだと言う研究がある

(Loughlin 2013: 82). また，イギリスの憲法をシンギュラリティで把握すべきだと述べていたのは，1924年のレズローブもそうであった（Redslob 1924: 261).

　本質だということを「信じる」ということによって得られる説得力はあるにせよ，それは薄い説得力なのではないだろうか．「これは西洋からの普遍の原理だ」という説得で薄い支持は広がるだろう．しかし，権利というのは，それが脅かされる個々の場面の個別的な闘い（運動や裁判）以上に，本当に根付くことはないのではないだろうか．例え「前文」で言われようとも，「普遍」的で「法則」だという物象化の論理は，個別の人間の努力を喚起しない方向に作用しないだろうか（「私が何もしなくても，正しいのであればその方向に物事は進むはずだ」）．むしろ筆者は，日本国憲法12条の「不断の努力」を支持する．歴史的に限定された今の理屈で人権を守ることの方が，本質主義的理解より重要だと考える．逆に，普遍の理屈で蹂躙される権利もありうる．

　筆者のような議論が政治学から投ぜられることに関して，憲法学者のなかには，違和感があるかもしれない．戦後の日本憲法学の伝統を批判する議論を，筆者は提起していることは，当然のことながら自覚している．日本の憲法学者たちは，「政治法」というフランス憲法学の動向を正面から受け止め，雑誌 *Jus Politicum* を日本語に翻訳した．その「創刊のことば」においては，「私たち法学者は，法規範と呼ばれるものと政治的現象との間に，過去に承知の上でなされた分断によって，今日深く考えることなく，二つの学問の間に有刺鉄線を用いて境界線を引いてしまう，という有害な結果がもたらされていると確信している」（山元一・只野雅人訳『フランス憲法学の動向——法と政治の間』2013: 60）と，著者たちも述べている．筆者も，この点に関して全くの同感であり，日本の憲法研究を進める見地から，筆者の本書を是非評価していただきたいと考えている．誠実な引用や典拠をもとに批判していただけるならば，大歓迎である．イギリスの憲法学の文献は，テキスト（基本書）だからと言って，出典不明の記述を多用することはしない．ブラッドリーやユーイング，ターピン＆トムキンスの基本書を是非読んでほしい．

　筆者が，本書の構想をおぼろげながらも持ち始めたのは，2012年に『ウェストミンスター・モデルの変容』を書いていたときにさかのぼる．当時は，まだ，頭の中がかなりの程度，ウェストミンスターに対する標準的かつ本質主義的理

あとがき　207

解に囚われていたと言えるだろう．人々が動く，その先を抽象化してみる必要
がある，そしてその先には一般化できるものが相当ある，と考えていた．

　そうした考え方が変わるきっかけを提供してくれたのは，2013年から14年に
かけてのグリフィス大学での在外研究であった．当時，グリフィス大学には，R.
A. W. ローズがいた．2013年時点での私の読解力では，ローズやウェラーから
話を聞いても，ローズ，ジョン・ワンナ，パトリック・ウェラーによる
Comparing Westminster の意図したことの理論的背景までは十分に理解し得な
かった．しかし，やはり，それまでのウェストミンスター理解とは全く異なっ
た像を，彼らが持っていることは分かり，それ以後も継続的に著作を追うこと
に努めた．2015年に，加藤雅俊先生とともに共訳した『ウェストミンスター政
治制度の比較研究』（法律文化社）は，そうした努力の一つの成果である．

　また，当時，豪州グリフィス大学ガヴァナンス・公共政策センターのセンター
長を務めていたヘイグ・ピーターパンの支援も大きかった．同センターなどで
行われていた研究会での新制度論対解釈主義あるいは他のアプローチとの論戦
は，そうしたインセンティヴがそれまで欠如していた筆者を大きく変えた．客
員の身でありながらも，そうした第一線の研究交流を常に与えてくれた同氏の
支援がなかったならば，本書は完成できなかったであろう．

　また，ローズの著書を追うなかで，当然，マーク・ビーヴァーが哲学的なバッ
クボーンであることが分かり，様々な交流を試みた．著書からも見て取れるよ
うに，彼は，ヒューマニストであり，マルクス主義とは異なった意味で，左派
であった．筆者の知的欲求や疑問に快く答えてくれたことに大変感謝している．
私たちが，共通である，一般性がある，あるいは本質であると考えていたこと
は，私たち自身が作り出している，ということを，改めて知ることになった．

　筆者は，大学入学当初，どちらかと言えば，哲学的な思考に関心があり，エ
ンゲルス『反デューリング論』やレーニン『唯物論と経験批判』を読んでいた．
レーニンが批判した「マッハ主義」は，人間の眼や感覚に注目する点で，解釈
主義と重なる点もあると感じた．ビーヴァーの著作を通じて，改めて，そうし
た哲学的問題に戻って来られたことを，たいへん感慨深く思う．なお，ビー
ヴァーの著作に関しては，翻訳も日本で出版されているが，そこでは「ベビア」，
「ベヴィア」，「ベバー」などの訳語があてられることも多い．しかし，発音に

ついては，本人に確認すると同時に，ローズも「ビーヴァー」と発音しているし，YouTube 上などで公開されている動画でも，ネイティヴの司会者は「ビーヴァー」と発音している．したがって，その発音で，本書は統一している．

本学立命館大学における研究環境も，本書の完成を後押ししてくれた．特に，立命館大学は，上記のオーストラリアでの在外研究を初めとして多くの研究支援を行ってくれた．さらに，本書は，立命館大学「学術図書出版推進プログラム」を得て出版することができた．文系研究冬の時代とも言えたこの10年のなかで，非常に貴重な支援だったと言える．文書の校正に関しては，本学部法学アカデミーの赤塚みゆきさんに，ご協力いただいた．他者の目から見る校正作業は大変貴重であった．感謝の念に堪えない．

また，研究・教育上の同僚にも恵まれたと言える．筆者の在外研究時の法学部政治学系教員たちによるバックアップなどによって，本書が日の目を見ることができたと言えるだろう．

本書では，ビーヴァー＆ローズの解釈主義と，新制度論やポスト構造主義，そして法学における解釈主義との異同について考察した関係で，たくさんの先生方にお世話になった．なかでも，ケルゼンやハート，ドゥウォーキンなど，法哲学関係の諸文献に関する理解に関しては，平野仁彦先生にお世話になった．

さらに，本書は，ごらんのように憲法学における議院内閣制論に対する批判的研究である．この着想を与えてくれたのは，法学部の憲法の先生方であった．特に，2016年に『憲法判例にみる日本』（日本評論社）では，植松健一先生と共著で「日本の解散権は自由すぎる⁉」を書くことができた．この論文での構想が，本書の原型の一つである．

そうした過去の着想との関連はあるが，本書はほぼ書下ろしである．第Ⅰ部は全くの書き下ろしで，第Ⅱ部は，2018年ブリスベンで行われた International Political Science Association（IPSA）の研究大会でのペーパーをもとに，日本的な文脈を大幅に書き入れ，展開したものである．IPSA のペーパーは，それを土台に，*International Journal of Constitutional Law* 通称 *I•CON* に投稿し，近刊となっている．投稿自体は，本書の脱稿のかなり前であったが，本書の方が先に刊行されそうである．もちろん，発行予定の論文の内容を含む本書発行の許諾は，*I•CON* からいただいている．寛容かつスピーディーな対応に，大

変感謝している．*I•CON* は，オックスフォード・ジャーナルの一つで，憲法議論に特化した国際学術誌としては唯一のものであり，2003年の発刊以来，世界的に著名な憲法学者たちによって運営されている．

　晃洋書房の西村喜夫氏には，大変お世話になった．出版事情が厳しい折にもかかわらず，快く出版をお引き受けいただいた．大変感謝している．今回の筆者の著書は，法学，政治学に哲学のアプローチを用いるという点では，独自の試みであると考える．哲学に強い晃洋書房との組み合わせは，大変良かったのではないかと思っている．

　最後に，日本政治学では，解釈主義哲学はあまりまだ知られておらず，また，政治学への適用の試みも未開拓である．筆者は，この未開拓部分を掘り下げていくために，日本政治学会の分野別研究会に応募したいと考えている．関心のある方は，筆者（mkt04690@law.ritsumei.ac.jp）にご連絡いただきたい．日本政治学会の分野別研究会は，全ての日本政治学会会員に開かれており，会員である限り誰でも参加できる．もっとも，非会員も歓迎である．Mark Bevir & Jaosn Blakely の2018年の著作の読解・翻訳・出版，解釈主義アプローチによる経験的研究などに取り組み，拡げていきたい．筆者は，日本政治学に複数のアプローチが必要であると考えている．その学術的貢献の一端を担うことができれば幸いである．

　2019年6月

小堀眞裕

引用参照文献

日本語引用参照文献

芦部信喜．（1954）「演習46議院内閣制」，清宮四郎編『憲法』（青林書院）．

――――．（1993）『憲法』（岩波書店）．

芦部信喜著，高橋和之補訂．（2015）『憲法　第六版』（岩波書店）．

――――（2019）『憲法　第七版』（岩波書店）．

絹谷龍介．（2013）「比較政治研究における「歴史」の変容」『同時代研究』第６号

伊藤武．（2018）「政治科学と歴史学との狭間で：政治史の方法論的基礎に関する考察」日本政治学会2018年度研究大会報告論文．

伊藤武，砂原庸介，稗田健志，多湖淳．（2016）「政治学をどう教えるか――『政治学の第一歩』をもとに考える（上）」，『書斎の窓』，３月号・４月号．http://www.yuhikaku.co.jp/static/shosai_mado/html/1603/01.html; http://www.yuhikaku.co.jp/static/shosai_mado/html/1605/01.html 最終アクセス2019年５月10日．

伊藤正己．（1978）『イギリス法研究』（東京大学出版会）．

――――（1995）『憲法　第三版』（弘文堂）．

伊東巳代治．（年不詳）「議会解散論」，『伊東巳代治関係文書』179，国立国会図書館憲政資料室所蔵．

井上達夫．（2003）『法という企て』（東京大学出版会）．

――――（2014）「立法理学としての立法学――現代民主政における再編と法哲学の再定位」，井上達夫編『立法学のフロンティアⅠ　立法学の哲学的再編』（ナカニシヤ出版）．

――――（2015）『リベラルのことは嫌いでも，リベラリズムは嫌いにならないでください――井上達夫の法哲学入門』（毎日新聞出版）．

――――（2019）『立憲主義という企て』（東京大学出版会）．

井上亮．（2019）「平成の天皇と皇后『摂政はよくない，譲位する』」，『日本経済新聞』１月18日．https://www.nikkei.com/article/DGXMZO40179680Y9A110C1CR8000/　最終アクセス2019年５月10日．

入江俊郎．（1976）『憲法成立の経緯と憲法上の諸問題』（第一法規出版）．

岩切大地．（2019）「解散権の制限――イギリスにおける実例から検討する」，『法律時報』第５号．

エルトン，G. R.（1974）『政治史とは何か』（丸山高司訳）（みすず書房）．

大久保貴裕．（2019）「天皇陛下の退位，攻防９年　官邸難色，宮内庁も当初慎重」，『朝日新聞』４月１日．https://digital.asahi.com/articles/ASM3N64W6M3NUTFK023.html 最終アクセス2019年５月10日．

大久保達正監修．（1986）『松方正義関係第七巻書翰篇（二）』（大東文化大学東洋研究所・巖

南堂書店).

大橋容一郎. (1998)「認識論」, 廣松渉, 子安宣邦, 三島憲一, 宮本久雄, 佐々木力, 野家啓一, 末木文美士編, 『哲学・思想事典』(岩波書店).

岡本祐一朗. (2015)『フランス現代思想史——構造主義からデリダ以降へ』(中央公論新社[中公新書]).

小野耕二編著. (2009)『構成主義理論と比較政治』(ミネルヴァ書房).

カー, E. H. (1962)『歴史とは何か』(清水幾太郎訳)(岩波書店[岩波新書]).

戒能通厚. (2018)『イギリス憲法 第2版』(信山社).

加藤淳子, 境家史郎, 山本健太郎編. (2014)『政治学の方法』(有斐閣).

川人貞史. (2015)『議院内閣制』(東京大学出版会).

菅直人. (1998)『大臣』(岩波書店[岩波新書]).

君塚直隆. (2010)『ヴィクトリア女王——大英帝国の"戦う女王"』(中央公論新社[中公新書]), Kindle 版.

清宮四郎. (1969)『憲法 I 』(有斐閣).

————. (1977)「美濃部憲法と宮沢憲法——昭和五十二年四月十六日, 東北大学法学会記念講演」, 『法学』第41巻第3号, pp.86-109.

ギアーツ, C. (1987)『文化の解釈学 I 』(吉田禎吾, 柳川啓一, 中牧弘充, 板橋作美訳), 岩波書店.

キング, G. R. O. コヘイン, S. ヴァーバ (2004)『社会科学のリサーチ・デザイン——定性的研究における科学的推論——』(真渕勝監訳)(勁草書房).

久米郁男. (2013)『原因を推論する——政治分析方法論のすゝめ』(有斐閣).

黒田清隆. (1889)「憲法発布に際しての黒田首相演説」『牧野伸顕関係文書』書類の部, 84, 国立国会図書館憲政資料室所蔵.

小島和司. (1953)「憲法の規定する統治機構——はたして議院内閣制か」(『法律時報』1953年12月号).

————1982. 『憲法学講話』(有斐閣).

小島和司・大石眞. (2005)『憲法概観 第6版』(有斐閣).

後藤田正晴. (1989)『内閣官房長官』(講談社).

小堀眞裕. (2012)『ウェストミンスター・モデルの変容』(法律文化社).

———— (2013a)「イギリスにおける選挙制度改革国民投票とその後」, 『論究ジュリスト』春, pp.108-115.

———— (2013b)『国会改造論』(文藝春秋[文春新書]).

———— (2015)「『修正の院』としての英国貴族院——『一院制』的英国議会理解を問い直す——」, 立命館大学『政策科学』第22巻第3号, pp.41-59.

小松浩. (2012)「イギリス連立政権と解散権制限立法の成立」『立命館法学』341号 (2012年) pp. 1 -19.

近藤敦. (1996)「連続解散の濫用防止」『九大法学』第72号, pp.91-116.

近藤康史．（2006）「比較政治学における『アイディアの政治』——政治変化と構成主義——」
　　『年報政治学』（木鐸社），第 2 号，pp.36-59.

坂井大輔．（2013）「穂積八束の『公法学』（1）」『一橋法学』第12巻第 1 号，pp.231-265.

作者不詳．（年不詳）「第二議會解散ニ関スル上申書」，伊藤博文編，平塚篤校訂（1934）『秘
　　書類纂　帝国議会資料上巻』秘書類纂刊行會.

佐藤功．（1953）『憲法解釈の諸問題』（有斐閣）.

佐藤丑次郎．（1908）『政治学　上巻』（金港堂書籍）.

佐藤幸治．（2001）『憲法　第三版』（青林書院）.

篠原一．（1962）『現代の政治力学——比較現代史的考察』（みすず書房）.

————（1986）『ヨーロッパの政治［歴史政治学試論］』（東京大学出版会）.

ジェニングス，Ⅰ．（1981）『イギリス憲法論』（榎原猛，千葉勇夫訳）（有信堂高文社）.
　　Ivor Jennings（1947）*The British Constitution*, Cambridge: Cambridge University
　　Press. https://archive.org/details/in.ernet.dli.2015.137324/page/n1　最終アクセス2019
　　年 5 月11日.

ダイシー，エイ・ヴイ．（1933）『英國憲法論』（高塚謙訳）（廣文堂）.

ダイシー，A. V.（1983）『憲法序説』（伊藤正己・田島裕訳）（学陽書房）.

————（2006）『英國憲法論』（高田早苗・梅若誠太郎訳）（信山社）. 復刻版：原訳1899年.

高橋和之．（1994）『国民内閣制の理念と運用』（有斐閣）.

高見勝利．（2000）『宮沢俊義の憲法学史的研究』（有斐閣）.

————（2004）『芦部憲法を読む』（有斐閣）.

————（2007）「議院内閣制の意義」，大石眞・石川健治編『ジュリスト増刊・憲法の争点』
　　（有斐閣）.

高安健将．（2018）『議院内閣制——変貌する英国モデル』（中央公論新社［中公新書］）.

田島裕．（2016）　『イギリス憲法——議会主権と法の支配（田島裕著作集　第 2 巻）』（信山
　　社）.

デュベルジェ，モーリス．（1977）『政治学入門』（横田地弘訳）（みすず書房）.

ドゥウォーキン，ロナルド．（1995）『法の帝国』（小林公訳）（未來社）.

トレール，ヘンリー・ダフ．（1888）『責任内閣英国行政綱要』（勝岡信三郎訳）（敬業社）.

トロペール，ミシェル．（2013）『リアリズムの法解釈理論——ミシェル・トロペール論文撰』
　　（南野森訳）（勁草書房）.

日本学術振興会．（2015）『科学の健全な発展のために——誠実な科学者の心得——』，
　　https://www.jsps.go.jp/j-kousei/data/rinri.pdf　最終アクセス2019年 6 月20日.

野田昌吾．（1999）「歴史と政治学——別離，再会，そして」，日本政治学会編『20世紀の政
　　治学——日本政治学会年報』（岩波書店）.

野中俊彦，中村睦男，高橋和之，高見勝利．（2012）『憲法Ⅱ　第五版』（有斐閣）.

野村康．（2017）『社会科学の考え方——認識論，リサーチ・デザイン，手法』（名古屋大学
　　出版会）.

長谷部恭男．（1984）「現代議会政における解散権の役割」（1）（2），『国家学会雑誌』第97
　　巻第1・2号，pp.1-24，第97巻第3・4号，pp.245-93.
―――（2018）『憲法　第七版』（新世社）．
ハート，H. L. A.（2014）『法の概念』（長谷部恭男訳）（筑摩書房［ちくま学芸文庫］）．
バジョット，ウォルター著，小松春雄訳．（2011）『イギリス憲政論』（中央公論新社［中公
　　クラシックス］）．
樋口陽一．（1973a）『議会制の構造と動態』（木鐸社）．
―――（1973b）『近代立憲主義と現代国家』（勁草書房）．
―――（1979）『比較の中の日本国憲法』（岩波書店［岩波新書］）．
―――（1984）『比較憲法　改訂版』（青林書院）．
―――（1985）「議院内閣制の概念」『ジュリスト増刊』（有斐閣）．
―――（1994）『近代憲法学にとっての論理と価値――戦後憲法学を考える』（日本評論社）．
―――（2017）『抑止力としての憲法――再び立憲主義について』（青林書院）．
深瀬忠一．（1962）「衆議院の解散」，田中二郎編『宮沢俊義先生還暦記念――日本国憲法体
　　系4』，有斐閣．
ピータース，ガイ．（2007）『新制度論』（土屋光芳訳）（芦書房）．
穂積八束．（1896）『憲法大意』（八尾書店・有斐閣）．国会図書館デジタルコレクション
　　http://dl.ndl.go.jp/info:ndljp/pid/2385884 最終アクセス2019年5月10日．
―――．（1898）「立憲政体の本旨」，穂積八束著，上杉慎吉編．1913．『穂積八束博士論文
　　集』（上杉慎吉）．国会図書館デジタルコレクション　http://dl.ndl.go.jp/info:ndljp/
　　pid/952351/249 最終アクセス2019年5月10日．
松村明編．（2006）『大辞林　第三版』（三省堂）https://kotobank.jp/dictionary/daijirin/
　　最終アクセス2019年5月10日．
美濃部達吉．（1912）『憲法講話』（有斐閣）．国会図書館デジタルコレクション http://dl.ndl.
　　go.jp/info:ndljp/pid/788938 最終アクセス2019年5月10日．
―――（1927）『逐条憲法精義』（有斐閣）．
―――（1934）「第五十七議会の解散」『法学協会雑誌』1930年（昭和5年）3月号，美濃
　　部達吉著．1934．『議会政治の検討』（日本評論社）所収．国会図書館デジタルコレクショ
　　ン　http://dl.ndl.go.jp/info:ndljp/pid/1464203 最終アクセス2019年5月10日．
ミルキヌ＝ゲツェヴィチ，B．（1952）『国際憲法』（宮沢俊義・小田滋訳）（岩波書店［岩波
　　現代叢書］）．
―――（1964）『憲法の国際化』（小田滋・樋口陽一訳）（有信堂）．
宮沢俊義．（1948）「解散の憲法的意味」『朝日新聞』1948年11月8日．
―――（1951）「議院内閣制のイギリス型とフランス型」『比較法雑誌』第1巻第1号．
―――（1967a）『憲法の思想』（岩波書店）．
―――（1967b）『憲法の原理』（岩波書店）．
―――（1968a）『法律学における学説』（有斐閣）．

————（1968b）『憲法と政治制度』（有斐閣）.

待鳥聡史.（2015）『代議制民主主義——「民意」と「政治家」を問い直す』（中央公論新社［中公新書］）.

溝口宏平.（1998）「存在論」, 廣松渉, 子安宣邦, 三島憲一, 宮本久雄, 佐々木力, 野家啓一, 末木文美士編,『哲学・思想事典』（岩波書店）.

谷沢淳三.（1998）「判断」, 廣松渉, 子安宣邦, 三島憲一, 宮本久雄, 佐々木力, 野家啓一, 末木文美士編,『哲学・思想事典』（岩波書店）.

山口定.（1979）『ファシズム』（有斐閣［有斐閣選書］）. なお, この著作は,『ファシズム』（岩波書店［岩波現代文庫］）として, 2006年に再刊されている.

山本圭.（2016）『不審者のデモクラシー——ラクラウの政治思想——』（岩波書店）.

山元一・只野雅人編訳.（2013）『フランス憲法学の動向　法と政治の間』（慶応大学出版会）.

力久昌幸.（1996）『イギリスの選択：欧州統合と政党政治』（木鐸社）.

ローズ, R. A. W., ジョン・ワンナ, パトリック・ウェラー.（2015）『ウェストミンスター政治の比較研究——レイプハルト理論・新制度論へのオルターナティヴ』（小堀眞裕・加藤雅俊訳）（法律文化社）.

ロック, ジョン.（1999）「人間知性論」, 大槻春彦責任編集『世界の名著32ロック・ヒューム』（大槻春彦訳）（中央公論新社）.

外国語引用参照文献

Ackerman, Bruce.（2000）'The New Separation of Powers' *Harvard Law Review*, Vol.113.

Aristotle, edited by Stephen Everson.（1996）*The Politics and the Constitution of Athens*, Cambridge: Cambridge University Press.

Ashcroft, Michael and Isabel Oakeshott.（2015）*Call Me Dave*, London: Biteback Publishing. Kindle Version.

Alder, John.（1989）*Constitutional & Administrative Law*, Houndmills: Macmillan Education LTD.

Albertini, Pierre.（1977）*Le Droit de Dissolution et Les Systemes Constitutionelles Français*, Paris: Presses Universitaires de France.

Anson, William.（1907）*The Law and Custom of the Constitution: Volume II Crown Part 1: the Third Edition*, Oxford: Clarendon Press. https://archive.org/details/lawcustomofconstv 2 pt 1 ansoiala/page/n 5　最終アクセス2019年6月1日.

Bagehot, Walter.（1867）*The English Constitution*, London: Chapman and Hall. https://archive.org/details/englishconstitu05bagegoog. 最終アクセス2019年6月6日.

Berman, Sheri.（1998）*The Social Democrat Moment: Idea and Politics in the Interwar Europe*, Cambridge: Harvard University Press.

Benson, Arthur Christopher, and Viscount Esher（eds.）.（1907）*The Letter of Queen Victoria: In Three Volumes Vol.II 1844-1853*, London: John Murray. https://archive.

org/details/lettersofqueenvi02victiala. 最終アクセス2019年 6 月 1 日.

Bevir, Mark. (1999). *The Logic of the History of Idea,* Cambridge: Cambridge University Press.

————(2001) 'Prisoners of Professionalism: On the Construction and the Responsibility of Political Studies, A Review Article', *Public Administration,* Vol.79, No. 2 , pp. 469–496.

————(2002) 'Interpretive Theory', David Marsh and Gerry Stoker (eds) *Theory and Methods in Political Science: Second Edition,* London: Palgrave Macmillan.

————(2008) 'Meta-Methodology: Clearing the Underbrush', Janet M. Box-Steffensmeier,

————(2011) *The Making of British Socialism,* Princeton: Preinceton University Press. Henry E. Brady, and David Collier (eds.) *The Oxford Handbook of Political Methodology,* Oxford University Press.

————(2015) 'Historicism and Critique', *Philosophy of Social Sciences,* Vol. 45, No. 2 , pp. 227–245.

————(2017) 'Situated Agency: A Postfoundational Alternative to Autonomy' Cahill, Kevin M., Martin Gustafsson, and Thomas Schwarz Wentzer (eds.) *Finite but Unbounded: New Approaches in Philosophical Anthropology,* Berlin and Boston: De Gruyter.

Bevir, Mark and Jason Blakely. (2017) 'Why Political Science Is an Ethical Issue', *Political Studies* Vol. 66, No. 2 , pp. 425–441.

————(2018) *Interpretive Social Science,* Oxford: Oxford University Press.

Bevir, Mark and R. A. W. Rhodes. (2003) *Interpreting British Governance,* London: Routledge.

————(2006a) *Governance Stories,* London and New York: Routledge.

————(2006b) 'Disaggregating Structures as an Agenda for Critical Realism: A Reply to McAnulla', *British Politics,* Vol. 1 , pp. 397–403.

————(2008a) 'Authors' Response: Politics as Cultural Practice', *Political Studies Review,* Vol. 6 , pp. 170-77.

————(2008b) 'The Differentiated Polity as Narrative', *British Journal of Politics and International Relations,* Vol. 10, pp. 729–734.

————(2010) *State as Cultural Practice,* Oxford: Oxford University Press.

————(2012) 'Interpretivism and the analysis of traditions and practices', *Critical Policy Studies,* Vol. 6 , No. 2 , pp. 201–208.

————(2016) 'Interpretive Political Science: Mapping the Field', Mark Bevir & R. A. W. Rhodes (eds.) *Routledge Handbook of Interpretive Political Science,* London and New York: Routledge.

Bew, John. (2016) *Citizen Clem: a Biography of Attlee,* London: riverrun, Kindle Version.

Birch. A. H.（1964）*Responsible and Representative Government*, Allen & Unwin.

Blackburn, Robert.（2004）'Monarchy and the Personal Prerogatives', *Public Law*, Autumn.

————（2006）*King and Country*, London: Politico's.

Blackstone, William.（1966）[1765].*Commentaries on the Laws of England: Book the First*, Oxford: Clarendon Press.

Blyth, Mark.（2002）*Great Transformations: Economic Ideas and Institutional Change in the Twentieth Century*, New York: Cambridge University Press.

Bogdanor, Vernon.（1995）*Monarchy and the Constitution*, Clarendon Press.

————（1997）*Power to the People: A Guide to Constitutional Reform*, London: Victor Gollancz.

Boyer, J. Patrick.（1991）*The People's Mandate: Referendums and a More Democratic Canada*, Dundurn Pr Ltd.

Bradley, A. W.（1977）*Constitutional and Administrative Law: By E. C. S. Wade and G. Godfrey Phillips*, London: Longman Group Limited.

Bradley, A. W. and K. D. Ewing.（2011）*Constitutional and Administrative Law: Fifteen Edition*, Harlow: Pearson Education. Limited.

Bradley, A. W., K. D. Ewing, and C. J. S. Knight.（2015）*Constitutional and Administrative Law: Sixteenth Edition*, Harlow: Pearson Education. Limited.

————（2018）Constitutional and Administrative Law: Seventeenth Edition, Harlow: Pearson Education Limited.

Bradley, A. W., Katja S Ziegler and Denis Baranger.（2007）'Constitutionalism and the Role of Parliaments', Katja S Ziegler, Denis Baranger, and Anthony W. Bradley（ed.）*Constitutionalism and the Role of Parliaments*, Oxford: Hart Publishing.

Bradley, Anthony W. and Cesare Pinelli.（2012）'Parliamentarism', Michael Rosenfeld & András Sajó（eds）, *The Oxford Handbook of Comparative Constitutional Law*, Oxford: Oxford University Press, pp. 650-670.

Brazier, Rodney.（1999）*Constitutional Practice: The Foundations of British Government: Third Edition*, Oxford: Oxford University Press.

Brookshire, Jerry H.（1995）*Clement Attlee*, Manchester and New York: Manchester University Press.

Bryman, Alan.（2004）*Social Research Methods*, Oxford: Oxford University Press.

Budzinski, Oliver.（2003）'Cognitive Rules, Institutions, and Competition', *Constitutional Political Economy*, Vol. 14, No. 3 , pp. 213-233.

Burch, Martin.（1987）'The Demise of Cabinet Government?', Lyton Robins（ed）*Political Institutions in Britain: Development and Change*, London and New York: Longman.

Burdeau, Georges.（1970）*Traité de science politique: Tome V: Les Régimes Politiques*, Paris: Librairie Générale de Droit et de Jurisprudence.

Butler, David and Anthony King. (1966) *The British General Election of 1966*, London: Macmillan.

Butler, David and Dennis Kavanagh. (1974) *The British General Election of February 1974*, London and Basingstoke: Macmillan.

───(1975) *The British General Election of October 1974*, London and Basingstoke: Macmillan.

Butler, David and Michael Pinto-Duschinsky. (1971) *The British General Election of 1970*, London: Macmillan.

Butterfield, Herbert. (1931) *The Whig Interpretation of History*, W W Norton & Co Inc. Kindle Version.

Cadart, Jacque. (1979) *Institution politique et le Droit Constitutionnel: Tome II, 2ᵉ Édition*, Paris: Liberie Général de le Droit et de Jurisprudence.

Capitant, René. (1933) 《Le Régime Parlementaire》, in *Mélanges R. Carré de Malberg*, Paris: Recueil Sirey.

───(2004) *Écrits D'Entre-Duex-Guerres (1928–1940): Texts réunis et présentés par Oliver Beaud*, Editions Panthéon Assas.

Carr. E. H. (1961). *What is the History? : the George Macaulay Trevelyan lectures delivered in the University of Cambridge, January-March 1961*, Harmondsworth : Penguin Books.

Carré de Malberg, Raymond. (1922) *Contribution a la Théorie Général de L" État: Spécialment d" Après les Données Fournies par le Droit Consititutionel Français, Tome Deuxième*, Paris: Recueil Sirey.

───(1931) *Considérations Théoriques sur la Question de la Combination du Referendum avec le Parlementarise*, Paris: Marcel Girard.

Charles I. (1965) [1642] 'His Majesties Answer to the Nineteen Propositions', Corinne C. Weston, *English Constitutional Theory and the House of Lords 1556–1832*, London: Routledge & K. Paul.

Clark, George. (1974) 'Mr Short and left wing in dispute on Queen's freedom of choice', *The Times*, p. 2 . 11 May.

Colliard, Jean Claude. (1978) *Les Regimes Parlementaires Contemporaine*, Presses de la Fondation Nationale des sciences Politiques.

The Conservative Party. (2017) *Forward Together: Our Plan for a Stronger Britain and a Prosperous Future: The Conservative and Unionist Party Manifesto 2017*, Conservatives.

Crossman, R. H. S. (1963) 'Introduction', Walter Bagehot, *The English Constitution*, London and Glasgow: Collins/Fontana.

De Bujadoux, Jean-Félix. (2013) 《Jean Jaurès, at the origin of the french model of rationalized parliamentarianism》, *Jus Politicum: Revue de Droit Politique*, N° 11

Mutations du droit public. http://juspoliticum.com/article/Jaures-aux-origines-du-modele-francais-de-parlementarisme-rationalise-811.html, 最終アクセス2019年5月10日.

de Smith, Stanley & Rodney Brazier. (1998) *Constitutional and Administrative Law: Eighth Edition*, London: Penguin books.

Dale, Iain (ed.). (2000) *Labour Party General Election Manifestos, 1900-1997*, London and New York: Routledge.

Dicey, Albert Venn. (1982) [1885] *Introduction to the study of the Law of the Constitution, Indianapolis:* Liberty Classics.

Duguit, Leon. (1924) *Traité de droit constitutionnel. Tome 4*, Fontemoing. https://gallica.bnf.fr/ark:/12148/bpt 6 k932646m.image, 最終アクセス2019年5月10日.

─────(1928) *Traité de droit constitutionnel. Tome 2: Troisième Édition*, Fontemoing. https://gallica.bnf.fr/ark:/12148/bpt 6 k57261436.image　最終アクセス2019年6月1日.

Durham, Earl of. (1839) *Report on the Affairs of British North America*, Toronto: Robert Stanton. https://archive.org/details/reportonaffairso00durh. 最終アクセス2019年6月15日.

Elton, G. R. (1967) *The Practice of History*, Oxford: Blackwell.

─────(1970) *Political History: Principles and Practice*, New York: Basic Books Inc.

Epstein, Leon D. (1968) 'Parliamentary Government', David L. Sills (ed.), *International Encyclopedia of Social Sciences*, New York: Macmillan and Free Press.

Esmein, Adhémar. (1914) *Éléments de Droit Constitionnelle Français et Comparé: Sixième Édition*, Paris: Recueil Sirey. http://gallica.bnf.fr/ark:/12148/bpt 6 k96934039. texteImage. 最終アクセス2019年6月15日.

Finlayson, Alan et al. (2004) 'The Interpretive Approach in Political Science: a Symposium', *the British Journal of Politics and International Relations*, Vol. 6, pp. 129-164.

Fioretos, Orfeo, Tulia G. Falleti, and Adam Sheingate. (2016) 'Historical Institutionalism in Political Science', Orfeo Fioretos, Tulia G. Falleti, and Adam Sheingate (eds.) *The Oxford Handbook of Historical Institutionalism*, Oxford University Press.

Foley, Michael. (2000) *The British Presidency*, Manchester and New York: Manchester Univeristy Press.

Gadamer, Hans-Georg. (2002) [1960] *Truth and Method: Second Revised Edition*, Continuum Publishing Company.

Geddes, Marc and R. A. W. Rhodes. (2018) 'Towards an Interpretive Parliamentary Studies', Jenni Brichzin, Damien Krichewsky, Leopold Ringel, & Jan Schank Hrsg (eds.) *Soziologie der Parlamente: Neue Wege der politischen Institutionenforschung*, Wiesbaden: Springer VS.

Geertz, Clifford. (1973). *The Interpretation of Cultures: Selected Essays*, Basic Book Inc.

Giddens, Anthony. (1976) *New rules of sociological method: a positive critique of interpretative sociologies,* New York: Basic Books.

Glynos, Jason and David Howarth. (2008) 'Structure, Agency and Power in Political Analysis: Beyond Contexualised Self- Interpretations', *Political Studies Reviews,* Vol. 6, pp. 155-69.

Grafstein, Robert. (1992) *Institutional realism: social and political constraints on rational actors,* Yale University Press.

Green, Leslie. (2012) 'Notes to the Third Edtion', H. L. A. Hart. *The Concept of Law,* Oxford: Oxford University Press.

Grey, Earl. (1864) *Parliamentary Government reconsidered with Reference to A Reform of Parliament: An Essey,* London: John Murray. https://archive.org/details/parliamentarygo00greygoog/page/n 8 最終アクセス2019年 6 月 2 日.

Griffith, J. A. G. (1979) 'The Political Constitution', *The Modern Law Review,* Vol. 42, No. 1, 1 -21.

The Guardian. (2019) 'The Guardian view on the Queen and Brexit: a crisis in the making: the Editorial', *the Guardian,* 25 Jan. https://www.theguardian.com/commentisfree/2019/jan/25/the-guardian-view-on-the-queen-and-brexit-a-crisis-in-the-making, 最終アクセス2019年 5 月10日.

Hall, Peter. (2003) 'Aligning Ontology and Methodology in Comparative Research', James Mahoney and Dietrich Rueschemeyer (eds), *Comparative Historical Analysis in the Social Sciences,* Cambridge: Cambridge University Press. Kindle Version.

————(2006) 'Systematic Process Analysis: When and How to Use it', *European Management Review,* No. 3, pp. 24-31.

Hall, Peter A. and Rosemary C. R. Taylor. (1996) 'Political Science and the Three New Institutionalism', *Political Studies,* XLIV, pp. 936-957.

Hart, H. L. A. 2012. *The Concept of Law: Third Edition,* Oxford: Oxford University Press.

Hawkins, Angus. (1989) '"Parliamentary Government" and Victorian Political Parties, c. 1830-c. 1880', *The English Historical Review,* Vol. 104, No. 412, pp. 638-669.

Hay, Colin. (2002) *Political Analysis: A Critical Introduction,* Palgrave: Basingstoke.

————(2016) 'Social Constructivism', Mark Bevir and R. A. W. Rhodes (eds.) *Routledge Handbook of Interpretive Political Science,* New York: Taylor and Francis.

Headlam-Morley, Agnes. (1929) *The New Democratic Constitutions of Europe,* London: Oxford University Press.

House of Lords Select Committee on the Constitution. (2010) *Referendums in the United Kingdom: Report with Evidence: 12th Report of Session 2009-10: HL paper 99,* The Stationery Office.

Howarth, David. (2000) *Discourse,* Buckingham and Philadelphia: Open University Press.

Hume, David. (1739) *A Treatise of Human Nature,* Oxford: Clarendon Press, 1896. https://

oll.libertyfund.org/titles/hume-a-treatise-of-human-nature 最終アクセス2019年5月25日.

Jack, Malcolm. (2011) *Erskine May's Treatise on the Law, Priviledges, Proceedings and Usage of Parliament: Twenty-fourth Edition*, London: LexisNexis.

Jennings, Ivor. (1936) *Cabinet Government: the First Edition*, Cambridge: Cambridge University Press.

———— (1959) *Cabinet Government: the Third Edition*, Cambridge: Cambridge University Press.

————(1966) *The British Constitution*, Cambridge: Cambridge University Press. https://archive.org/details/in.ernet.dli.2015.264045/page/n 1 最終アクセス2019年5月11日.

Johnson, Nevil. (2004) *Reshaping the British Constitution: Essays in Political Interpretation*, Basingstoke and New York: Palgrave Macmillan.

Kayser, Mark Andreas. (2006) 'Trade and the Timing of Elections', *British Journal of Political Science*, Vol. 36, No. 3 (Jul., 2006), pp. 437–457.

Keith, Arthur Berriedale. (1912) *Responsible Government in the Dominion*, Oxford: Clarendon Press. https://archive.org/details/responsiblegove00keitgoog, 最終アクセス2019年5月10日.

————(1939) *The British Cabinet System 1830–1938*, London: Stevens and Sons, Limited. https://archive.org/details/in.ernet.dli.2015.206216/page/n 7 最終アクセス2019年5月30日.

Kelly, Richard. (2019) 'Condifence Motion', *Brifing Paper*, No.02873, 14 March 2019.

King, Gary, Robert O. Keohane, and Sidney Verba. (1994) *Designing Social Inquiry: Scientific Inference in Qualitative Research*, Princeton University Press.

Kobori, Masahiro. (2019) 'A Review of Two Beliefs of Parliamentary Government in Postwar Japan: Japanese/French Beliefs beneath the British Canopy,' *International Journal of Constitutional Law*, forthcoming.

Kubik, Jan. (2009) 'Ethnography of Politics: Foundations, Applications, Prospects', in Edward Schatz (ed.) *Political Ethnography*, Chicago: University of Chicago Press. Kindle Version.

Lakin, Stuart. (2008) 'Debunking the Idea of Parliamentary Sovereignty: The Controlling Factor of Legality in the British Constitution,' *Oxford Journal of Legal Study*, Vol. 28, No. 4 , pp. 709–734.

Lascelles, Alan. (1950) 'Dissolution of Parliament: Factors in Crown's Choice,' *The Times*, 2 May.

Lauvaux, Philippe. (1983) *La Dissolution des Assemblées Parlementaires*, Paris: Economica.

————(1987) *Le Parlementarisme*, Paris: Presses Universitaires de France.

————(2011)《Le Roi》, *Pouvoir*, 2011/ 1 n° 136, pages 71 à 85. https://revue-pouvoirs.fr/

IMG/pdf/136Pouvoirs_p71-85_le_roi.pdf, 最終アクセス2019年5月10日.

Lawson, Nigel.（1993）*The View from No.11: Memoirs of a Tory Radical*, Bantam Press.

Le Divellec, Armel.（2007）'Cabinet as the Leading Part of Parliament: The Westminster Model in Europe,' Katja S Ziegler, Denis Baranger, and Anthony W. Bradley（ed.）*Constitutionalism and the Role of Parliaments*, Oxford: Hart Publishing.

Le Goff, François, translated by Theodore Stanton A. M.（1879）*The Life of Louis Adolphe Thiers*, New York: G. P. Putnam's Sons. https://archive.org/details/lifelouisadolph00goffgoog/page/n10, 最終アクセス2019年5月10日.

Le National.（1830）《Intérieur: Paris 3 Février》, *Le National*, 4 Février, 1. https://gallica.bnf.fr/ark:/12148/bpt 6 k1514369x/f 1 .item, 最終アクセス2019年5月11日.

Lijphart, Arend.（1984）*Democracies: Patterns of Majoritarian and Consensus Government in Twenty-One Countiries*, New Haven and London: Yale University Press.

Lipton, P.,（2001）'History of Empiricism', Neil J. Smelser & Paul B. Baltes,（eds.）*International Encyclopedia of the Social and Behavioral Science* 4483.

Loughlin, Martin.（2013）*The British Constitution: A Very Short Introduction*, Oxford: Oxford Univeristy Press.

Loughlin, Martin & Samuel Tschorne.（2016）'Public Law, Mark Bevir & R. A. W. Rhodes（eds.）*Routledge Handbook of Interpretive Political Science*, London and New York: Routledge.

Lloyd George, David.（2017）[1938] *War Memoirs of David Lloyd George: Vol. 1 Kindle Version*, Arcole Publishing.

Low, Sidney.（1904）*The Governance of England*, London: T. Fisher Unwin. https://archive.org/details/governanceofen00lows/page/n 5 ?q=Governance+of+England 最終アクセス2019年5月31日.

Mallaby, George.（1965）*From My Level: Unwritten Minutes*, Huchinson.

March, James G. and Johan P. Olsen.（1989）*Rediscovering Institutions*, Free Press.

Markesinis, B. S.（1972）*The Theory and Practice of Dissolution of Parliament*, New York: Cambridge University Press.

Marsh, David.（2008）'Understanding British Government: Analysing Competing Models', *the British Journal of Politics and International Relations*, Vol. 10, pp. 251-68.

Marsh, David, Selen A. Ercan and Paul Furlong.（2018）'A Skin Not a Sweater: Ontology and Epistemology in Political Science', Vivien Lowndes, David Marsh & Gerry Stoker（eds）*Theory and Methods in Political Science, Fourth Edition*, London: Palgrave.

Marshall, Geoffrey.（1971）*Constitutional Theory*, Oxford: Clarendon Press.

──────（1984）*Constitutional Convention: The Rules and Forms of Political Accountability*, Oxford: Clarendon Press.

Marshall, Geoffrey and Graeme C. Moodie.（1971）*Some Problems of the Constitution*,

London: Hutchinson & CO (Publishers). LTD.

May, Thomas Erskine C. B. (1862) *Constitutional History of England: Volume I,* Boston: Crosby and Nichols. https://archive.org/details/constitutionalh00maygoog/page/n 4 , 最終アクセス2019年 5 月11日.

McAnulla, Stuart. (2002) 'Structure and Agency', David Marsh & Gerry Stoker (ed.) *Theory and Methods in Political Science: the Second Edition,* Basingstoke: Palgrave Macmillan.

————(2006) 'Challenging the New Interpretivist Approach: Towards a Critical Realist Alternative', *British Politics,* Vol. 1 , pp. 113-38.

Minister for Political and Constitutional Reform. (2010) *Government response to the report of the Political and Constitutional Reform Committee on the Fixed-term Parliaments Bill: Cm. 7951,* The Stationary Office.

Ministry of Reconstruction. (1918) *Report of the Machinery of Government Committee: Cd. 9230,* His Majesty's Stationery Office.

Mirkine-Guetzèvitch, Boris. (1936) *Les Nouvelles Tendances du Eroit Constitutionnel: 2 e éd,* Paris: Libr. Générale de Droit et de Jurisprudence.

Nicolson, Harold. (1952) *King George the Fifth: His Life and Reign,* London: Constable & Co. Ltd.

Norton, Philip. (2015) 'The Fixed-term Parliaments Act and Votes of Confidence', *Parliamentary Affairs,* Vol. 69, No. 1 . pp. 3 -18.

O'Neill, Daniel. (2012) 'Revisiting the Middle Way: The Logic of the History of Ideas after More Than a Decade', *Journal of the History of Ideas,* Vol. 73, No. 4 .

Owen, John M. (1994) 'How Liberalism Produces Democratic Peace', *International Security,* Vol. 19, No. 2 , pp. 87-125.

————(1997) *Liberal Peace, Liberal War: American politics and international security,* New York: Cornell University Press.

Parsons, Craig. (2018) 'Constructivism and Interpretive Theory', Vivien Lowdes, David Marsh and Gerry Stoker (eds.) *Theory and Methods in Political Science: Fourth Edition,* London: Palgrave.

Peters, Guy. (2005) *Institutional Theory in Political Science: The New Institutionalism,* London and New York: Continuum.

————(2016) 'Governance is where you find it', *Asian Journal of Political Science,* Vol. 24, No. 3 , pp. 309-318.

Phillips, O. Hood and Paul Jackson. (1978) *Constitutional and Administrative Law: Sixth Edition,* London: Sweet and Maxwell.

Pinon, Stéphane. (2007) «Boris Mirkine-Guetzévitch et la Diffusion du Droit Constitutionelle», *Droits,* 2 n° 46, pages 183 à 212.

Pitson, Tony. (2016). 'Hume, Free Will and Moral Responsibility', Paul Russell (ed) *The Oxford Handbook of Hume,* New York: Oxford University Press. Kindle Version.

Political and Constitutional Reform Committee. (2010) *Fixed-term Parliaments Bill: Second Report of Session 2010–11,* House of Commons.

Popper, Karl. (1968) *The Logic of Scientific Discovery,* Harper & Row.

Public Administration and Constitutional Affairs Committee. (2018) *The Role of Parliament in the UK Constitution Interim Report: The Status and Effect of Confidence Motions and the Fixed-term Parliaments Act 2011: Fourteenth Report of Session 2017– 19,* HC 1813, the House of Commons.

Qvortrup, Matt. (2005) *A Comparative Study of Referendums: Government by the People: Second Edition,* Manchester and New York: Manchester University Press.

Raadschelders, Jos C. N. (2016) 'Can We Satisfactorily Gauge the Socio-political Trends of Our Own Age? Mark Bevir's views on governance and changing democracy', *Asian Journal of Political Science,* Vol. 24, No. 3 , pp. 319–329.

Redslob, Robert. (1924) *Le Régime Parlementaire,* Paris: Marcel Giard.

Rhodes, R. A. W. (1995a) 'The Changing Face of British Public Administration', *Politics,* Vol. 15, No. 2 , pp. 117–126.

————(1995b) 'Introducing the Core Executive', R. A. W. Rhodes and Patrick Dunleavy (eds) *Prime Minister, Cabinet and Core Executive,* Basingstoke: Macmillan Press Ltd.

————(1997) *Understanding Governance,* Buckingham: Open University Press.

————(2011) *Everyday Life in British Government,* Oxford: Oxford University Press.

————(2008) 'Old Institutionalism', Sarah A. Binder, R. A. W. Rhodes, and Bert A. Rockman (eds) *The Oxford Handbook of Political Institutions,* Oxford: Oxford University Press.

————(2017) *Interpretive Political Science: Volume 2 ,* Oxford: Oxford University Press, Kindle Version.

Rhodes, R. A. W., John Wanna and Patrick Weller. (2009) *Comparing Westminster,* Oxford: Oxford University Press.

Rosanvallon, Pierre. (2002) 'Political Rationalism and Democracy in France in the 18th and 19th Centuries', *Philosophy & Social Criticism,* Vol. 28 No. 6 .

Russell, Meg. (2013) *The Contemporary House of Lords: Westminster Bicameralism Revived,* Oxford: Oxford University Press.

Sartori, Giovanni. (1994) *Comparative Constitutional Engineering: An Inquiry in to Structures, Incentives and Outcomes,* London: Macmillan.

Schaffer, Aaron. (1916) 'Louis Adolphe Thiers', *The Sewanee Review,* Vol. 24, No. 2 , pp. 201–13.

Schmidt, Vivien A. (2002) *The Future of European Capitalism,* Oxford: Oxford University

Press.

Schwartz-Shea, Peregrine and Dvora Yanow. (2012) *Interpretive Research Design: Concepts and Processes,* New York: Routledge.

Scott, W. Richard. (2014) *Institutions and Organizations: Ideas, Interest, and Identities,* Thousand Oaks: SAGE Publications, Inc.

Shugart, Matthew Søberg. (2005) 'Semi-Presidential Systems: Dual Executive and Mixed Authority Patterns', *French Politics,* Vol. 3 , pp. 323–351.

Skocpol, Theda. (1985) 'Bringing the state back in: strategies of analysis in current research.', P. B. Evans, D. Rueschemeyer, and T. Skocpol (eds.), *Bringing the state back in,* New York: Cambridge University Press, pp. 3 –43.

Smith, Alastair. (2003) 'Election Timing in Majoritarian Parliaments', *British Journal of Political Science,* Vol. 33, No. 3 (Jul., 2003), pp.397–418.

————(2004) *Election Timing,* Cambridge: Cambridge University Press.

Smith, Julie. (2019) 'Fighting to "Take Back Control": The House of Lords and Brexit', Thomas Christiansen and Diane Fromage (eds.) *Brexit and Democracy: The Role of Parliaments in the UK and the European Union,* Palgrave Macmillan.

Smith, Martin J. (2008) 'Re-centring British Government: Beliefs, Traditions and Dilemmas in Political Science, *Political Studies Review,* Vol. 6 , pp. 143–154.

————(2016) 'The State after Modernism', *Asian Journal of Political Science,* Vol.24, N. 3 , pp. 330–339.

Stepan, Alfred and Cindy Skach. (1993) 'Constitutional Frameworks and Democratic Consolidation: Parliamentarianism versus Presidentialism', *World Politics,* Vol.46, No. 1 , pp. 1 –22.

Strøm, Kaare, Wolfgang C. Müller, and Torbjörn Bergman. (2006) *Delegation and Accountability in Parliamentary Democracies,* Oxford: Oxford University Press.

Taylor, Charles. (1967) 'Neutrality in Political Science', Peter Laslett and W. G. Runciman (eds) *Philosophy, Politics and Society: Third Series,* Oxford: Blackwell.

————(1971) 'Interpretation and the sciences of man', *Review of Metaphysics,* Vol. 25, No. 1 , pp. 3 –51.

Tanchev, Evgeni. (1993) 'Parliamentarism Rationalized', *East European Constitutional Review,* Vol. 2 , No. 1 , pp. 33–35.

Thelen, Kathleen and Sven Steinmo. (1992) 'Historical Institutonalism in Comparative Politics', Sven Steinmo, Kathleen Thelen and Frank Longsreth (eds.) *Structuring Politics: Historical Institutionalism in Comparative Politics,* Cambridge: Cambridge University Press.

Thomas, Graham. (1998) *Prime Minister and Cabinet Today,* Manchester and New York: Manchester University Press.

Todd, Alpheus. (1867) *On Parliamentary Government in England*, London: Longman Green and Co. https://archive.org/details/bub_gb_pzpzgpg 0 kl 0 C/page/n 5, 最終アクセス 2019年 5 月10日.

————(1880) *Parliamentary Government in the British Colonies*, Boston: Little, Brown and Company. https://archive.org/details/parliamentarygov00toddrich/page/n 8, 最終アクセス2019年 5 月10日.

Trail, Henry Duff. 1881. *Central Government*, London: Macmillan and CO. https://archive.org/details/centralgovernmen00traiuoft 最終アクセス2019年 5 月10日.

Turpin, Colin and Adam Tomkins. (2007) *British Government and the Constitution: Sixth Edition*, Cambridge: Cambridge University Press.

————(2012) *British Government and the Constitution: Seventh Edition*, Cambridge: Cambridge University Press.

Vile, M. J. C. (1967) *Constitutionalism and the Separation of Powers:* Second Edition, Indianapolis: Liberty Fund. https://oll.libertyfund.org/titles/vile-constitutionalism-and-the-separation-of-powers 最終アクセス2019年 6 月 2 日.

Wade, E. C. S. and G. Godfrey Phillips. (1948) *The Constitutional Law: Third Edition*, London: Longman and Green CO.

————(1955) *The Constitutional Law: Fifth Edition*, London: Longman and Green CO.

Wagenaar, Hendrik. (2012) 'Dwellers on the threshold of practice: the interpretivism of Bevir and Rhodes', *Critical Policy Studies*, Vol. 6 No. 1 , pp. 85–99.

Watt, David. (1974) 'The Westminster Scene', *The Political Quarterly*, Vol. 45.

Wedeen, Lisa. (2009) 'Ethnography as Interpretive Enterprise', in Edward Schatz (ed), *Political Ethnography*, Chicago: University of Chicago Press. Kindle Version.

Weller, Patrick. (2003) 'Cabinet Government: An Elusive Ideal?', *Public Administration* Vol. 81 No. 4 , pp. 701–22.

White, Hayden. (2007) 'Afterword: manifesto time', Keith Jenkins, Sue Morgan and Alun Munslow (ed) *Manifestos for History*, Oxford: Routledge.

Whitefield, Kate. (2019) 'How the Queen could Save Brexit: Will the Queen step in to halt Brexit amendments?', *The Express*, 23 Jan. https://www.express.co.uk/news/uk/1076768/the-queen-brexit-royal-assent-brexit-amendments-latest-news 最終アクセス2019年 5 月10日.

Wicks, Elizabeth. (2006) *The Evolution of a Constitution: Eight Key Moments in British Constitutional History*, Oxford and Portland, Oregon: Hart Publishing.

Wilson, Harold. (1971) *A Personal Record: The Labour Government 1964–1970*, Boston and Toronto: Atlantic Monthly Press Book. https://archive.org/details/personalrecord00wils/page/n 7 最終アクセス2019年 6 月 2 日.

Wittgenstein, Ludwig, translated by G. E. M. Anscombe. (1953) *Philosophical*

Investigations, Oxford: Basil Blackwell.

————(1965) *The Blue and Brown Books: Preliminary Studies for the 'Philosophical Investigations'*, New York: Harper Perennial.

Woodall, Brian. (2014) *Growing Democracy in Japan: The Parliamentary Cabinet System since 1868*, Lexington: University Press of Kentucky.

Yoshida, Kei. (2014) *Rationality and Cultural Interpretivism*, London: Lexington Books.

その他，電子媒体など

国会会議録検索システム　http://kokkai.ndl.go.jp/

帝国議会会議録検索システム　http://teikokugikai-i.ndl.go.jp/

国会図書館デジタルコレクション　http://dl.ndl.go.jp/

Gallica　https://gallica.bnf.fr/accueil/fr/content/accueil-fr?mode=desktop

Hansard　https://hansard.parliament.uk/ House of Commons Debate (HC Deb); House of Lords Debate (HL Deb).

Historic Hansard　https://api.parliament.uk/historic-hansard/index.html

Internet Archive　https://archive.org/

Online Library of Liberty https://oll.libertyfund.org/

索　　引

〈ア　行〉

『アースキン・メイ』　197, 203
アイルランド自治法案　157, 163
アスキス, ハーバート・ヘンリー　153, 157
アッカーマン, ブルース　70, 110
アトリー, クレメント　157
アリストテレス　4, 184, 185
アルベルティニ, ピエール　191
アンスン, ウィリアム　2, 155, 160, 164
イデオロギー・クリティーク　56
伊藤武　13, 71
伊藤博文　131
伊藤正己　127, 128
伊東巳代治　130
意図せざる結果　81, 82, 85, 86
井上達夫　72, 88, 90, 96
意味全体論　23, 34, 47, 48, 67
入江俊郎　103
因果関係　47-49, 57, 58, 61, 62, 74, 75
ヴァーバ, S.　12
ヴィクトリア女王　153, 154, 160, 163, 164,
　166
ウィトゲンシュタイン, ルードヴィヒ　34,
　35, 55, 84, 194, 195
ウィリアム 4 世　162
ウィルソン, ハロルド　150, 158, 203
ウェイド, E. C. S　152, 160
ウェストミンスター　22, 23, 30, 31, 56, 71,
　74, 83, 86, 187
ウェラー, パトリック　142
エスマン, アデマール　174
エドワード 7 世　153
エリザベス女王　171
エルトン, G. R.　57-60, 62, 63
大石眞　185
尾崎行雄　138

〈カ　行〉

カー, E. H.　56-63, 93

「解釈の解釈」　19, 23, 86
ガヴァナンス　76
カウツキー, カール　46
科学学説　6, 117, 120-121, 195
仮説検証　49
家族的類似性　6, 55, 71, 191, 196
カダール, ジャック　125, 155
ガダマー, ハンス・ゲオルグ　30
金子賢太郎　130
カピタン, ルネ　1, 2, 4, 6, 101, 109, 119,
　120, 134, 154, 161, 163, 164, 174, 176, 191,
　201
カレ・ド・マルベール, レイモンド　1, 2, 6,
　101, 107, 109, 114, 118-120, 135, 156, 157,
　159, 161, 163, 168, 174-176, 183, 191, 201,
　202
川人貞史　103
菅直人　144
ギアーツ, クリフォード　3, 11, 81
キース, アーサー・ベリデール　141
議院内閣制の合理主義化　107
議会主権　160-161, 201-202
帰納主義　81
客体　3, 7, 51, 53-55, 203
客観性　7
キャメロン, デイヴィッド　90
キャラハン, ジェームス　151, 203
清宮四郎　122, 173
キング, G　12
キング, マッケンジー　152
「近代主義─経験主義」　18, 38-40, 52, 71, 74,
　177, 178
偶発的な因果性　32
グラッドストーン, ウィリアム　154, 163
グリノス, ジェイソン　77-79
グリフィス, J. A. G　175
グレイ伯爵　132-134, 136, 137, 155, 188
クレッグ, ニック　152
君主の憲法的役割, あるいは憲法的義務　2,
　128, 147, 148, 156, 176, 184, 199

経験主義　39, 177-179
系譜学　54-56, 74
ケルゼニアン　117, 178
ケルゼン，ハンス　68, 69, 117
言説的制度論　16, 45
権力　88
コア・エグゼクティヴ　143
構成主義的制度論　45, 49, 50
構造　74, 75, 79, 80, 86, 87
合理的選択的制度論　22, 40
国王スピーチ　女王スピーチを参照せよ.
国民投票（レファレンダム）　90, 92, 156-159, 201, 202
小島和司　174, 182, 185, 203
後藤田正晴　106
コヘイン，R. O.　12
コリャ，ジャン・クロード　109, 191
コリングウッド，ロビン・ジョージ　21, 33, 52, 57, 58

〈サ　行〉

サッチャー，マーガレット　142, 151
佐藤功　104, 129
GHQ　115
ジェニングス，アイヴァー　2, 70, 125, 140, 141, 145, 146, 160, 164, 180, 187
自然主義　3, 74, 85
質的アプローチ　16
シニフィアン　64
シニフィエ　64
篠原一　14
社会学的制度論　40, 42
シュミット，ヴィヴィアン　15, 45
女王スピーチ（国王スピーチ）　127, 151
ジョージ3世　133
ジョージ5世　170
ジョージ6世　2, 169, 198
ショート，エドワード　151
『書斎の窓』対談　15
ジョンソン，ボリス　91
ジョンソン，ネヴィル　180
自律性　26
新制度論　44, 48, 52
死んだふり解散　105

真理　23, 29, 53, 58, 61, 62, 74
神話　28, 55
枢密院　133
数量的アプローチ　16
スコッチポル，シーダ　14, 199
スマッツ将軍　152
スミス，マーティン　77, 79, 82
政治民俗学　20, 36
制度（定義）　40-45
西洋近代　1, 102, 180
セーレン＆スタインモ　45
責任政府　5, 137-140
説明　31
1937年閣僚歳費法　145
相対主義　21, 28, 58
存在・実体論　13, 16, 17, 19, 36, 51, 54, 78

〈タ・ナ行〉

タービン＆トムキンス　2, 4, 143, 152, 160, 161, 175
ダイシー，アルバート・ヴェン　2, 4, 70, 108, 125, 134, 157, 160-162, 166, 175, 202
大日本帝国憲法（明治憲法）　116
高見勝利　139, 173, 174
高安健将　103
田島裕　127, 128
ダラム伯爵　137-138
チャーチル，ウィンストン　157, 158
チャールズ1世　163, 171, 185
超然内閣　112
ティエル，ルイ・アドルフ　165, 166, 172
テイラー，チャールズ　34, 81
ディルタイ，ヴィルヘルム　33, 52
デュギ，レオン　165, 171
デュベルジェ，モーリス　39, 85, 124
ド・スミス，スタンリー　203
ドゥウォーキン，ロナルド　66, 67, 69
答責性　90
トッド，アルフィウス　137, 138, 168
トレール，ヘンリー・ダフ　138, 168
内的視点　127, 176, 182, 185, 186
中曽根康弘　105, 106
2011年固定任期議会法　126, 144, 192, 203
認識方法論　13, 16-19, 25, 51, 54, 78

抜き打ち的解散　104
ノートン，フィリップ　203
ノミナリズム（唯名論）　74, 89

〈ハ　行〉

パーク，ジョン・ジェイムス　132
ハート，H. L. A.　69, 72, 186
バーマン，シェリ　15, 45, 47
バジョット，ウォルター　134, 136, 137, 140,
　142, 164, 171, 180
長谷部恭男　118, 126, 156, 187, 203
バターフィールド，ハーバート　38
反基礎付け主義　24, 25
反自然主義　20, 35
反証可能性（反証主義）　80, 83-85, 95
ヒース，エドワード　150
ピータース，ガイ　77, 80
『比較法雑誌』　2, 113, 125
ピット，ウィリアム　133
批判的実在論　76, 79, 88
ヒューム，デイヴィッド　25, 36
フィリップス，フッド　136, 152, 160
フーコー，ミシェル　54, 63
フォリー，マイケル　142
深瀬忠一　118, 156
不文憲法　108
ブライス，マーク　15, 46, 47
ブラックバーン，ロバート　2, 146-148,
　152, 153, 160, 164, 180, 193
ブラッドリー，A. W.　2, 4, 108, 145, 152,
　160, 183
ブルドー，ジョルジュ　171
ブレイクリー，ジェイソン　11, 32, 35, 87
ブレイジャー，ロドニー　2, 146, 148, 152,
　160, 180, 203
ヘイ，コリン　35, 74, 75
ヘッドラム－モーリー，アグネス　114, 129,
　153
ヘルツォーグ，J. B. M.　152
ホール，ピーター　41, 48
ボールドウィン，スタンリー　170
ボグダノー，ヴァーノン　146, 180
ポスト構造主義　28, 29, 63-65, 77, 84
穂積八束　111, 112, 129

ボナー・ロー，アンドリュー　145, 170
ポパー，カール　81, 83, 84, 95
（ド）・ポリニャック，ジュール　166
ホワース，デイヴィッド　35, 64, 77-79
ホワイト，ヘイドン　65
本質主義　6, 24, 62, 63, 101, 200

〈マ　行〉

マーシャル，ジェフリー　2, 152, 160
マーシュ，デイヴィッド　13, 35, 76, 78, 80
マーチ＆オルセン　40
マカヌラ，スチュアート　75, 76, 79, 80, 87
マクミラン，ハロルド　142
待鳥聡史　103
マディソン，ジェームス　4, 129, 184
マルクス，カール　46, 53, 56
マルケシニス，B. S.　155, 159
マルドゥーン，ロバート　104, 110
美濃部達吉　173
ミルキヌ・ゲツェヴィチ　107, 110, 174, 200,
　201, 204
民主アルスター党　91-94
ムフ，シャンタル　63
メイ，アースキン　166, 172
メイ，テリーザ　90, 91, 139, 193
メイジャー，ジョン　193
メイヒェン，アーサー　152
（ド）モンテスキュー，シャルル－ルイ
　107, 117, 119, 161

〈ヤ・ラ・ワ行〉

山口定　14
唯名論　ノミナリズムを参照せよ．
ユーイング，キース　2, 152, 160
吉田敬　80, 81, 97
ラーキン，スチュアート　179
ラクラウ，エルネスト　63
ラッセル，メグ　184, 185
ラッセルズ原則　148
ラフリン，マーティン　69, 70
立憲主義　89, 90, 93
ル・ディヴェレク，アーメル　110
レイプハルト，アレンド　48, 136
歴史主義　51-54, 61, 72

歴史的制度論　22, 40, 50
レズローブ，ロベール　39, 101, 113, 114,
　　118, 120, 135, 174, 176-179
レファレンダム　国民投票を参照せよ.
ロイド・ジョージ，デイヴィッド　141, 170
ロヴォー，フィリップ　109, 167, 171, 191, 198

ロー，シドニー　167
ロザンヴァロン，ピエール　179
ロック，ジョン　39, 176, 177
ワーゲナー，ヘンドリク　82, 86

《著者紹介》

小堀 眞裕（こぼり まさひろ）

1963年　生まれ
1992年　大阪市立大学大学院法学研究科後期博士課程中退
2007年　学術博士（法学），大阪市立大学
現　在　立命館大学法学部教授

主要業績

Kobori, Masahiro. (2019) 'A Review of Two Beliefs of Parliamentary Government in Postwar Japan: Japanese/French Beliefs beneath the British Canopy', *International Journal of Constitutional Law*, forthcoming.

小堀眞裕（2013）『国会改造論　憲法・ねじれ・選挙制度』（文藝春秋［文春新書]）.

小堀眞裕（2013）「イギリスにおける選挙制度改革国民投票とその後」,『論究ジュリスト』春号（有斐閣）.

小堀眞裕（2012）『ウェストミンスター・モデルの変容』（法律文化社）.

小堀眞裕（2005）『サッチャリズムとブレア政治』（晃洋書房）.

英国議会「自由な解散」神話
──解釈主義政治学からの一元型議院内閣制論批判──

2019年10月20日　初版第1刷発行	＊定価はカバーに表示してあります

著　者　小　堀　眞　裕ⓒ
発行者　植　田　　実
印刷者　河　野　俊一郎

発行所　株式会社　晃　洋　書　房
〒615-0026　京都市右京区西院北矢掛町7番地
電話　075(312)0788番(代)
振替口座　01040-6-32280

装丁　尾崎閑也　　　　　印刷・製本　西濃印刷㈱

ISBN 978-4-7710-3252-1

JCOPY 〈㈳出版者著作権管理機構　委託出版物〉

本書の無断複写は著作権法上での例外を除き禁じられています.
複写される場合は，そのつど事前に，㈳出版者著作権管理機構
（電話 03-5244-5088, FAX 03-5244-5089, e-mail:info@jcopy.or.jp）
の許諾を得てください.

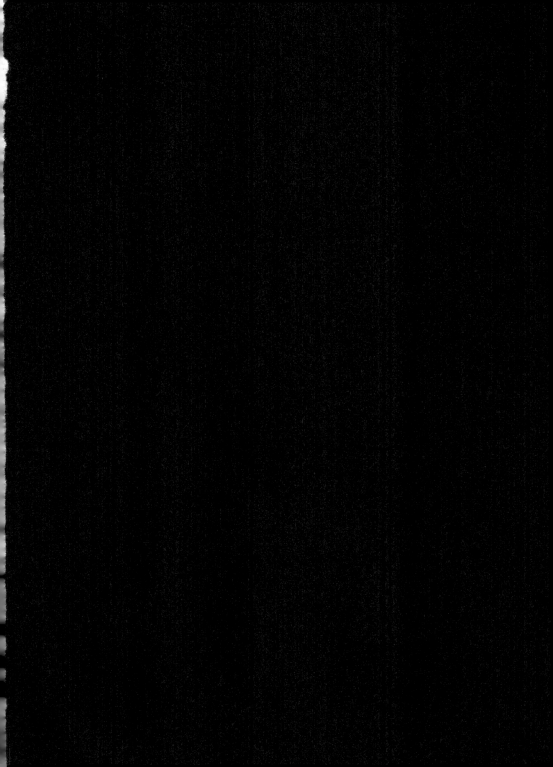